王伟光 著

社会矛盾论
——我国社会主义现阶段阶级、阶层和利益群体的分析

中国社会科学出版社

图书在版编目(CIP)数据

社会矛盾论:我国社会主义现阶段阶级、阶层和利益群体的分析/王伟光著.—北京:中国社会科学出版社,2011.5(2019.12重印)
ISBN 978-7-5004-9683-0

Ⅰ.①社… Ⅱ.①王… Ⅲ.①社会主义社会—矛盾—研究—中国 Ⅳ.①D66

中国版本图书馆 CIP 数据核字(2011)第 060863 号

出 版 人	赵剑英
责任编辑	田 文
责任校对	刘晓红
责任印制	王 超

出　　版	中国社会科学出版社
社　　址	北京鼓楼西大街甲 158 号
邮　　编	100720
网　　址	http://www.csspw.cn
发 行 部	010-84083685
门 市 部	010-84029450
经　　销	新华书店及其他书店

印刷装订	北京君升印刷有限公司
版　　次	2011 年 5 月第 1 版
印　　次	2019 年 12 月第 2 次印刷

开　　本	880×1230　1/32
印　　张	12.25
插　　页	2
字　　数	273 千字
定　　价	58.00 元

凡购买中国社会科学出版社图书,如有质量问题请与本社营销中心联系调换
电话:010-84083683
版权所有　侵权必究

再版前言

本书是2006年12月由人民出版社出版的《效率·公平·和谐——论新时期人民内部矛盾和社会主义和谐社会》一书的再版。《效率·公平·和谐》一书出版仅四年时间，国际上和我国国内所发生的许多情况进一步说明了我在书中所讨论的关于两种不同性质矛盾问题，人民内部矛盾问题，一定条件下阶级斗争的存在和激化问题，我国社会阶级、阶层和利益群体新的分化问题的观点是正确的，运用人民内部矛盾理论指导工作也是完全必要的。在短短几年内发生了许多新的变化、新的情况，就更需要理论的诠释和指导，这就是四年之后，我又对本书加以审订而再版的原因。本书初版的时候，按照责任编辑的意见，为了让书好卖一些，用了《效率·公平·和谐》的书名，这次再版我恢复了最初的书名——《社会矛盾论——我国社会主义现阶段阶级、阶层和利益群体的分析》。本书初版所用资料、数据均为2005年之前的统计资料、数据，为了保证论点与论据的一致以及验证我的看法，此次修订并没有增添新的资料、数据，只对个别文字以及一些遗误做了必要修改。

改革开放三十多年来，一方面，我国社会主义现代化建设取得了举世瞩目的伟大成就；而另一方面，又积累了大量的社会矛盾和问题，这些矛盾和问题的积累、激化和演变，在人际关系上主要表现为错综复杂的人民内部矛盾，当然，也存在一定范围内的敌我矛盾，但毕竟它在我国人际关系方面不占主导地位。三十年来，每每频频突发的群体性事件，甚至偶然突发的恶性暴力事件，就是人民内部矛盾激化，或人民内部矛盾与敌我矛盾交叉，甚至阶级斗争渗透其中的典型表现。仅在2009年发生的几次大规模的事件就有："3·23"海南感城事件，"5·19"甘肃会宁事件，"6·10"宁夏海原事件，"6·17"湖北石首事件，"7·24"吉林通化钢铁公司事件等，特别是"7·5"新疆乌鲁木齐事件。2010年亦发生了一系列群体性事件。这些事件性质有所不同，参与这些事件的绝大多数是普通群众，但是在普通群众背后也可能隐藏有少量的破坏分子和敌对分子。这说明我国社会现阶段既存有大量人民内部矛盾，同时也存有一定范围的敌我矛盾，既有大量的非阶级斗争性质的人民内部矛盾，也有少量的阶级斗争性质的人民内部矛盾，甚至敌我矛盾，且两类不同性质的矛盾往往交织在一起，构成极其复杂、特别棘手、难以处理的复杂局面。这些社会矛盾的酝酿、演变和爆发，对我国社会的和谐稳定发展产生了极大的负面作用，严重影响了中国特色社会主义事业的大局。

显见，科学研究和深刻分析这些社会矛盾产生的根究，正确区分和处理两种不同性质的矛盾，正确认识和解决大量凸显的人民内部矛盾，是关乎党长期执政、国家长治久安、中国特色社会主义发展的重大政治问题。我们党作为执政党，提高全党特别是党的领导干部正确区分和处理两类不同性质的矛盾，特别是正确认识和解决人民内部矛盾的能力，是增强党的执政能力的重要方面。

一种倾向往往掩盖另一种倾向,在主要纠正一种倾向的同时,必须注意防止另一种倾向。1978年十一届三中全会以来,我们党果断地停止了"以阶级斗争为纲"的错误路线,重新恢复"阶级斗争已不是我国社会的主要矛盾,但仍然在一定范围内长期存在"的科学论断。从那时至今,实践告诉我们,在阶级矛盾和阶级斗争为主要矛盾的社会状况下,如何防止把敌我矛盾扩大化、防止混淆两类不同性质的矛盾,是需要刻意警惕的问题。在人民内部矛盾为主要矛盾的社会状况下,又需要我们在正确认识和处理人民内部矛盾的同时,必须对一定范围内的阶级斗争性质的敌我矛盾有充分的警醒,正确区分和处理好两类不同性质的矛盾。我在《效率·公平·和谐》一书的第69页曾有这样一段论述:"在我国作为整体阶级的剥削阶级已经不存在了,但是与剥削制度和剥削阶级相联系的境内外各种敌对势力、敌对分子还远未消灭,人民同这些敌对势力、敌对分子之间的阶级斗争还将在一定范围内存在,在某种条件下还可能激化。这是因为:(1)我国还处在复杂的国际环境中,国外敌对势力亡我之心不死,总是千方百计地对我国进行和平演变和政治颠覆,进行各种各样的腐蚀破坏活动;(2)在我国实行'一国两制',以及没有统一的地区,还存在剥削阶级,他们中间绝大部分是爱国的,但其中也有极少数敌视和破坏我国社会主义事业的敌对分子;(3)在我国还存在着与社会主义中国敌对的剥削阶级残存分子,破坏社会主义秩序的犯罪分子,敌视社会主义制度的反动分子,他们采取各种各样的手段破坏社会主义建设;(4)我国还处于社会主义初级阶段,在经济、政治、思想、文化上还保留有大量的旧社会残余,加上我国社会主义制度还很不成熟、很不完善,这就会出现新的犯罪分子、腐化变质分子以及新的敌对分子。"国内外政治局势的历史、现实和发展趋势完全证实了我的判断。2008年西藏拉萨"3·14"事件、2009年新疆乌鲁木齐"7·5"事件不过是我上述论断的铁案。这两起恶性暴力事件都有一定范围内的，甚至有时是很激烈的阶级斗争因素存在。如达赖，他本人就是西藏反动奴隶主剥削阶级的代表人物，他所代表的反动势力虽然披着"人权"、"宗教"、"普世"的外衣，但骨子里却妄图恢复旧的社会秩序和已经失去的既得利益，背后支持他的则是西方资本主义的反动力量。当然另一方面也有少数本人并不是旧的剥削阶级反动分子，但却是在思想深处渴求西方资本主义制度的人。这个问题应引起我们高度警惕，否则会使我们的执政党和国家发生潜移默化的颜色变化。

越是在逆境中，越要看到有利的一面；越是在顺境中，越要看到不利的一面。当前我国经济社会正处于很好的发展时期，在这种好的形势下，我们有些同志只看到形势有利的一面，忽略了大量存在的隐患，看不到一定范围内存在的阶级斗争，看不透某些民族宗教事件、某些群体性事件背后的一定范围的阶级斗争，因而采取的斗争策略与手段缺乏必要的针对性，选择的措施又缺乏根本性、战略性、全面性和制度性，这是危险的。

在我国社会发展的现阶段，大力发展社会主义市场经济，允许公有制占主导条件下的私有经济和其他经济成分的发展，允许按劳分配为主导条件下的其他分配方式的存在，这是我国现实生产力发展所必需的，不做这样的选择，就不可能完成发展社会主义生产力的根本任务，就不可能为新的社会形态的形成提供强大的物质条件。但是这样做的同时，也会产生问题的另一方面，存在贫富差距拉大、两极分化的现实可能性，存在劳资矛盾，各类利益矛盾激化的现实可能性，存在阶级、阶层、利益群体的新的分化、对立、冲突的现实可能性……如果对这些可能出现的问题和现象缺乏警惕，不去采取必要的措施加以引导、限制、化解，尽可能地缩小其负面影响，尽可能地遏制向相反的方向发展，就有可能出现我们不愿意看到的反面效应……

历史辩证法告诉我们，既要看到历史发展的总趋势是不可抗拒的，同时又要看到暂时的历史倒退也是有可能出现的。我这么说，并不是耸人听闻。宋代大文豪苏东坡在《晁错论》中有这样一段话应当引起我们的警醒："天下之患，最不可为者，名为治平无事，而其实有不测之忧。坐观其变而不为之所，则恐至于不可救。"世界上最大的危险，莫过于表面上天下太平，而究其实质却存有不可预测的隐患。有隐患并不可怕，可怕的是对这些隐患熟视无睹，坐等其发展至尾大不掉而不采取断然举措加以避免，恐怕就会发展到不可救药的地步。必须时时刻刻保持这样的忧患意识。

为了说明我对形势和局面的判断，在本书最后附上了我于 2010 年 9 月 20 日撰写，并发表于《求是》2010 年第 21 期上的论文《国际金融危机和社会主义、马克思主义的历史命运》。我在本书中所提出的观点正是基于对国内外大局势的总的认识。

王伟光
2010 年 12 月
于中国社会科学院院部大楼

前　言

正确认识和处理新时期人民内部矛盾问题，是一个重大的现实和理论问题。50多年前，正当我国完成了社会主义"三大改造"，确立了社会主义制度之际，毛泽东同志总结了斯大林领导的苏联社会主义建设的经验教训，批评了斯大林关于社会主义国内矛盾的错误观点，科学地分析了当时我国社会主义制度条件下国内的基本矛盾、主要矛盾和敌我矛盾、人民内部矛盾的新变化，提出了关于人民内部矛盾的科学理论。由于当时复杂的主客观条件的制约影响，毛泽东同志在理论上和实践上逐步背离了关于人民内部矛盾的正确理论，力图用阶级斗争的办法来解决社会主义建设和发展过程中所存在的矛盾和问题，逐步形成了"无产阶级专政下继续革命"的错误理论，形成了"以阶级斗争为纲"的极"左"的政治路线，从而最终导致了"文化大革命"的悲剧，社会主义建设和发展受到了严重挫折。

1978年召开了党的十一届三中全会，在邓小平同志领导下，我们党实现了思想路线和政治路线上的拨乱反正，重新恢复了实事求是的思想路线，确立了"一个中心，两个基本点"的政治路线，开始了中国特色社会主义建设的新时期。在新的历史条件下，我们党坚决恢复了毛泽东同志提出的关于人民内部矛盾理论，果断停止了用阶级斗争的办法来处理人民内部矛盾的错误做法，在社会主义改革开放和建设中国特色社会主义的伟大实践中，正确认识和处理一系列新时期人民内部矛盾问题，坚持、丰富和发展了毛泽东同志提出的人民内部矛盾理论，形成了我们党新时期人民内部矛盾理论。以江泽民同志为核心的党的第三代领导集体，以胡锦涛为总书记的新一届中央委员会在新的实践中，不断为新时期人民内部矛盾理论增添新的内容。

纵观社会主义各国建设的实践和教训，说明这样一个道理：能否正确认识和处理好人民内部矛盾问题，关系到执政党地位的巩固，关系到社会主义改革和建设的成败，关系到中国特色社会主义事业的兴衰。凡对人民内部矛盾认识正确、处理得当，执政党地位就巩固，社会主义事业就发展；凡对人民内部矛盾认识错误、处理失误，社会主义事业就遭挫折，执政党地位就受威胁。一定要正确认识和处理好新时期人民内部矛盾问题，这是一个带根本性的重大政治问题。

党的十六届四中全会提出了构建社会主义和谐社会的重大战略任务。正因为有矛盾，才要和谐；正因为要和谐，才要化解矛盾。认识和谐，首先要认识矛盾，构建和谐社会，前提是化解矛盾。马克思主义辩证法告诉我们，矛盾无处不在，无时不有；矛盾是事物存在的普遍规律和根本法则，是一切事物发展的内在源泉和动力；要运用对立统一的观点，即矛盾的观点看待和处理人民内部矛盾。矛盾不存在有没有的问题，也不存在好与坏的问题，无所谓有矛盾无矛盾，也无所谓好矛盾坏矛盾。矛盾不解决是坏事，矛盾解决了是好事。旧矛盾解决了，新矛盾又产生了，事物就是在不断解决矛盾中前进的。所谓和谐社会，不是否定矛盾，而是强调社会要在解决矛盾的过程中求得和谐与进步。构建社会主义和谐社会，关键是要有效地协调各方利益关系，化解人民内部矛盾。

对于这样一个重大的现实和理论问题，我从20世纪80年代初大学毕业读研究生时起，就一直十分关注。对我国人民内部矛盾的变化情况做了长期的跟踪调研；对国外社会主义各国人民内部矛盾的情况做了尽可能详尽的实证分析；对国内外关于人民内部矛盾理论的研究动态做了较为全面的资料综合。在广泛调查研究、掌握大量第一手资料的基础上，我撰写了一批关于新时期人民内部矛盾问题研究的论文和专著。1986年，主持编译了资料性的文集（与他人合作）《论社会主义社会的矛盾和发展动力》（求实出版社）。1988年，出版了第一部关于该课题的专著《社会主义矛盾、动力与改革》（黑龙江人民出版社）；同年，出版了第二部专著（与他人合作）《社会利益论》（人民出版社）。1991年，出版了第三部专著《经济利益·政治秩序·社会稳定——社会主义社会矛盾的深思》（中共中央党校出版社）。1994年，出版了第四部专著（与他人合作）《谈谈新时期人民内部矛盾问题》（中共中央党校出版社）。2001年，出版了第五部专著《利益论》（人民出版社）。先后承担了三个国家社会科学基金课题的研究："关于社会主义发展动力"、"关于社会主义初级阶段的利益关系和利益矛盾"、"关于新时期人民内部矛盾问题"。值得一提的是，我1987年获得通过的博士论文题目也是"关于社会主义矛盾问题研究"。

学术界广为提倡要以"十年磨一剑"的锲而不舍的科学精神从事学术研究工作，主张做学问要努力做到"厚积薄发"，因为"只有根深才能叶茂"。对于这些做学问的哲理，我笃信不疑。正是在二十余年的学习、思考、调查、研究积累的基础上，我写出了这本带有总结性的小册子，供同志们参考。需要说明的是，我这本小册子包括杨春贵老师和我合作的《谈谈新时期人民内部矛盾问题》一书的内容和观点，在此向杨春贵老师表示衷心的感谢。我的学生彭劲松帮助我校对了全文，核对了全部引文，也向他表示衷心的感谢。

王伟光
2005年9月
于中共中央党校校园

目 录

上篇　关于人民内部矛盾理论的研究

第一章　人民内部矛盾理论的创立及其主要内容 ……… (3)
  一　人民内部矛盾理论的酝酿和提出 ……………… (3)
  二　人民内部矛盾理论的系统形成 ………………… (11)
  三　人民内部矛盾理论的进一步阐发 ……………… (14)
  四　人民内部矛盾理论的主要内容 ………………… (24)

第二章　在新的历史条件下，人民内部矛盾理论的丰富和发展 …………………………………………… (35)
  一　正确认识和处理人民内部矛盾的历史经验 …… (35)
  二　人民内部矛盾理论在新时期的恢复和发展 …… (51)
  三　认真研究改革开放新条件下的人民内部矛盾，进一步丰富和发展人民内部矛盾理论 ………… (60)

第三章　人民内部矛盾是现阶段我国社会人际关系的主要矛盾 ……………………………………………… (68)
  一　正确处理人民内部矛盾仍然是我国社会现

　　　　阶段国家政治生活的主题……………………（68）
　　二　我国社会现阶段存在两类不同性质的矛盾……（72）
　　三　在我国现阶段诸类社会矛盾中人民内部
　　　　矛盾居主要地位………………………………（78）

第四章　正确认识和处理新时期人民内部的利益
　　　　矛盾……………………………………………（84）
　　一　利益矛盾是人民内部矛盾产生、变化的物质
　　　　经济根源………………………………………（84）
　　二　人民内部利益矛盾的地位、表现、性质和
　　　　特点……………………………………………（90）
　　三　人民内部不同利益主体、不同利益群体及其
　　　　矛盾……………………………………………（96）
　　四　人民内部利益矛盾的主要协调对策和措施　…（102）

第五章　正确认识和处理新时期人民内部的思想
　　　　矛盾……………………………………………（107）
　　一　意识形态领域内人民内部矛盾及其产生的
　　　　根源……………………………………………（107）
　　二　人民内部思想文化矛盾的表现　………………（117）
　　三　正确处理人民内部的思想矛盾　………………（125）

第六章　正确认识和处理新时期领导和群众的矛盾　…（132）
　　一　领导和群众的矛盾是人民内部矛盾的
　　　　重要表现………………………………………（133）
　　二　领导和群众的矛盾及其在新形势下的
　　　　突出表现………………………………………（136）
　　三　坚持党的群众路线是正确处理领导和群众

矛盾的根本原则和根本方法 …………………（141）
　　四　完善党和国家的领导制度，建设社会主义政治
　　　文明，是密切领导和群众关系的基本保证 …（150）

第七章　积极防止和正确处理人民内部矛盾的激化 …（154）
　　一　人民内部的矛盾对抗和激化现象 …………（154）
　　二　正确认识和处理群体性事件问题 …………（162）
　　三　防止矛盾对抗和激化现象以及社会动乱发生的
　　　基本措施 ……………………………………（167）

第八章　正确处理新时期人民内部矛盾的基本原则
　　　及措施 ………………………………………（170）
　　一　采取对抗的斗争形式，即用专政的办法来
　　　解决敌我矛盾 ………………………………（170）
　　二　解决人民内部矛盾必须使用不同于解决敌我
　　　矛盾的办法 …………………………………（172）

下篇　关于我国社会主义初级阶段阶级、阶层和利益群体及其相互关系的分析

第九章　关于社会各阶级、阶层和利益群体及其相互
　　　关系的科学分析方法 ………………………（181）
　　一　关于社会成员构成结构研究及其意义 ……（181）
　　二　关于社会成员构成结构的经济分析、阶级分析、
　　　利益分析和阶层分析 ………………………（184）
　　三　认识社会成员构成结构首先必须从经济分析
　　　入手 …………………………………………（185）
　　四　对社会成员构成结构的阶级分析是经济分析

方法的延伸 …………………………………………（189）
　五　关于社会成员构成结构的利益分析方法具有
　　　特殊的意义 ………………………………………（192）
　六　关于社会成员构成结构的阶层分析是社会学的
　　　分析方法，也可以作为历史唯物主义分析方法
　　　的补充 ……………………………………………（197）

**第十章　我国目前社会各阶级、阶层和利益群体的
　　　　新变化** …………………………………………（207）
　一　我国社会成员构成结构演变的历史与现状 …（207）
　二　我国社会目前阶段阶级、阶层和利益群体
　　　变化的原因 ………………………………………（211）
　三　我国社会成员构成结构演变的特点 …………（215）
　四　社会成员构成结构演变趋势和变化意义 ……（226）

**第十一章　社会主义初级阶段的利益群体及其群际
　　　　　矛盾** …………………………………………（230）
　一　社会主义初级阶段利益群体及其划分标准 …（230）
　二　社会主义初级阶段存在不同利益群体的具体
　　　原因 ………………………………………………（233）
　三　社会主义初级阶段的基本利益群体构成 ……（235）
　四　社会主义初级阶段利益群体格局的基本
　　　特征 ………………………………………………（241）

第十二章　新时期我国工人阶级的重大变化 …………（245）
　一　新时期工人阶级变化的主要特点 ……………（246）
　二　新时期工人阶级存在的主要问题 ……………（254）

三　对新时期工人阶级变化的正确认识 …………（256）
　　四　必须始终不渝地坚持全心全意依靠工人
　　　　阶级的根本方针 ……………………………（261）
　　五　一定要加强工人阶级的领导地位和作用 ……（264）

第十三章　新时期我国农民阶级的新变化 ……………（268）
　　一　中国农民阶级变化的历史过程 ………………（269）
　　二　新时期中国农民阶级的新的分化 ……………（270）
　　三　中国农民阶级新变化的原因 …………………（274）
　　四　中国当前农村贫困问题 ………………………（275）
　　五　逐步缩小城乡差距，统筹城乡发展，建设
　　　　社会主义新农村 ……………………………（277）

**第十四章　一些新的社会阶层和利益群体的新情况、
　　　　　　新特点** ……………………………………（279）
　　一　民营科技企业创业人员和技术人员 …………（280）
　　二　受聘于外资企业的中方管理人员和
　　　　技术人员 ……………………………………（281）
　　三　中介组织的从业人员 …………………………（282）
　　四　自由职业人员 …………………………………（283）
　　五　这些新的社会阶层和利益群体对社会主义
　　　　建设事业的主要贡献 ………………………（284）
　　六　关于这些新的社会阶层和利益群体的阶级属性
　　　　问题 …………………………………………（285）

第十五章　非公有制经济人士阶层的形成及特点 ……（287）
　　一　正确看待非公有制经济人士，是对当前中国社会

　　　　阶级、阶层和利益群体正确认识的重要课题…（287）
　　二　私营企业主也是社会主义的建设者 …………（293）
　　三　私营企业主具有二重性 …………………（297）
　　四　城乡个体经济经营者和劳动者的特点 ………（301）

第十六章　我国社会现阶段中等收入者的状况与特点 …………………………………（303）
　　一　西方学术界的"中产阶级"概念 …………（303）
　　二　马克思主义经典作家所使用的"中间阶级"、
　　　　"中间阶层"等概念…………………………（306）
　　三　关于中间阶层和中等收入者的概念 …………（307）
　　四　我国中等收入者的状况和特点 ………………（311）
　　五　扩大中等收入者比重的对策和可能的途径 …（313）

第十七章　正确处理人民内部矛盾　构建社会主义和谐社会 ……………………………（315）
　　一　当前我国人民内部矛盾出现一些值得高度
　　　　警惕的新问题 ………………………………（315）
　　二　正确处理人民内部矛盾，是构建社会主义和谐
　　　　社会，建设中国特色社会主义的必然要求 …（332）
　　三　正确认识和处理人民内部矛盾的对抗和
　　　　激化现象 ……………………………………（337）
　　四　正确处理人民内部矛盾的基本原则和
　　　　主要方法 ……………………………………（352）

附　国际金融危机和社会主义、马克思主义的历史命运 ……………………………………（363）

一 纵观一个半世纪世界历史进程，雄辩证明社会主义的必然性和马克思主义的真理性 ………(364)
二 中国特色社会主义道路的成功开创，中国改革开放对国际金融风险的有效抵御，彰显了社会主义的顽强生命力 ………………(369)
三 中国特色社会主义理论体系的创新，给马克思主义注入了新鲜的内容，显示了马克思主义的强劲创造力 ……………………………(372)

上 篇
关于人民内部矛盾理论的研究

我们党关于人民内部矛盾理论是在总结国内外社会主义建设历史经验的基础上逐步形成的，是在总结中国特色社会主义建设新鲜经验的基础上逐步丰富的。我们党三代领导集体对人民内部矛盾理论的提出、形成、丰富和发展作出了突出的贡献。以毛泽东同志为核心的党的第一代领导集体创造性地提出了人民内部矛盾学说，指出社会主义国家内部存在矛盾，大量地、经常地表现为人民内部的矛盾，要正确认识和处理人民内部矛盾问题。以邓小平同志为代表的党的第二代领导集体，拨乱反正，彻底否定了"以阶级斗争为纲"的"左"的路线，提出了正确认识和处理新时期人民内部矛盾问题，坚持和发展了人民内部矛盾的正确理论。以江泽民同志为代表的党的第三代领导集体，以胡锦涛为总书记的新的中央委员会在中国特色社会主义建设的新的实践中，进一步丰富和发展了新时期人民内部矛盾理论。社会主义建设和发展的全部实践表明，正确地认识和处理人民内部矛盾问题，努力构建社会主义和谐社会，是中国特色社会主义政治生活的主题。

第一章

人民内部矛盾理论的创立及其主要内容

我们党所创立的人民内部矛盾理论,是对马克思主义哲学和科学社会主义理论的重要贡献。毛泽东同志1957年发表的《关于正确处理人民内部矛盾的问题》(以下简称《正处》)是这一理论的代表作,它概括了人民内部矛盾理论的基本思想和主要内容,标志着人民内部矛盾理论的形成。人民内部矛盾理论是我们党集体智慧的结晶,毛泽东同志对人民内部矛盾理论的创立,起到了决定性的历史作用。

一 人民内部矛盾理论的酝酿和提出

社会主义各国的历史实践表明:社会主义制度建立以后,怎样认识和处理社会主义国家的内部矛盾,这是关系到社会主义国家命运和前途的重大课题。

对于社会主义制度建立以后,如何正确认识和处理社会主义国家的内部矛盾,这是社会主义各国的实践所提出来的新课题,由于实践的局限,马克思主义经典作家不可能对此作出明确的回答。但是他们关于如何处理党内矛盾,领导与群众的矛盾，工农之间的矛盾，统一战线内部各阶级、各阶层之间的矛盾，共产主义第一阶段所存在的城乡之间、工农之间、脑体之间的矛盾及其解决途径的有关论述，对于我们正确认识和处理社会主义国家的内部矛盾有重要的指导作用，为我党创立人民内部矛盾理论提供了正确的思想基础。关于社会主义条件下社会矛盾问题，列宁曾经预见到，在社会主义条件下，"对抗将会消失，矛盾仍将存在"。① 并且注意到社会主义国家政治生活的主要内容将发生变化，他认为"政治应该是人民的事"，提到要把斗争的中心从阶级斗争"逐渐转向经济方面的政治"。② 列宁在同托洛茨基的论战中还使用过"非阶级的经济斗争"这样的概念。列宁在许多著作中还谈到如何处理党内矛盾，统一战线内部各种力量之间的矛盾，领导与群众的矛盾，等等。苏联宣布进入社会主义社会之前，斯大林对苏联社会存在的矛盾做过一些分析，使用过"内部矛盾"（指工农之间的矛盾）和"外部矛盾"（指社会主义国家和资本主义国家之间的矛盾）这样的概念。但是当苏联宣布进入社会主义以后，他又在相当一段时间里混淆了两类不同性质的矛盾，存在重大的失误，为我党正确认识和处理人民内部矛盾提供了借鉴依据。

我们党在民主革命时期，在人民军队和革命根据地内部，对于如何处理党政、党群、军民、军政、党内、军内以及各方面群众之间的关系和矛盾，在统一战线内部，对于如何处理不同阶段的各阶级、各阶层、各派政治力量之间的关系和矛盾，都积累了丰富的历史经验，形成了正确处理革命队伍

---

① 《列宁全集》第60卷，人民出版社1990年版，第282页。
② 《列宁选集》第4卷，人民出版社1995年版，第308页。

内部、革命根据地内部、统一战线内部各类关系和矛盾的一整套行之有效的方法，如"团结——批评——团结"的公式，"惩前毖后、治病救人"的方针，等等。中国共产党在民主革命时期处理内部各类矛盾的思想和经验，为我们党创立人民内部矛盾理论提供了正确的理论基础和经验前提。当然，严格地讲，关于如何正确处理社会主义国家内部人民内部矛盾，在马克思主义发展史上，在我党形成正确处理人民内部矛盾理论之前，还是一个尚未解决的重大课题。

我党所领导的新民主主义革命的现实实践，把人民内部矛盾问题逐步提到了重要议事日程上来。新中国成立前夕，在我们党的许多文件和许多负责人的讲话里，都提出在人民中间普遍实行用民主的方法解决各种人民内部是非矛盾的问题。早在1949年6月，毛泽东同志在《论人民民主专政》中就指出，解决人民内部问题"使用的方法，是民主的即说服的方法，而不是强迫的方法"。[①] 1949年，自从我国建立了人民民主专政的国家以后，我们党就开始大量地、经常地遇到人民内部矛盾问题，开始酝酿如何处理人民内部矛盾的思想。1950年6月，毛泽东同志在第二次政治协商会议的讲话中指出：对于人民只能"用民主的方法向他们进行教育和说服工作。这种教育工作是人民内部的自我教育工作，批评和自我批评的方法就是自我教育的基本方法"。明确提出人民内部概念，并从理论上作了论述。新中国成立以后，刘少奇同志第一次从理论上对如何处理人民内部矛盾进行论述，在人民内部矛盾理论的形成上，刘少奇同志作出了重要贡献。

1951年，刘少奇在《国营工厂内部的矛盾和工会的基本

---

① 《毛泽东著作选读》下册，人民出版社1986年版，第683页。

任务》一文中，对人民内部矛盾作了初步的理论论证，明确提出了人民内部矛盾概念。刘少奇同志认为，在我们的社会里，"矛盾大体上可以分成两类：一类是在根本上敌对的不能和解的矛盾；另一类是在根本上非敌对的可以和解的矛盾"。当时，我国正处于国民经济恢复时期，在这个时期，就整个社会来说，国内的主要矛盾是同三座大山的残余势力之间的矛盾。而在当时国营工厂内部是否存在矛盾？党内曾经发生了一场争论。1950年7月，当时任中共中央中南局第三书记的邓子恢同志在《在中南总工会筹委扩大会上的报告》中，针对当时一些国营工厂的工会在处理工人群众与行政管理人员之间矛盾问题上脱离群众的现象，提出了工会工作者的立场问题，认为工会工作者同企业行政管理人员、工会与政府人员的基本立场是一致的，但彼此岗位不同，因而具体立场也应该有所不同。这样，工会才为工人所需要，才有群众基础，也才能发挥其作用。文章发表后，当时任中共中央东北局第一书记的高岗表示不同意邓子恢同志的观点，1951年4月，他组织人写了一篇《论公营企业中行政与工会立场的一致性》一文，上送党中央、毛泽东同志，认为，在国营企业中，工人与管理机关只有利益上的一致性，工会与行政在一切问题上都必须立场"完全一致"，不应该有任何不同。这场争论是尖锐的。当时，刘少奇同志在中央分工主管工会工作，为了使争论的问题妥善解决，他详细研究了双方的观点，在1951年五六月间写下了一篇长达8000多字的《读邓子恢和高岗两篇文章的笔记》，这就是收入《刘少奇选集》下卷中的《国营工厂内部的矛盾和工会工作的基本任务》一文。这篇"笔记"不但肯定邓子恢同志关于工会工作的正确意见，而且从哲学的高度分析了双方争论的实质，初步提出和阐发了关于人民内部矛盾的思想。主要观点有：

第一，从矛盾普遍性出发，论证了国营工厂内部仍然存在着矛盾。他说："一切事物的构成都是矛盾的构成，国营工厂的内部结构当然也是矛盾的结构。"其中的基本矛盾"就是国营工厂管理机关与工人群众之间的矛盾，就是国营工厂内部的公私矛盾"，这是"一种不容否认的、客观存在的、真正的矛盾，是在长时期内要我们来认真地加以调整和处理的矛盾"。[①] 他认为，在国营工厂内部不存在阶级和阶级斗争，当工厂为资本家所占有的时候，在工厂内部人与人的关系是劳资之间的阶级矛盾关系；当工厂收归国有之后，国营工厂内部就不存在阶级对抗关系了，国营工厂内部的基本矛盾就是国营工厂管理机关与工人群众之间的矛盾。这个论断以彻底的辩证法思想，科学地回答了已经建立起社会主义经济制度的国营工厂内部是否存在矛盾的争论。虽然这里只是就国营工厂这个范围来谈的，但是，其研究问题的方法，无疑具有普遍的意义，为人们全面研究社会主义国家内部矛盾问题打开了一条新的思路，对国际共产主义运动中长期流行的传统观点，即认为社会主义国家只有政治上和道义上的一致而没有矛盾的观点来说，这种见解显然也是一个重大的突破。

第二，从矛盾特殊性出发，初步提出了人民内部矛盾的概念。他指出，国营工厂内部的这种矛盾和关系"是工人阶级和人民内部的矛盾和关系"。[②] 这种矛盾是"在整个的或基本的利益相同的前提之下，又有个别的或部分的利益矛盾"。[③]

---

① 《刘少奇选集》下卷，人民出版社1985年版，第93页。
② 同上书，第94页。
③ 同上书，第96页。

说明在国营工厂内部的矛盾主要是人民内部的矛盾。这种矛盾的性质和特点"与资本家工厂中的阶级对抗完全不同，它是一种在根本上非敌对的、可以和解也应该调和的矛盾"。① 在马克思主义发展史上，经典作家们虽然经常谈到诸如党内矛盾、工农矛盾、体力劳动者与脑力劳动者的矛盾等等，但是，像刘少奇同志这样把这些矛盾上升为一个特殊性概念——人民内部的矛盾，并且对这种矛盾的性质和特点以及它的内涵作出如此准确的揭示，显然是极富新意的。这里所说的根本上非敌对、可以和解、可以调和的矛盾，当然不能理解为排除任何斗争的意思，只是说这种矛盾不同于阶级对抗那样一种矛盾，是"在整个的或基本的利益相同的前提之下，又有个别的或部分的利益矛盾"，② 因而可以通过调整和兼顾双方的利益而使矛盾得到解决。这就是后来毛泽东同志所说的人民内部矛盾，一般地说，不具有对抗性质的思想。

第三，从辩证法的角度出发，提出在观察分析社会问题时，必须分清两类不同性质的矛盾，作出了关于两类不同性质社会矛盾的理论概括。他说："矛盾大体上可以分为两类：一类是在根本上敌对的不能和解的矛盾；另一类是在根本上非敌对的可以和解的矛盾。""例如，国营工厂管理机关与工人群众个别部分之间的矛盾，就是属于后一类矛盾。"③ 在这里，刘少奇同志关于两类不同性质矛盾的思想实际上已经不限于工厂的范围，而是在更广大的范围内，在整个社会范围内的一种概括，而国营工厂内部的矛盾不过是作为后一类矛

---

① 《刘少奇选集》下卷，人民出版社1985年版，第93页。
② 同上书，第96页。
③ 同上书，第94页。

盾的实例而已。

第四，从矛盾的解决方法出发，说明解决人民内部矛盾有"两种相反的立场"、两种相反的"方针和政策"。一种是人民的敌人，反革命分子，他们站在反人民的立场上，"利用矛盾的斗争性及双方的一切弱点，进行挑拨，来推动与促进这个矛盾的斗争和破裂，以达到他们反革命的破坏的目的"；另一种是工人阶级和人民中的觉悟分子、共产党人，他们站在工人阶级和人民的立场上，"利用矛盾的统一性及双方的一切优点，来推动和促进这个矛盾的和解和妥协（经过适当的斗争），以达到双方团结一致，共同努力进行生产的目的"。① 这种区分，在理论上和实践上都有重大的意义。按照刘少奇同志的观点，正确处理人民内部矛盾，首先，必须站在工人阶级和人民的立场上，"利用矛盾的统一性及双方的一切优点"。这种统一性，就是人民内部在根本利益上的一致性，体现了矛盾双方具有符合人民根本利益的各种优点。人民根本利益的一致性，这是人民内部矛盾得以正确解决的基本前提，忘记了或者违背了这个基本前提，就必然破坏人民内部团结的基础。其次，在处理人民内部局部和暂时利益的矛盾上，要采取"和解和妥协"的方针。所谓"和解和妥协"，就是说，必须兼顾矛盾各方的利益，不能采取牺牲、剥夺一方利益而满足另一方利益的办法。他说："毛泽东同志提出的在国营工厂中实行公私兼顾的方针，正是这种方针。"② 再次，"和解和妥协"需要"经过适当地斗争"。也就是说，和解和妥协是有原则的，而不是无原则的。当整体利益同个人、局部利

---

① 《刘少奇选集》下卷，人民出版社1985年版，第94页。
② 同上书，第94—95页。

益发生冲突时,"后一种利益是要服从前一种利益的"。① 这就需要通过物质利益的调整和思想上的批评教育使矛盾得到正确的解决。最后,在处理人民内部矛盾过程中,要防止敌人利用我们内部的矛盾进行挑拨离间、制造事端,破坏人民内部的团结。

第五,从矛盾转化的角度,说明人民内部矛盾激化问题及其如何预防的思想。刘少奇同志预见到人民内部矛盾激化的可能性,认为在人民内部"是可能发生磨擦、冲突的,甚至可能发生工人罢工、怠工等事件"。② 他从哲学上对发生这种情况的原因作了分析。他说:"任何矛盾的合作和和解都是相互的、有条件的,而促进矛盾的斗争则是只要一方面就可以的,是无条件的,绝对的。"③ 因此,"如果任何一方面处理不当,也可以发生一时的敌对现象"。这就是说,正确处理人民内部矛盾,需要矛盾双方的共同努力。就国营工厂来说,如果行政管理人员与工人发生了冲突,就要实事求是地妥善加以解决,"一方面满足群众合理的可以满足的要求,另一方面在政治上说服工人群众",忽视任何一个方面,矛盾都不可能得到正确解决。他还进一步指出,如果在这种冲突中有敌人插手,"有人接受了反革命分子和坏分子的挑拨",这种冲突"就可能发展到严重的程度"。④ 因此,在处理人民内部矛盾过程中不可以忽视对敌人破坏的警惕性。

总之,在新中国成立初期,刘少奇同志关于国营工厂内部矛盾的分析,主要是就国营工厂这个公有制企业内的范围

---

① 《刘少奇选集》下卷,人民出版社1985年版,第96页。
② 同上书,第95页。
③ 同上书,第96页。
④ 同上书,第95页。

来说的，还不是作为社会主义国家内部矛盾的一个全面性问题提出来的。但是，因为分析的是公有制企业内部的人民内部矛盾，因此，又带有全局性的意义。在这里，刘少奇同志已经初步提出了人民内部矛盾的理论雏形。

如果说我们党在国民经济恢复时期、社会主义改造时期，已经面临着许多人民内部矛盾问题，那么，可以断言，在社会主义改造完成以后，人民内部矛盾问题就成为我们党在社会主义建设实践中，必须作出回答的全局性问题。新中国成立后，剥夺了官僚资产阶级的财产，建立起公有制的国营工厂。由于社会主义经济制度首先是在这里建立起来的，当然人民内部矛盾也必然首先在这里突出地表现出来。随着生产资料社会主义改造的基本完成，社会主义生产关系在全国范围内普遍建立起来，人民内部矛盾就必然突出地表现为全社会范围内的主要矛盾。

二 人民内部矛盾理论的系统形成

从刘少奇同志的论述中，可以看到，我党关于社会主义国家人民内部矛盾的思想已具雏形。但这毕竟是初步的，而且主要是就国营工厂这个范围来提出问题的，还不是把它作为社会主义国家政治生活中的一个全面性的问题提出来的。

随着生产资料社会主义改造的基本完成，社会主义经济制度在全国范围内普遍建立起来，人民内部矛盾也就成为全社会范围内突出的问题了。于是，人们的认识也就逐步地有了发展。1956年4月2日，毛泽东同志在《论十大关系》中，提出正确处理十大关系，即重工业和轻工业、农业的关系，沿海工业和内地工业的关系，经济建设和国防建设的关系，国家、生产单位和生产者个人之间的关系，中央和地方的关系，汉族和少数民族的关系，党和非党的关系，革命和反革命的关系，党内外的是非关系，中国和外国的关系。这十大关系就是十大矛盾；提出处理这些矛盾的基本方针，就是把国内外一切积极因素调动起来，为社会主义事业服务；阐明处理这些矛盾的正确方法。毛泽东同志的这些认识已经包含了后来提出的关于人民内部矛盾的许多思想。1956年12月4日，毛泽东同志致黄炎培先生的信中又进一步明确指出："我们国家内部的阶级矛盾已经基本上解决了。……但是人民内部的问题仍将层出不穷。"①

与此同时，国际共产主义运动中所发生的问题，也促使我们党对人民内部矛盾进行深入的思考。1956年赫鲁晓夫在苏共二十大做了批判斯大林的秘密报告。这在社会主义国家引起了极大的思想动荡。特别是波兰和匈牙利爆发了全国性的社会动乱，充分暴露了社会主义国家所面临和存在的内外矛盾。1956年冬到1957年春，国际共产主义运动的动荡波及到我国，引起国内一些人的思想混乱。同时又由于我国新生的社会主义制度刚刚建立，我们的经验又不足，认识不到位，存在和出现了许多问题，如分配问题、生活待遇问题、物价问题、住房问题、学生升学问题、就业问题，以及国家机关中的官僚主义问题。对这些问题，有些方面处理不当，导致了国内连续出现一系列少数人闹事事件。全国大约有一万多名工人罢工，一万多名学生罢课。国际的新情况、国内的新问题，引起了我们党的高度警惕。总结经验、借鉴教训，促使我们从社会主义国家普遍性规律的高度，来思考人民内部

---

① 《毛泽东书信选集》，中央文献出版社1983年版，第514—515页。

矛盾问题，这是当时摆在我党面前的一个重大理论任务。

国际国内的迫切问题，把如何正确处理敌我矛盾和人民内部矛盾问题，鲜明地提到全党面前。正如毛泽东同志1957年1月27日《在省市自治区党委书记会议上的讲话》中所说："怎样处理好社会主义社会的敌我矛盾和人民内部矛盾，也是一门科学，值得好好研究。"[①] 1956年9月，毛泽东同志主持召开的党的八大，提出了关于国内主要矛盾的重要分析。1956年11月，毛泽东同志在八届二中全会一次会议上的讲话中，明确提出国内阶级矛盾已经基本解决，应当用民主的方法来解决人民内部矛盾和党内矛盾。1956年12月29日，毛泽东同志在他主持发表的《再论无产阶级专政的历史经验》一文中，注意到斯大林晚年的错误，总结了波匈经验，提出了敌我矛盾和人民内部矛盾的概念。1957年1月，毛泽东同志在省市自治区党委书记会议上的讲话中指出，革命时期人民内部的斗争很少，因为都集中力量去对付阶级斗争了，建设时期虽还剩下一部分阶级斗争，但大量表现的是人民内部的矛盾。提出要认真研究如何认识和处理人民内部矛盾问题。

在这段时期，毛泽东同志集中酝酿一个基本思想，那就是阶级斗争基本结束以后，"正确处理人民内部矛盾是一个总题目"。提出要用批评教育的方法，而不是用阶级斗争的方法，处理人民内部矛盾问题，要进一步发展社会主义民主，充分调动人民群众的社会主义积极性，把经济建设搞上去。经过反复的思想酝酿，1957年2月27日，毛泽东同志在最高国务会议上作了《正处》的报告，明确提出人民内部矛盾学说，这是我党人民内部矛盾理论形成的标志。

[①]《毛泽东书信选集》，中央文献出版社1983年版，第514—515页。

在此前后，毛泽东同志在许多重要讲话和文章中发挥了《正处》中提出的关于人民内部矛盾理论的基本思想。1957年1月，毛泽东同志批改了中央关于处理罢工、罢课问题的一个文件，批评了许多领导者对待这类事件的方针和方法是错误的，他们往往混淆两类不同性质的矛盾，用类似处理敌我矛盾的办法来处理人民内部矛盾。他们往往不了解，官僚主义是造成这类事件的主要原因。为了防止罢工、罢课这一类事件的发生，根本办法是加强教育和扩大民主。1957年3月中旬，毛泽东同志到各地视察，在各地干部会议上讲话的中心议题，也是如何认识和处理人民内部矛盾。批评了对待人民内部矛盾问题的"左"的教条主义态度和做法。1957年4月27日中央发出整风运动的决定。决定明确指出，整风运动是以正确处理人民内部矛盾为主题。从《正处》发表前后的毛泽东同志思想发展来看，至少在1957年反右以前的那段时间，毛泽东同志的主导思想还是放在研究和解决人民内部矛盾方面。这就构成了关于人民内部矛盾理论的酝酿、提出和形成过程。

三　人民内部矛盾理论的进一步阐发

《正处》一文发表以后，党内掀起了学习的热潮，同时也提出了各种各样的问题。刘少奇同志带着这个重大课题到河北、河南、湖北、湖南、广东等地进行了广泛的调查研究，于1957年4月27日在上海市委召开的党员干部大会上作了《如何正确处理人民内部矛盾》的讲话，进一步宣传毛泽东同志的基本思想，同时根据调查研究中得到的第一手材料有针对性地回答了干部、群众中提出的一些问题，在理论上作了进一步发挥，阐发了许多有价值的新思想。其中主要有：

第一，指出国内的主要矛盾现在已经是人民内部矛盾。

在讨论毛泽东同志讲话的过程中，对于国内的主要矛盾是什么这个问题，许多人在思想上还没有十分明确。有人说国内的主要矛盾是无产阶级思想与非无产阶级思想的矛盾；有人说，是工人与农民的矛盾；有人说，是工人阶级与资产阶级的矛盾；有人说，是上层建筑与经济基础、生产关系与生产力、先进与落后的矛盾；有人说，是人民群众与领导者的矛盾，等等。刘少奇同志有针对性地进行了分析回答。他认为，在中华人民共和国成立以前，国内的主要矛盾是中国人民与帝国主义、封建主义、官僚资本主义的矛盾。中华人民共和国成立以后，特别是土地改革以后，主要矛盾转变了，变成无产阶级与资产阶级的矛盾。公私合营后，这个矛盾也基本上解决了。所以，"现在人民内部的矛盾已成为主要矛盾"。① 他指出，目前我国社会存在着两类不同性质的矛盾，必须正确处理这两类性质不同的矛盾。现在我们国内主要的阶级斗争已经基本结束，认为国内的主要矛盾是无产阶级思想与非无产阶级思想的矛盾，工人阶级与农民阶级的矛盾，工人阶级与资产阶级的矛盾，先进与落后的矛盾，等等认识都是不正确的，只有人民内部矛盾才是国内的主要矛盾。他还具体分析了上述各种矛盾与人民内部矛盾是一种什么样的关系。关于无产阶级思想与非无产阶级思想的矛盾，他说，在帝国主义已经赶走、地主阶级已经消灭、资产阶级已经基本消灭的条件下，这种矛盾"主要反映在人民内部"，包括反映在共产党内部、反映在共产党的干部中间，像主观主义、

---

① 《刘少奇选集》下卷，人民出版社1985年版，第296页。

官僚主义、宗派主义、本位主义、个人主义等等，都是过去剥削阶级和小资产阶级思想在人民内部的反映。关于上层建筑与经济基础、生产关系与生产力、先进与落后的矛盾，他说，这些矛盾在过去曾经表现为敌我矛盾，因为那时的上层建筑是反动的上层建筑，生产关系是反动的生产关系，反动阶级代表落后，革命阶级代表先进。但是，现在的情况已经变了，上层建筑是共产党领导的国家包括政治、法律、文化等，生产关系是社会主义性质的公有制和按劳分配，因此，这些矛盾主要"不是表现在反动者与革命者之间，而是表现在人民内部。……这些矛盾现在已成为人民内部的矛盾"。关于人民群众与官僚主义者之间的矛盾，"一般说来，基本上是人民内部的矛盾"。所谓"一般"和"基本"，是说"除开了少数特别恶劣的、顽固的、反人民的官僚主义者以外，一般犯了官僚主义错误的，还是属于人民内部矛盾"。[①] 至于工人与农民的矛盾，当然更是人民内部矛盾。

第二，指出我国存在两类不同性质的矛盾，必须正确处理两类不同性质的矛盾。

刘少奇同志针对几年来混淆两类不同性质矛盾的错误做法，对混淆两类不同性质矛盾的"左"倾错误进行了批评和纠正。

首先，他明确指出："这几年的错误，主要是用处理敌我问题的办法去处理人民内部矛盾。"[②] 在同年4月的另一次谈话中，便更直截了当地说，公安机关犯了"左"倾错误，在总结经验教训时，这一条一定要说，如果不改正"左"的一

---

① 《刘少奇选集》下卷，人民出版社1985年版，第299页。
② 同上书，第450页。

套做法，就一定会出问题。他明确指出，这种"左"的错误，主要表现在"误我为敌，打击面过宽"。例如：劳动教养本来是处理人民内部矛盾的，但是有的却采取了处理敌我问题一样的办法；行政拘留本来是有严格时限的，有的却长时间拘留，不依法办事，变成和逮捕一样；有的单位还自己搞非法拘留、非法劳改；有的党政负责人不经过公安局、检察院，随便批准捕人。"这样处理的结果，不仅不会解决矛盾，相反会使矛盾更加激化，甚至造成分裂。"[1] 他说："用对付敌人的专政的办法来处理自己人的问题，处理劳动人民的问题，这是个根本错误。"[2] 他甚至严厉地指出，这是党和政府中的国民党作风。

其次，他创造性地指出，专政机关"对人民来说，要成为处理人民内部矛盾的机关"。公安机关、检察院、法院对敌人是专政机关，这是毫无疑义的。但这些机关是不是只处理敌我矛盾，不处理人民内部矛盾？刘少奇同志说："这个观念是要好好研究一下。"这个思想是相当深刻的，而且对于指导实际工作也是非常重要的。因为我国的大部分法律，如民法、经济法、婚姻法、行政法等等，主要是调整人民内部的经济关系和社会关系的，在人民中间有人在这些方面违了法，专政机关当然要加以处理，但是，并非这些问题一经专政机关处理就成了敌我矛盾。刑法当然主要是惩治犯罪的，但现在的犯罪分子也有相当一部分属于人民内部矛盾，人民内部犯了法，也要坐班房，甚至杀头。但是，如毛泽东同志所说："这和压迫敌人的专政是有原则区别的。"只有明确这一点，

---

[1] 《刘少奇选集》下卷，人民出版社1985年版，第451页。
[2] 同上书，第450页。

专政机关在实际工作中才能认真和自觉地区分矛盾的性质，不致用对付敌人的办法去对待一部分有违法行为的人民群众。此外，专政机关也还担负着向人民宣传法制的任务，使人民知法、守法，同违法行为作斗争。刘少奇同志说："无产阶级专政条件下，国家也是教育机关。要把人民教育成共产主义者，不光是靠学校教育。你们是专政工具，同时也有教育人民、处理人民内部矛盾的任务。"

最后，他强调要加强社会主义法制建设，保证人民民主权利。"无产阶级法制，就是人民民主的法制，也就是社会主义法制。法制不一定是指专政方面的，人民内部也要有法制，国家工作人员和群众也要受公共章程的约束。"① 针对一些党员特别是党员领导干部法制观念不强的表现，他特别指出，要正确处理各级政法机关与各级党委的关系问题，说"不要提政法机关绝对服从各级党委领导"。因为我国的宪法规定，我国的立法权、司法权和行政权统一于国家的最高权力机关——全国人民代表大会及其常务委员会，在它的领导和监督下，人民法院独立行使审判权；人民检察院独立行使检察权；政府独立行使行政权。中国共产党是执政党，是领导我们事业的核心力量，然而这种领导指的是政治、思想、方针、政策上的领导，而不是包办和代替一切。党必须在宪法和法律的范围内活动，共产党员必须带头遵法守法。刘少奇同志明确指出："如果地方党委的决定同法律、同中央的政策不一致，服从哪一个？在这种情况下，应该服从法律、服从中央的政策。"又说："法院独立审判是对的，是宪法规定了的，党委和政府不应该干涉他们判案子"，"检察院应该同一切违

---

① 《刘少奇选集》下卷，人民出版社1985年版，第452页。

法乱纪现象作斗争，不管任何机关任何人"。

第三，指出人民内部矛盾主要表现在领导与群众的矛盾问题上，表现在领导上的官僚主义和人民群众的矛盾问题上。

他认为人民内部矛盾"大量地表现在人民群众同领导者之间的矛盾问题上。更确切地讲，是表现在领导上的官僚主义与人民群众的矛盾这个问题上"。① 这是一个很重要的论断。在众多的人民内部矛盾中，领导与群众的矛盾居于特殊重要的地位。首先，这是因为，在社会主义国家里，我们的党是执政党，我们的各级干部在国家政治经济文化生活中处于领导者的地位。整个国家的一切胜利和成就固然都与我们的领导有关，而一切问题和失误也都与我们的领导有关。"社会上一切不合理的现象，一切没有办好的事情，领导上都有责任。人民会来责问我们国家、党、政府、经济机关的领导人，而我们对这些问题应该负责任。"② 其次，许多重大的人民内部矛盾，如物质利益上国家、集体、个人的矛盾，政治上民主与集中、自由与纪律的矛盾等等，都直接表现为领导与群众的矛盾。再次，有些人民内部矛盾虽然并不直接表现为领导与群众的矛盾，如工人阶级内部矛盾，农民阶级内部矛盾，工农之间的矛盾，工人、农民同知识分子的矛盾，等等。但是，这些矛盾都要通过各级领导去加以调解和处理。如果处理不当，也会最终表现为领导与群众的矛盾。所以，领导与群众的矛盾在人民内部矛盾中占有特殊重要的地位，这不是一时的现象，而是长期的现象。正确处理这个矛盾，对于促进国家的安定团结、长治久安，对于调动全体人民的社会主

---

① 《刘少奇选集》下卷，人民出版社1985年版，第303页。
② 同上。

义积极性，对于胜利实现党和国家的奋斗目标，都有极为重要的、关键的意义。最后，领导与群众的矛盾又主要表现在官僚主义问题上。他认为，领导是处于对人民负责任的位置上，社会上一切不合理的现象，一切没有办好的事情，领导上都负有责任。如果领导机关不犯官僚主义，问题就可以解决，矛盾就可以缓和。虽然群众中有不合理的要求，有错误的思想，如果领导上没有官僚主义，把工作做好，矛盾就不会紧张。因此，能否处理好这个矛盾，决定于我们能否有效地克服官僚主义。因为官僚主义脱离群众、脱离实际，使本来可以合理解决的人民内部矛盾也会尖锐起来；即使矛盾产生的原因不在领导方面，而是由于群众中间有过高的要求，有不合理的要求，有错误思想，"领导上如果没有官僚主义，也可以而且应当解释清楚，矛盾就不会紧张起来"。①

第四，指出人民内部矛盾还特别表现在分配问题上面。

这是刘少奇同志关于人民内部矛盾理论中又一个非常重要的思想。毛泽东同志在《正处》中虽然谈到了这个问题，但更多的是谈人民内部在政治思想上的矛盾。刘少奇同志则把物质利益矛盾突出地加以强调。首先，他从社会主义社会基本矛盾——生产关系与生产力矛盾的高度，论述了这个问题的极端重要性，认为这个矛盾"大量地表现在分配问题上"。他列举了大量事实，如：农民说工人分多了；小学教员说青年工人分多了；你房子住多了，我没有房子；评了你升级，不评我升级。这都是分配问题。从整个国家来说，积累占多少，消费占多少，军政费占多少，文教费占多少，这个工业部门那个工业部门各占多少，等等，也是个分配问题。

---

① 《刘少奇选集》下卷，人民出版社1985年版，第303页。

"这些问题都属于生产关系。生产关系必须适应生产力发展的水平。""分配得公平合理，大家满意，就会促进生产力的发展。"① 因此，他"建议同志们要好好研究这个分配问题"。其次，他指出，在个人消费品的分配上，必须实行"按劳分配，公平合理"的原则。针对当时一些人都想在全民所有制中多分一点的思想，他指出，如果是不该分的你多分了，谁看了也会反对。因为东西是大家的，群众有权利对分配问题提出意见。"人民群众不仅在政治上关心社会主义的民主，而且在经济生活、生产上也关心社会主义的民主。"② 最后，他特别指出，在分配问题上要克服和防止一部分领导干部的特殊化作风和特权思想。例如有的人生活待遇太高、房子住得太好，有的利用职权多记劳动日、多拿奖金、为亲属安排工作等等，都严重脱离群众，引起群众不满。有的地方甚至"开始萌芽了一种等级制度"。他警告说："那些生活待遇上要求很高的人我看是危险的，将来会跌交子。"③

第五，指出人民内部矛盾激化，可能会引起闹事。

刘少奇同志指出，人民内部矛盾激化起来，群众是可能要闹事的。在群众闹事中间，反革命分子是可能参加的。但是在今天，反革命分子，只能利用群众的切身经济问题和政治思想问题来鼓动群众闹事。反革命分子不可能用反革命纲领和反革命口号鼓动群众闹事。所以，群众闹起事来，即使有反革命分子参加，也要按人民内部矛盾处理，要加强政治思想工作，领导要作自我批评。先把群众的问题处理好，使

---

① 《刘少奇选集》下卷，人民出版社1985年版，第303—304页。
② 同上书，第304页。
③ 同上书，第305页。

群众安定下来，才能处理反革命分子的问题。关于闹事的原因，他指出，一是有些群众为了切身的经济利益，其中大部分要求是合理的，也有一小部分是不合理的；二是群众中有不少政治思想问题，而我们没有及时发现和解决，有些思想教育工作又多是"整群众"，引起群众很大的反感；三是少数反革命分子"利用群众中的切身经济问题和政治思想问题来鼓动群众闹事"。① 最后，是领导机关的官僚主义。他说，闹事一般都不是突然闹起来的，而是经过一段时间，先是一些人讲闲话、提意见、派代表交涉等等，过了一段时间，官僚主义者不理，解决不了问题，最后才聚众闹事。关于解决闹事的方针、方法，他指出，对群众中提出的经济方面的要求，要加以分析，凡是合理的、能够实现的，都要认真去解决；一些不合理的要求，要给以解释，向群众说清道理。对于群众中存在的思想政治问题，要加强教育，并且要改善教育方法。对有反革命分子参加和鼓动闹事的，要先把群众的问题处理了，使群众安定下来，然后才处理反革命分子的问题。"不解决群众的问题，就不可能肃清反革命分子。"从领导方面来说，要认真克服官僚主义，要听群众中的闲话，就是说要允许小民主，"不允许小民主，势必要来个大民主"。②

第六，指出正确处理人民内部矛盾要克服几种错误观点。

刘少奇指出，正确处理人民内部矛盾，必须反对几种错误观点："第一个观点，就是站在人民之上的观点。"他们不是把自己当作人民的一分子，而是站在人民的对立面，不是做人民的公仆，而是做人民的老爷，"我是管你们的，而你们

---

① 《刘少奇选集》下卷，人民出版社1985年版，第305页。
② 同上书，第306页。

是归我管的；你们应该听我的话，而我可以不听你们的话；我有权力命令你们，你们没有权力命令我"。① 刘少奇同志说，这不是无产阶级观点，不是群众观点，而是剥削阶级观点，官僚主义观点。有了这个错误观点，就不能把普通的工人、普通的农民、普通的学生与我们党员、干部一样看待，就不能取得群众的信任，也就不能正确处理人民群众内部的各种矛盾。

"第二个观点，就是只去分清群众的是非，而不分清领导上的是非。"② 在一些领导人看来，人民内部的是非矛盾，永远是领导正确，而群众错误。于是，一味地批评、指责群众。事实上，群众中有是非问题，领导上也有是非问题，"应该首先分清领导上的是非，检查领导上有哪些错误，然后再去分清群众中的是非。分清群众是非的时候，不只是说群众中的不好，好的地方也要讲。这样才全面，人家才会服"。③ 把自己说成是一贯正确，不许人家批评自己的错误，只能造成领导和群众的对立，矛盾是不可能和解的。

"第三个观点，是以力服人，不是以理服人。"④ 即使群众有错误，也只能通过说服教育的方法使人们提高认识，自觉去加以改正。不讲道理，一味压制，只能使矛盾激化。

"第四个观点，就是把人民内部的矛盾当作敌我矛盾来处理。"⑤ 这更是根本错误的。把人民群众当作敌人，实际是把自己当作人民的敌人了。同样地，对待领导上的官僚主义，

---

① 《刘少奇选集》下卷，人民出版社1985年版，第307页。
② 同上书，第307页。
③ 同上书，第308页。
④ 同上。
⑤ 同上。

群众中一些人采取过激行动,也是错误的。因为犯有一般官僚主义错误的人,也还是人民内部问题,也应该从团结的愿望出发,经过批评,达到新的团结。

刘少奇同志关于人民内部矛盾的理论认识,反映了我们党关于人民内部矛盾学说的集体认识成果。

四 人民内部矛盾理论的主要内容

人民内部矛盾理论是由毛泽东同志系统地提出来的,又是全党集体智慧的结晶,主要内容是:

第一,坚持运用对立统一规律观察社会主义社会,在社会主义认识史上,第一次肯定社会主义国家内部存在着矛盾,第一次明确提出社会主义国家仍然存在基本矛盾,人民内部存在矛盾。

毛泽东同志说:"对立统一规律是宇宙的根本规律。这个规律,不论在自然界、人类社会和人们的思想中,都是普遍存在的。……但是,对于许多人说来,承认这个规律是一回事,应用这个规律去观察问题和处理问题又是一回事。"① 又指出:"社会主义社会也是对立统一的。"② 那种认为社会主义可以"找到"矛盾的想法也是不对的。他说:"不是什么找到或者找不到矛盾,而是充满着矛盾。没有一处不存在矛盾。"③ 1956年4月15日,经中央政治局扩大会议讨论,由人民日报编辑部撰写的《关于无产阶级专政的历史经验》一文明确指

---

① 《毛泽东著作选读》下册,人民出版社1986年版,第766页。
② 毛泽东:《在省市自治区党委书记会议上的讲话》。
③ 毛泽东:《党内团结的辩证法》。

出，社会主义社会的发展也是在生产力和生产关系的矛盾运动中进行的，任何社会，包括将来的共产主义社会也是在矛盾中前进的。人们本身还将有自己的矛盾，人们之间也还将有斗争，不过斗争的形式和性质不同于阶级社会罢了。他认为，社会主义社会基本矛盾，是生产关系与生产力，经济基础与上层建筑既相适应又不相适应的辩证运动过程。经过一段思想酝酿，毛泽东同志在《正处》中，明确提出了社会主义基本矛盾的理论，肯定社会主义充满矛盾，认为人民内部也存在矛盾，指出正是这些矛盾推动社会主义向前发展。毛泽东同志关于社会主义国家存在矛盾，人民内部存在矛盾的观点是一个重大的突破和创新。

第二，运用矛盾特殊性原理具体分析社会主义国家的矛盾，提出要正确区分两类不同性质的社会矛盾。

仅仅承认社会主义国家存在矛盾是不够的，还需要对社会主义社会的特殊矛盾作具体的分析，找出社会主义矛盾的具体特点。他指出，社会主义社会基本矛盾一般不表现为剧烈的对抗、冲突和阶级斗争，而表现为人民内部矛盾。人民内部矛盾理论表明，社会主义国家内部的矛盾可以分成两类：一类是敌我矛盾，一类是人民内部矛盾。毛泽东同志说："在我们的面前有两类社会矛盾，这就是敌我之间的矛盾和人民内部的矛盾。这是性质完全不同的两类矛盾。"[1]

首先，毛泽东同志对什么是人民、什么是敌人作了科学的解说，指出这两个概念是具体的、历史的概念，就是说，在不同的国家里和各个国家的不同的历史时期，内容是不同的。毛泽东同志在具体分析我国抗日战争时期和解放战争时

---

[1] 《毛泽东著作选读》下册，人民出版社1986年版，第757页。

期人民和敌人所包含的内容和范围以后,明确指出:"在现阶段,在建设社会主义的时期,一切赞成、拥护和参加社会主义建设事业的阶级、阶层和社会集团,都属于人民的范围;一切反抗社会主义革命和敌视、破坏社会主义建设的社会势力和社会集团,都是人民的敌人。"[①] 具体说,社会主义国家人民内部矛盾包括:人民内部各阶级、各阶层之间的矛盾以及各阶层内部人和人之间的矛盾;人民政府同人民群众之间的矛盾,其中包括国家、集体、个人之间利益上的矛盾,民主与集中的矛盾,领导和被领导的矛盾;此外,还包括党与非党的矛盾,民族之间的矛盾,等等。

其次,毛泽东同志论述了人民内部矛盾与敌我矛盾在性质上的不同及其在一定条件下的相互转化。敌我矛盾是对抗性的矛盾,就是说,它们之间在根本利益上是对立的、互相冲突的,如同水火之不能相容,其中任何一方利益的实现,都必定以牺牲另一方利益为必要条件。人民内部矛盾的性质则与此不同。一般地说,人民内部的矛盾,是在人民根本利益一致基础上的矛盾。也就是说,它们之间在根本利益上是一致的,存在着的只是局部和暂时利益的矛盾,而这种矛盾按其本性来讲是互相依赖、互相渗透、互相转化的,其中任何一方利益的实现都可能促进另一方利益的实现,或者为另一方利益的实现准备必要的条件。然而,这种对抗和非对抗的区别是相对的,不是绝对的,二者之间没有不可逾越的鸿沟,在一定的条件下,比如如果处理不适当,或者失去警觉,麻痹大意,或者由于受到敌人的挑拨,人民内部矛盾也可以发生对抗的现象,尽管这只是局部和暂时的现象,但也是不

---

① 《毛泽东著作选读》下册,人民出版社1986年版,第757—758页。

可忽略的。处理不当也可能会使矛盾激化，出现对抗。特别要警惕极少数反革命分子，利用人民内部矛盾挑拨离间、兴风作浪。

第三，运用矛盾转化的原理，肯定人民内部矛盾是社会主义政治生活的主题，是社会主义国家人与人之间关系上的主要矛盾。

人民内部矛盾学说，正确地反映了我国社会主义改造基本完成以后社会关系的变化，正确地概括了社会主义建设时期人民内部矛盾将代替阶级矛盾，成为社会主义国家人际关系的主要矛盾。毛泽东同志在《正处》中开宗明义地指出："关于正确处理人民内部矛盾的问题，这是一个总题目。"[①]《正处》全面阐述了人民内部矛盾，是社会主义国家国内主要矛盾的基本思想。

第四，运用经济决定政治的原理，论及到人民内部物质利益上的矛盾，接触到人民内部矛盾产生的经济根源。

在《正处》中，毛泽东同志除了着重谈到人民内部的是非矛盾外，还涉及到对人民内部利益矛盾的分析。他提出要正确处理好个人、集体、国家三者之间的利益关系，利益关系就是利益矛盾。他说，"我们必须经常注意从生产问题和分配问题上处理上述矛盾。"[②] 刘少奇同志更明确地指出，人民内部矛盾大量地表现在分配问题上。他们关于分配领域内人民内部矛盾问题的分析，已经接触到人民内部矛盾产生的经济根源。

第五，运用以不同的办法解决不同质的矛盾的原理，论

[①] 《毛泽东著作选读》下册，人民出版社1986年版，第756页。
[②] 同上书，第775页。

述了正确处理人民内部矛盾问题的一系列正确的方针和方法。

关于社会主义基本矛盾的解决途径，毛泽东同志认为，社会主义基本矛盾同资本主义基本矛盾不同，资本主义基本矛盾只有通过社会主义革命来解决，社会主义社会基本矛盾可以通过社会主义制度本身来解决。对于人民内部矛盾的解决途径，毛泽东同志指出，敌我矛盾和人民内部矛盾的性质不同，解决的方法也不相同。敌我矛盾用专政的方法去解决，人民内部矛盾则应用民主的方法去解决。"简单地说起来，前者是分清敌我的问题，后者是分清是非的问题。"① 就政治思想方面来说，根据我们党的历史经验，毛泽东同志把解决人民内部矛盾的民主的方法具体化为一个公式，叫做"团结——批评——团结"，即从团结的愿望出发，经过批评或者斗争使矛盾得到解决，从而在新的基础上达到新的团结。这也就是"惩前毖后，治病救人"的方法，是民主的方法，讨论的方法，批评教育的方法，疏导的方法。它同民主革命时期"左"倾教条主义者在党内实行的"残酷斗争，无情打击"的方法是根本不同的。毛泽东同志还提出运用统筹兼顾的方法，协调经济领域内国家、集体和个人三者之间的人民内部利益矛盾；提出坚持"双百"方针，正确处理科学文化工作中的人民内部矛盾；提出实行"长期共存、互相监督"的政策处理同民主党派、民主人士的关系，以及团结教育知识分子，搞好汉民族和少数民族关系的一系列方针和政策，等等。

关于正确认识和处理人民内部矛盾，毛泽东具体地谈到了：

（1）关于工商业者问题。他指出，通过私营工商业的改

---

① 《毛泽东著作选读》下册，人民出版社1986年版，第759页。

造，资产阶级分子已经成为公私合营企业中的管理人员，正处在由剥削者变为自食其力的劳动者的转变过程中，在过去几年中，大多数工商业者是愿意学习的，并且有了显著的进步。但是，另一方面，他们现在还在公私合营的企业中拿定息，他们的剥削根子还没有脱离，他们同工人阶级的思想感情、生活习惯还有一个不小的距离，因此，还有一个继续改造和学习的任务。他们应当把企业作为自我改造的基地，同时经过学习改变自己的某些旧观点。当然，这种学习应当以自愿为基础。

（2）关于知识分子问题。毛泽东指出，过去为旧社会服务的几百万知识分子，现在转到为新社会服务，这里就存在着他们如何适应新社会需要和我们如何帮助他们适应新社会需要的问题。这也是人民内部矛盾的一个问题。就我国知识分子的大多数来说，在过去的七年已经有了显著的进步。他们表示拥护社会主义制度，其中有许多人正在用功学习马克思主义，有一部分人已经成为共产主义者。"凡是真正愿意为社会主义事业服务的知识分子，我们都应当给予信任，从根本上改善同他们的关系，帮助他们解决各种必须解决的问题，使他们得以积极地发挥他们的才能。我们有许多同志不善于团结知识分子，用生硬的态度对待他们，不尊重他们的劳动，在科学文化工作中不适当地干预那些不应当干预的事务。所有这些缺点必须加以克服。"[①] 同时，毛泽东指出，为了充分适应新社会的需要，为了同工人农民团结一致，知识分子必须继续改造自己，逐步地抛弃资产阶级的世界观而树立无产阶级的共产主义的世界观。由于我国的社会制度已经起了变

[①] 《毛泽东著作选读》下册，人民出版社1986年版，第779页。

化，这就使知识分子的世界观不但有了改变的必要，而且有了改变的可能。但世界观的彻底转变需要一个很长的时间，我们应当耐心地做工作，不能急躁。

（3）关于少数民族问题。毛泽东同志指出，汉族和少数民族的关系一定要搞好。这个问题的关键是克服大汉族主义。在存在有地方民族主义的少数民族中间，则应当同时克服地方民族主义。无论是大汉族主义或者是地方民族主义，都不利于各族人民的团结，这是应当克服的一种人民内部的矛盾。

（4）关于百花齐放、百家争鸣、长期共存、互相监督的方针。在这里，毛泽东同志集中谈了意识形态领域的矛盾、党派之间的矛盾及其处理的正确方针。他指出：百花齐放、百家争鸣、长期共存，互相监督，这几个口号"是在承认社会主义社会仍然存在着各种矛盾的基础上提出来的，是在国家需要迅速发展经济和文化的迫切要求上提出来的"，[1]"百花齐放，百家争鸣"的方针，是促进艺术发展和科学进步的方针，是促进我国社会主义文化繁荣的方针。艺术上不同的形式和风格可以自由发展，科学上不同的学派可以自由争论。其中的是非问题，只能通过自由讨论，通过实践去解决，而不能采取行政的办法、强制的办法去解决。这是因为判断正确与错误常常需要有考验的时间，有些正确的东西，在开始的时候往往得不到多数人的承认，只能在斗争中曲折地发展。因此，"对于科学上、艺术上的是非，应当保持慎重的态度，提倡自由讨论，不要轻率地作结论"。[2] 毛泽东同志认为，正确的东西总是在同错误的东西作斗争的过程中发展起来的，

---

[1]《毛泽东著作选读》下册，人民出版社1986年版，第783页。
[2] 同上书，第784页。

这是真理发展的规律，当然也是马克思主义发展的规律。说到对错误思想的斗争，他指出："思想斗争同其他的斗争不同，它不能采取粗暴的强制的方法，只能用细致的讲理的方法"，"对待人民内部的思想问题，对待精神世界的问题，用简单的方法去处理，不但不会收效，而且非常有害。不让发表错误意见，结果错误意见还是存在着。而正确的意见如果是在温室里培养出来的，如果没有见过风雨，没有取得免疫力，遇到错误意见就不能打胜仗。因此，只有采取讨论的方法，批评的方法，说理的方法，才能真正发展正确的意见，克服错误的意见，才能真正解决问题"。① 说到"长期共存，互相监督"这个口号，毛泽东同志认为，这是我国具体的历史条件的产物。我国的民主党派同工人阶级政党有长期合作的历史，为中国人民的解放事业曾经作出过重要贡献，在社会主义改造基本完成以后，又致力于团结人民从事社会主义事业，我们没有理由不对它们采取长期共存的方针。所谓互相监督，就是各党派相互提意见，作批评。既然是互相监督，就不是单方面的，共产党可以监督民主党派，民主党派也可以监督共产党。

（5）关于农民问题。毛泽东同志十分注意农民问题，他说："我国有五亿多农业人口，农民的情况如何，对于我国经济的发展和政权的巩固，关系极大。"② 在国家同合作社之间，在合作社内部，在合作社同合作社相互之间，都有一些矛盾需要解决。根据当时的认识，他指出，在生产问题上，一方面，合作社经济要服从国家统一经济计划的领导，同时在不

---

① 《毛泽东著作选读》下册，人民出版社1986年版，第786—787页。
② 同上书，第773页。

违背国家的统一计划和政策法令下保持自己一定的灵活性和独立性；另一方面，参加合作社的各个家庭，除了自留地和其他一部分个体经营的经济可以由自己作出适当的计划以外，都要服从合作社或生产队的总计划。在分配问题上，必须兼顾国家利益、集体利益和个人利益。国家要积累，合作社要积累，但是都不能过多，要尽可能使农民能够在正常年景下，从增加生产中逐年增加个人收入。在《论十大关系》一文中，他指出，苏联的办法把农民挖得很苦，采取所谓义务交售制等项办法，把农民生产的东西拿走太多，给的代价又极低，这样来积累资金，使农民的生产积极性受到极大的损害。我们实行的不是这种政策，而是兼顾国家和农民的利益，农业税历来比较轻，又采取缩小工农业产品价格剪刀差的办法，所以同农民的关系历来是好的。但是在粮食问题上也曾经犯过错误，例如1954年部分地区因水灾减产，我们却多购了70亿斤粮食，农民有意见，这个教训全党都要记住。

（6）关于全国六亿人口问题。对于全国六亿人口的各种问题，毛泽东同志提出要实行"统筹兼顾、适当安排"的方针。他说："我们作计划、办事、想问题，都要从我国有六亿人口这一点出发。"[①] 因为人民内部矛盾是在根本利益一致基础上的矛盾，解决这些矛盾必须着眼于调动一切积极因素，团结一切可以团结的人，并且尽可能将消极因素转变为积极因素，为建设社会主义社会这个伟大的事业服务。无论粮食问题，灾荒问题，就业问题，教育问题，知识分子问题，各种爱国力量的统一战线问题，少数民族问题，以及其他各项问题，都要从对全体人民的统筹兼顾这个观点出发，就当时

[①]《毛泽东著作选读》下册，人民出版社1986年版，第782页。

当地的实际可能条件，同各方面的人协商，作出各种适当的安排，决不可能嫌人多，嫌人落后，嫌事情麻烦难办，推出门外了事。

最后，毛泽东同志还强调，在解决这些矛盾时要加强思想政治工作、要坚持社会主义道路和党的领导这两条最重要的原则。既要反对教条主义，又要反对实行两党制和鼓吹绝对民主、绝对自由的倾向。

第六，根据矛盾是一切事物发展源泉的原理，论述了人民内部矛盾激化的原因及解决的办法。

毛泽东同志明确回答，社会主义的基本矛盾，人民内部矛盾是推动社会主义向前发展的动力。人民内部矛盾，一般地说是非对抗性的矛盾，但是，在某种条件下也可能激化起来而采取对抗的形式。1956年在个别地方发生了少数职工学生闹事事件，还有少数合作社的社员闹事。毛泽东分析了少数人闹事事件发生的原因：直接的原因，是一些人物质利益的要求没有得到满足；而这些要求，有些是应当和可能解决的，有些是不适当的和要求过高的。但是，发生闹事的更重要的原因是领导上的官僚主义。这种官僚主义错误，有一些是要由上级机关负责，不能全怪下面。闹事的另一个原因是对于工人、学生缺乏思想政治教育。关于防止人民内部矛盾激化和处理闹事的办法，毛泽东指出：（1）为了从根本上消灭发生闹事的原因，必须坚决地克服官僚主义，很好地加强思想政治教育，恰当地处理各种矛盾。因为官僚主义无视某些群众的合理要求，引起人们的不满；因为官僚主义对某些群众的不合理要求缺乏及时深入细致的思想政治工作而使矛盾长期得不到解决导致矛盾的激化。对于群众来说，则有一个教育的问题。因为有些群众往往容易注意当前的、局部的、个人的利益，而不了解或者不很了解长远的、全国性的、集体的利益；有些青年人由于缺少政治经验和社会生活经验，不容易深切了解我国人民曾经怎样经历千辛万苦的斗争才摆脱了帝国主义和国民党反动派的压迫，而建立一个美好的社会主义社会要经过怎样长的时间的艰苦劳动。因此，需要在群众中间经常进行生动的、切实的政治教育，并且应当经常把发生的困难作真实的说明，和他们一起研究如何解决困难的办法。（2）如果由于我们的工作做得不好，闹了事，就要把闹事的群众引向正确的道路，利用闹事来作为改善工作、教育干部和群众的一种特殊手段，解决平日所没有解决的问题。也就是说，要把坏事变成好事。毛泽东同志说："群众闹事是坏事，是我们所不赞成的。但是这种事件发生以后，又可以促使我们接受教训，克服官僚主义，教育干部和群众。从这一点上说来，坏事也可以转变成为好事。"[①] 因此，在处理闹事的过程中，应当进行细致的工作，不要用简单的方法去处理，不要"草率收兵"。对于闹事的带头人物，除了那些违犯刑法的分子和现行反革命分子应当法办以外，不应当轻易开除。（3）对于煽动群众闹事的坏人，必须给予必要的法律制裁，决不能放纵他们。有的人不顾公共利益、蛮不讲理、行凶犯法，利用和歪曲我们的方针，故意提出无理的要求来煽动群众，或者故意造谣生事，破坏社会的正常秩序，对他们予以惩治是广大群众的要求，不予惩治是违反群众意愿的。

[①] 《毛泽东著作选读》下册，人民出版社1986年版，第793页。

第二章

在新的历史条件下，人民内部矛盾理论的丰富和发展

1978年召开的党的十一届三中全会是我国社会主义历史发展中的一个重大转折。在新的历史条件下，以邓小平同志为核心的党的第二代领导集体领导全党，解放思想，实事求是，与时俱进，纠正了毛泽东同志晚年混淆两类不同性质矛盾的错误，恢复了关于正确处理人民内部矛盾的正确理论，在社会主义改革开放新时期的实践中，丰富和发展了人民内部矛盾理论。十四届三中全会以来，以江泽民同志为核心的党的第三代领导集体在邓小平同志对人民内部矛盾理论的丰富和发展的基础上，总结中国特色社会主义建设的新鲜经验，进一步丰富和发展了人民内部矛盾理论。十六大以后，以胡锦涛同志为总书记的中央委员会从新的实际出发，积极探索解决新时期人民内部矛盾的有效途径，探索协调人民内部矛盾的长效机制，努力构建社会主义和谐社会，积极推进人民内部矛盾理论的创新。

一 正确认识和处理人民内部矛盾的历史经验

我们党关于人民内部矛盾理论，是创造性的马克思主义

理论，从提出和形成至今已有四十多年的时间，四十多年社会主义建设实践的正反两个方面的经验教训表明，人民内部矛盾理论正确地概括了社会主义国家内部人际矛盾的规律和特点，具有科学的指导意义。同时，在另一方面也表明，随着社会主义建设实践的发展，人民内部矛盾理论需要不断地得到新的充实、丰富和发展。在新的历史时期，坚持与发展人民内部矛盾理论，是关系到我们能否完成建设中国特色社会主义伟大历史任务的重要问题。

五十余年社会主义建设的实践，提出哪些重大问题需要去总结、探讨，来进一步丰富人民内部矛盾理论呢？从1957年反右扩大化，一直到十年"文化大革命"，这二十年间我们党严重地背离了人民内部矛盾正确理论，犯了阶级斗争扩大化的严重错误。1957年犯了反右斗争扩大化的错误，1959年错误地开展了所谓"反右倾"斗争，60年代开展的社会主义教育运动和开展意识形态领域内的阶级斗争伤害了许多干部和知识分子，十年"文化大革命"更是严重混淆两类不同性质矛盾，造成全国性的内乱。回顾这二十年的历史，有许多经验教训值得认真总结。其中不仅有正确的理论没有付诸实践的问题，也有一些理论本身的缺陷问题。这就需要根据历史的经验，对人民内部矛盾问题进行再认识，以坚持和发展人民内部矛盾理论。

第一，关于如何认识我国社会主义改造基本完成以后社会的主要矛盾问题。

既然已经形成了人民内部矛盾的正确理论，有了处理人民内部矛盾的行之有效的方针和方法，但是，为什么又在实际工作中，没有很好地贯彻人民内部矛盾的正确理论，甚至发生了像十年"文化大革命"那样长时间的、全局性的混淆两类不同性质矛盾的社会动乱呢？其中一个重要原因是对主要矛盾判断的失误。关于主要矛盾问题，1956年党的八大已经基本上解决了。八大决议明确指出："社会主义改造已经取得决定性的胜利，这表明，我国的无产阶级同资产阶级之间的矛盾已经基本上解决"，"国内的主要矛盾，已经是人民对于建立先进的工业国的要求同落后的农业国的现实之间的矛盾，已经是人民对于经济文化迅速发展的需要同当前经济文化不能满足人民需要的状况之间的矛盾"。为了解决这个主要矛盾，就要严格划清敌我矛盾和人民内部矛盾的界限，正确处理人民内部矛盾，以便团结全国各族人民向自然界开战。正确处理人民内部矛盾成了国家政治生活的主题，而阶级矛盾降为次要的矛盾。1957年3月，毛泽东同志在全国宣传工作会议上的讲话中曾经明确地指出：现在有好些同志一定要讲人民内部矛盾为主，还是阶级斗争为主。他们的意思就是讲阶级斗争为主才舒服一点，讲人民内部的斗争为主似乎就不大妙了，而我恰好要换个位。1957年5月2日《人民日报》发表的《为什么要整风》一文，是经过毛泽东同志修改审定过的，文中说："我们国内的主要矛盾……已经是人民对于经济文化迅速发展的需要同当前经济文化不能满足人民需要的状况之间的矛盾"，而这个主要矛盾"在现实的社会生活中必然表现为人同人之间的矛盾。只是这种矛盾由敌对阶级间的矛盾变成了人民内部的矛盾罢了"。"敌我矛盾还存在……但是由于敌我矛盾退居次要地位，人民内部矛盾就转到舞台的主要方面来了。"这就是说，党的八大关于主要矛盾的论断与人民内部矛盾成为国内主要矛盾的论断是完全一致的。

但是，在1957年反右派斗争开始以后，党内不少同志对于当时阶级斗争的形势作了过于严重的估计，把一定范围内和一段时间内阶级斗争的激化夸大为全局范围内和长期的阶级斗争尖锐化。由于毛泽东同志对当时阶级斗争的形势估计过于严重，他本人在理论认识上存在某些不彻底性，致使他在6月9日公开发表的《正处》的修改稿中，增加了某些与人民内部矛盾主题相矛盾的内容，提出了无产阶级和资产阶级在思想政治上谁战胜谁的问题还没有真正解决的问题。毛泽东同志改变了原来的正确理论，他在1957年10月9日八届三中全会的总结发言中说："无产阶级和资产阶级的矛盾，社会主义道路和资本主义道路的矛盾，毫无疑问，这是当前我国社会的主要矛盾。"并且公开批评八大关于主要矛盾的提法"是不对的"。这就为反右派斗争扩大化和后来"以阶级斗争为纲"的"左"倾错误提供了理论根据。正确处理人民内部矛盾这个"总题目"尽管明确地提了出来，却没有按照这个"总题目"继续做文章，相反却大做阶级斗争为纲的文章。可见，过去长期混淆两类不同性质矛盾，一个重要认识根源就在于夸大阶级斗争的地位，这是一个严重的历史教训，必须牢牢记取。

第二，毛泽东同志个人的理论错误，是导致我们党在实践上混淆两类不同性质矛盾的重要原因。

既然是毛泽东同志个人的理论错误，那么为什么又会导致党在处理人民内部矛盾时，犯下如此严重的历史性错误呢？如何防止个人的错误对全党事业的危害呢？毛泽东同志本人实际上已经意识到这个问题。他认为，斯大林的肃反扩大化在英美是不可能发生的，但在我们这里却发生了。为什么这类情况，在欧美等发达资本主义国家不可能发生呢？其中一个原因就在于欧美等国建立了比较完备的资产阶级政治体制。这种体制能够制止资产阶级统治集团中的少数个人损害资产阶级整体利益的思想行为。而我们尚未建立完善的社会主义政治体制，也就无法从制度上制止领导者个人的错误对全党事业的危害和蔓延。毛泽东同志虽然意识到体制的重要性，但他本人却无法超越历史的制约性。我们在建立社会主义根本制度之后，还没有完全建立一个很好的体制来保证正确路线的实施，来保障人民的整体利益。所以，今天必须把正确处理人民内部矛盾问题，同社会主义体制改革结合起来，建立完备的社会主义政治体制，这是正确处理人民内部矛盾的体制保障。即如何认识人民内部矛盾同社会体制的关系，建立什么样的体制，才能保证人民内部矛盾得到正确的处理。

第三，人民内部矛盾的激化，会不会导致社会主义国家内部冲突和危机，也就是说人民内部矛盾是否可能发展到对抗性状态。

毛泽东同志认为，人民内部矛盾是非对抗性矛盾，在一般情况下不会发生对抗，但如果处理不当也可能发生对抗。刘少奇同志认为，人民内部矛盾有可能激化造成群众闹事事件的发生，出现一时的敌对现象。这些论述表明，如果处理不好，人民内部矛盾就有可能出现对抗，转化成对抗性矛盾。但是，在国际共产主义运动中，有一种意见长期否认社会主义国家也存在对抗性矛盾。比如，苏联负责意识形态工作的书记苏斯洛夫在1967年《伟大的十年》一文中，虽然承认社会主义社会有矛盾存在，但是仍然否认社会主义社会存在着对抗性矛盾。直到20世纪80年代，因波兰社会动乱所导致的苏联东欧理论界关于社会主义矛盾性质的大讨论中，才有人明确认为在社会主义某些具体条件下，可以导致对抗性矛盾的出现。但仍有一些人否认社会主义国家内部存在着对抗性矛盾。认为，社会主义国家中存在着旧社会的残余势力、残余影响、残余分子，因此社会主义国家内部还存在着敌我矛盾这样的对抗性矛盾。对于这种意见，人们一般是可以接受的。但认为社会主义国家人民内部还存在着对抗性现象，是令人难以接受的。所以，研究社会主义国家内部矛盾性质，讨论社会主义国家内部是否存在对抗性矛盾，关键是对社会主义国家人民内部是否存在对抗性质现象，是否会出现政治冲突和危机事件进行深入的探讨。

第四，人民内部矛盾产生、发展及其解决的经济根源是什么？

在《关于正确处理人民内部矛盾的问题》中，毛泽东同志除了着重谈到人民内部在政治思想上的矛盾，以及解决这些矛盾的办法以外，还特别谈到人民内部的物质利益矛盾，强调从生产和分配上来处理好人民内部的各种利益矛盾。但是，由于当时历史条件的局限，毛泽东同志在论述人民内部矛盾时，对着重从经济根源上分析人民内部矛盾产生的深厚社会经济原因重视不够。在很长一段时间里，我们有些同志也受到这种理论不足的影响，对于人民内部矛盾存在着一种简单化的理解，认为似乎人民内部矛盾就是人民内部在政治思想上的是非矛盾，误以为在人民内部不存在经济矛盾和利益矛盾。因而，也就更不可能从经济根源上，认识人民内部矛盾产生的深刻经济原因了。这就是造成我们在实践上处理人民内部矛盾问题时，产生忽"左"忽右错误倾向的一个重要认识根源。正确认识人民内部利益矛盾的主导地位，正确认识人民内部利益矛盾产生的经济原因，正确认识人民内部的利益矛盾，乃是坚持和发展人民内部矛盾学说的又一重要内容。

第五，关于如何处理人民内部的是非矛盾问题。

解决人民内部的是非矛盾，应当用民主的方法，讨论的方法，说服教育的方法，而不能用专政的、强制的、压服的方法，这是一个总的原则。但是，要贯彻这一方法，还有一系列认识问题需要进一步明确。

首先，用民主的方法解决人民内部的是非矛盾，这个原则是否适用于政治问题？这个看来不成问题的问题，长期以来并没有完全解决。似乎学术问题可以讨论，可以发表不同意见；而政治问题是不能讨论不能发表不同意见的，这是民主生活不正常的一个重要表现。其实，人民的民主权利首先应当是政治上的民主权利，即人民对于国家的大政方针有发言权、决策权、监督权和批评权。这是社会主义民主的主要标志。人民内部在政治立场根本一致的前提下，在坚持四项基本原则的基础上，对于政治生活的某些问题也总会产生这样那样一些不同的看法，这是完全正常的现象，只能通过民主的方法、讨论的方法去加以解决。正如邓小平同志所说："在党内和人民内部的政治生活中，只能采取民主手段，不能采取压制、打击的手段。"[①] 当然，这种民主讨论要遵守一定的纪律、在一定的范围内进行。通过讨论才能有利于问题的解决、思想的统一和理论的发展。在讨论的过程中，可能会有错误的意见，但是，只要这些意见不违背宪法和法律，不违背一定的组织纪律原则，都应当允许发表，通过讨论明辨是非，使错误的意见得到纠正，正确的意见得到发扬。相反，如果采取压制的手段，往往是压而不服，错误并没有得到纠正，思想并没有真正的统一；况且有时被认为是错误的东西，事实上并不一定是错误的东西。事实上，毛泽东同志最初提

---

① 《邓小平文选》第2卷，人民出版社1994年版，第144页。

出"团结——批评——团结"的方法解决党内矛盾时，直接的目的就是为了解决"教条主义者和广大党员群众之间的矛盾，教条主义思想和马克思主义思想之间的矛盾"。① 而这种矛盾首先便是政治路线上的是非矛盾。可见，用民主的方法解决人民内部的是非矛盾，不仅包括工作上、认识上、学术上的是非矛盾，而且应当包括政治上的是非矛盾。不牢固树立这个根本观点，就不可能造成一种生动活泼的政治局面，就不可能实现建立高度社会主义民主的目标。

其次，用民主的方法解决人民内部的是非矛盾，要不要坚持在真理面前人人平等的原则？这也是一个长期没有得到很好解决的问题。"有权就有理，权大真理多"，这种荒谬现象在我国曾经一度泛滥成灾。"在真理面前人人平等"的口号被说成是资产阶级口号而大张挞伐。其实，职务和权力的大小，属于政治范畴，而真理属于认识论范畴。二者之间并无必然联系。职务可以给人以权力，但是不能保证给人以智慧。"在真理面前人人平等"的本义无非是说，无论何人，职务高低也好，权力大小也好，他说的话是不是真理，都应当在实践面前接受检验，在探求真理的道路上，大家都应当进行自由的平等的讨论和磋商，不能以权势压人。毛泽东同志在处理一些学术争论问题时，就曾经表现得相当慎重。例如：1955年年底，一位苏联学者在与我方陪同人员的谈话中表示不同意毛泽东关于孙中山世界观的论点，当时有人认为这种谈论影响"我党负责同志的威信"，提出要向苏联方面反映。毛泽东同志在一封信中说："这种自由谈论，不应当去禁止。这是

---

① 《毛泽东著作选读》下册，人民出版社1986年版，第763页。

对学术思想的不同意见,什么人都可以谈论,无所谓损害威信。"① 又例如:我国学术界曾经就辩证法与形式逻辑的关系问题展开讨论。1958年,争论当中的一方周谷城同志写信给毛泽东,请他为即将出版的《形式逻辑与辩证法问题》一书写序。毛泽东同志在复信中说:"我对逻辑无多研究,不能有所论列,问题还在争论中,由我插一手,似乎也不适宜,作序的事,拟不应命。"这些都表明,毛泽东同志是主张在学术领域中应当进行自由探讨和平等讨论。可惜,这种正确主张在他的晚年没有得到彻底贯彻。鉴于历史的教训,党的十一届五中全会通过的《关于党内政治生活的若干准则》中明确规定:"必须坚持在真理面前人人平等,在党纪国法面前人人平等的原则。""党的领导干部要以平等的态度待人,不能以为自己讲的话不管正确与否,别人都得服从。"任何人依靠手中的权力,利用行政手段和政治裁决,去解决人民内部学术上和思想上的是非矛盾,都是根本错误的,都只能堵塞言路、窒息真理,导致思想僵化。

再次,用民主的方法解决人民内部的是非问题与阶级分析是一种什么样的关系?这也是一个被搞得十分混乱的问题。早在20世纪50年代,有的人就把阶级斗争作为一种标签到处张贴,例如说什么"西医是资本主义的,中医是封建的","摩尔根、孟德尔是资产阶级的,李森科、米丘林是社会主义的",在纯学术领域人为地制造阶级斗争。到了"文化大革命",这种"左"的思想,达到了极端荒谬的程度,提出"事事连着纲和线",到处抓所谓"阶级斗争新动向",阶级斗争和阶级分析被人为地普遍化、绝对化,极端夸大了意识形态

---

① 参见《毛泽东书信选集》,中央文献出版社1983年版。

领域的阶级斗争，严重混淆了敌我矛盾和人民内部矛盾，人民内部正常的民主生活和学术上的自由讨论被所谓"全面专政"所窒息，造成万马齐喑的可悲局面。事实上，阶级分析作为一种研究问题的方法，只适用于阶级斗争现象，即使在阶级社会，它也不是唯一的方法，因为许多纯学术问题、许多日常工作上的不同意见并不具有阶级斗争的性质。在社会主义国家内部，由于在一定范围内还存在着阶级斗争，旧社会剥削阶级思想影响也不可能一下子清除，阶级分析的方法当然没有过时。但是，必须看到，大量的社会矛盾已经不属于阶级斗争的范围。正如党的十一届六中全会通过的《关于建国以来党的若干历史问题的决议》所指出的："必须正确认识我国社会内部大量存在的不属于阶级斗争范围的各种社会矛盾，采取不同于阶级斗争的方法来正确地加以解决。"因此坚持用民主的方法解决人民内部的是非矛盾，不但应当严格区别敌我矛盾与人民内部矛盾，而且应当严格区别阶级矛盾与非阶级矛盾，严格区别阶级斗争的反映与非阶级斗争的反映，彻底肃清以阶级斗争为纲，滥用阶级分析的"左"倾余毒。这样人们才能放下包袱，解放思想。

第六，关于"团结——批评——团结"的方法是不是解决人民内部矛盾唯一的方法问题。

在一个很长的时间内，许多人对于人民内部矛盾存在一种简单化的理解，似乎人民内部矛盾就是人民内部的是非矛盾，因而解决人民内部矛盾的方法只是"团结——批评——团结"的方法，即民主的方法。这种理解，既不符合毛泽东同志著作的本义，也不符合客观事实。

在《正处》中，毛泽东同志除了着重谈到人民内部是非矛盾以外，还谈到了人民内部许多其他方面的矛盾，特别是谈到人民内部物质利益上的矛盾。例如他说:"在国家同合作社之间,在合作社内部,在合作社同合作社相互之间,都有一些矛盾需要解决","我们必须经常注意从生产问题和分配问题上处理上述矛盾"。① 这里讲的就是人民内部物质利益的矛盾,并且强调要用经济的方法正确处理这些矛盾。在这篇文章和《论十大关系》中,他又指出:对于城乡各阶层和国家、集体、个人的利益上的矛盾,必须实行"统筹兼顾,适当安排"的方针,"不论只顾那一头,都是不利于社会主义,不利于无产阶级专政的"。就国家和工人的关系说,"我们历来提倡艰苦奋斗,反对把个人物质利益看得高于一切,同时我们也历来提倡关心群众生活,反对不关心群众痛痒的官僚主义。随着整个国民经济的发展,工资也需要适当调整"。就国家和农民的关系来说,"工农业品的交换,我们是采取缩小剪刀差,等价交换或者近乎等价交换的政策"。不像苏联那样,"采取所谓义务交售制等项办法","把农民挖得很苦"。就国家和工厂的关系来说,"把什么东西都统统集中在中央或省市,不给工厂一点权力,一点机动的余地,一点利益,恐怕不妥","各生产单位都要有一个与统一性相联系的独立性,才会发展得更加活泼"。

刘少奇同志在《如何正确处理人民内部矛盾》一文中强调,人民内部矛盾"大量地表现在分配问题上","建议同志们要好好研究这个分配问题"。② 邓小平同志在 1979 年也指出:"我们必须按照统筹兼顾的原则来调节各种利益的相互关系。如果相反,违反集体利益而追求个人利益,违反整体利

---

① 《毛泽东著作选读》下册,人民出版社 1986 年版,第 775 页。
② 《刘少奇选集》下卷,人民出版社 1985 年版,第 303 页。

益而追求局部利益，违反长远利益而追求暂时利益，那末，结果势必两头都受损失。"① 可见，人民内部矛盾不但包括思想上的是非矛盾，而且包括物质利益上得与失、多与少的矛盾。过去，由于我们对于人民内部矛盾狭隘、片面的理解，也由于"突出政治"的"左"的思想影响，在实际工作中常常造成一种简单化的倾向：凡是发生人民内部矛盾的地方，不加任何分析，一律认为是思想问题，一律采取"团结——批评——团结"的方法，结果掩盖了许多客观上不属于思想问题的人民内部矛盾，特别是忽视了从经济上正确处理人民内部矛盾，使这些矛盾越积越多，以致造成某些矛盾激化和积重难返。这是一个深刻的历史教训。特别是在社会主义市场经济条件下，要学会从经济利益上正确处理人民内部矛盾，已经成了一个十分突出的重大课题。

应当指出，在物质利益上，人民内部矛盾和敌我矛盾具有根本不同的性质和特点。敌我之间在物质利益上的矛盾，是根本利益的矛盾，是对抗性的，二者之间如同水火之不能相容，其中任何一方利益的实现，都必然以牺牲另一方的利益为必要条件。因此解决敌我之间物质利益的矛盾，只能采取剥夺剥夺者的办法。当然这不能排除暂时的妥协和让步。而人民内部物质利益的矛盾，一般地说，是在根本利益一致基础上的矛盾，是局部和暂时利益的矛盾。就其本性来说，他们之间的各种利益是相互依赖、相互渗透、相互转化的，其中任何一方利益的实现都可能促进其他方面利益的实现，或者为这种实现准备必要条件。因此，解决人民内部物质利益的矛盾，不是抹煞其中任何一方相对独立的利益，而是在

---

① 《邓小平文选》第2卷，人民出版社1994年版，第175—176页。

保障全体人民根本利益的条件下,"统筹兼顾,全面安排",尽可能照顾各方利益,使各方利益协调发展,相得益彰。

解决人民内部物质利益的矛盾,首先和主要应当采取正确的经济手段,包括正确的经济政策和经济立法。我国进行的社会主义市场经济体制改革,从一定意义上说,就是从体制原因上,从经济手段上,对人民内部物质利益进行调整。农村实行的联产承包责任制之所以能够极大地调动广大农民的积极性,就是因为它比较好地把个人、集体、国家的利益结合了起来。实质上就是运用经济方法处理人民内部的物质利益矛盾。

当然,解决人民内部物质利益的矛盾,也需要进行必要的政治思想工作。因为物质利益的矛盾必然要在人们的思想上反映出来,有些人能够正确处理,有些人不能正确处理,于是产生认识上、思想上是与非的矛盾。比如:有的人为了个人和局部利益而损害他人、集体和国家的利益;有的人不讲条件,不计贡献,不论经济效益,在工资和奖金问题上一律向高的攀比;有的人借口全局利益而向所属单位、个人乱伸手、乱摊派,加重企业和农民不合理负担,等等。这些错误思想和行为,都应当通过切实的思想政治工作去加以解决,使人们正确认识国家和个人利益的关系,长远利益和目前利益的关系,全局利益和局部利益的关系,从而自觉地执行国家正确的经济政策。这说明,必要的政治思想工作和实行正确的经济手段,是相辅相成的。而前提和基础,是实行正确的经济政策。解决思想问题可以为解决物质利益问题创造必要条件,却不可能完全代替物质利益本身的解决。归根到底,人民内部物质利益的矛盾只能通过经济手段去解决。离开正确的经济政策,思想教育就没有判断是非的标准,从而也就不会发生任何效力。过去在"左"的政策泛滥的时候，在农村我们一方面大搞"一平二调"、"穷过渡"，对农民实行剥夺政策，另一方面又对农民进行所谓"社会主义教育"，这种教育不但不能调动农民的积极性，反而为"左"的政策的推行进一步起了推波助澜的作用。这个教训，我们是不能忘记的。

第七，关于如何解决复杂的人民内部矛盾问题。

人民内部矛盾是一个复杂的矛盾系统，其中既有思想上是与非的矛盾，又有物质利益上得与失的矛盾，还有科学艺术领域中不同学派、不同风格的矛盾，以及实际工作中许多具体矛盾。因而解决这些各个特殊的矛盾所采取的方法也必然是多种多样的。在这里没有一成不变的公式，没有包医百病的灵丹圣药，绝对需要的倒是其反面：对具体问题进行具体分析。就是其中的某一种具体矛盾，由于产生的原因比较复杂，也往往不是单纯靠某一种方法所能完全解决的，而应当通过多种方法综合加以解决。

以国家工作人员的官僚主义作风同人民群众之间的矛盾来说，这是常见的一种人民内部矛盾，这个矛盾的产生，既有某些国家工作人员思想方面的原因，又有领导体制、干部制度等方面的原因。因此，反对官僚主义，加强思想教育是必要的，不肃清封建主义、资产阶级思想影响，不进行为人民服务宗旨的教育，要克服某些人当官做老爷、以权谋私、特殊化等不良思想作风，是不可能的。这里就包括实行"团结——批评——团结"的方针，也包括纪律和法律的约束。但是，仅仅这些还很不够，邓小平同志说："我们过去发生的各种错误，固然与某些领导人的思想、作风有关，但是组织制度、工作制度方面的问题更重要。这些方面的制度好可以使坏人无法任意横行，制度不好可以使好人无法充分做好事，甚至会走向反面。"① 首先，官僚主义的产生，同权力过分集中的经济政治体制有很大关系。在现代化大生产中，由于社会需求十分复杂而且经常处于变动之中，由于生产单位条件千差万别，由于地区、部门、企业之间经济联系错综复杂，任何国家机构都不可能完全了解和迅速适应这些情况，而我们过去的经济体制是政企职责不分，国家机构直接经营和管理企业，一切都纳入国家计划，一切都由国家大包大揽，这样势必产生官僚主义。早在十月革命后不久，列宁就说："现在对我们来说，完整的、无所不包的、真正的计划＝'官僚主义的空想'。"② 因此，进行经济体制改革，也是克服官僚主义的重要途径。其次，官僚主义的产生，同权力过分集中、民主制度不够健全的政治体制也有很大关系。党政不分，一切权力集中到党委，党委的权力集中到书记、特别是第一书记，实际上往往是个人决定重大问题，以个人有限之智慧行无限之权力，硬要他们去管那些不该管、管不了、也管不好的事情，那还不导致官僚主义？其他如组织机构臃肿、人浮于事、干部管理上缺乏必要的选聘制度、考核制度、监督制度、奖惩制度、罢免制度等等，都是产生官僚主义的重要根源。除了制度方面的原因之外，领导方法不科学，也是产生官僚主义的一个原因。例如，有集体领导而无个人负责，大家都在那里画圈，搞公文旅行，具体事情无人落实，许多事情就会久拖不决，甚至拖得无影无踪。所以邓小平同志说："克服官僚主义……工作方法不改也不行。"③ 总之，反对官僚

---

① 《邓小平文选》第2卷，人民出版社1994年版，第333页。
② 转引自《中共中央关于经济体制改革的决定》第16页。
③ 《邓小平文选》第2卷，人民出版社1994年版，第282页。

主义需要做多方面的工作，不仅包括批评教育、纪律和法制的约束，包括经济体制、政治体制的改革，也包括改进领导方法。只有从多方面同官僚主义作斗争，进行综合治理，才能真正收到实效。

即使单纯认识上的是非矛盾，包括学术领域和实际工作中不同意见的矛盾，往往也不是单靠"团结——批评——团结"这样一种方法所能完全解决的。譬如有些学术上的分歧，常常是由于争论双方占有的材料都还不够充分，彼此在短时间内很难使对方信服。在这种情况下，单靠批评、争鸣、讨论，一味地打笔墨官司，是很难奏效的。这就需要人们继续进行实践和实验，更广泛地去搜集资料作更深入的研究、探索、论证。毛泽东同志在《正处》一文中就说："艺术和科学中的是非问题，应当通过艺术界科学界的自由讨论去解决，通过艺术和科学的实践去解决。"① 这里讲的就是解决认识中是与非矛盾的两种方法——讨论的方法，实践的方法，而不是一种方法。现在，在基本粒子物理学、天体物理学、生命科学等许多学术领域，人们都有许多不同的看法，甚至是针锋相对的看法。这种认识上的矛盾显然是人民内部矛盾。解决这些矛盾当然需要经过学术批评、学术讨论，实行"双百"方针，但是，归根到底，这些矛盾最终还是要靠人们在新的实践、新的实验中通过更深入的研究去解决。实际工作中不同意见的矛盾也是如此。我们党内在处理这类矛盾时一向坚持如下这样一些原则和方法：（1）每个重大决策，事先都进行反复的酝酿然后作出决定。（2）党的会议上允许党员自由地发表意见和批评任何人，而即使错了也受到保护。（3）只

---

① 《毛泽东著作选读》下册，人民出版社1986年版，第784页。

要尽了心尽了力，即使工作中出现这样或那样的偏差，也允许改正。（4）如果对中央的方针政策不赞成，只要在工作中不违反并且努力执行，允许保留意见。实践证明，这是解决党内工作上不同意见矛盾行之有效的正确原则和方法。这些原则、方法中既包括了不同意见之间自由讨论、互相批评的方法，又包括了实行民主集中制维护党的纪律的原则，还包括"允许保留意见"以便在进一步实践中逐步求得统一的原则。我们在经济体制改革等各项工作中，正是由于采用了这些方法，获得了极大的成功。譬如农村的改革，在开始的时候不是有许多人思想不通吗？我们一方面坚持耐心细致的说服教育，不戴帽子，不打棍子；另一方面通过改革的实践，逐步提高人们的认识，结果许多原来持怀疑态度、反对态度的人在事实的教育下都转变过来，提高了觉悟，统一了认识。这是在重大政策问题上解决党内思想认识问题的极为宝贵的经验。

总之，人民内部矛盾所包含的内容十分广泛。其中各种矛盾又都有其特殊性和复杂性。面对这些复杂的矛盾，我们的头脑不能简单化、死板和僵化，而应本着具体问题具体分析的原则，实事求是地全面地和灵活地加以处理。

二 人民内部矛盾理论在新时期的恢复和发展

十一届三中全会以来，我们党以实事求是的思想路线为指导，对以阶级斗争为纲的极"左"的路线进行了彻底的拨乱反正，恢复了人民内部矛盾的正确理论，根据历史的经验和教训，提出了严格区别和正确处理敌我矛盾和人民内部矛盾的一系列方针和方法，在新的历史条件下，恢复和发展了人民内部矛盾理论。

第一，重新确立了正确处理人民内部矛盾是国家政治生活主题的总原则。

从1957年反右，毛泽东同志本人和党在指导思想上逐步偏离了人民内部矛盾的正确理论。特别是在"文化大革命"中，林彪、"四人帮"曾经把毛泽东同志《正处》一文中的哲学思想歪曲为"以阶级斗争为纲"的所谓"无产阶级专政下继续革命"理论的哲学基础，片面夸大该文中有关阶级斗争部分的论述，把毛泽东同志"关于正确处理人民内部矛盾的问题，这是一个总题目"的思想篡改得面目全非。对此，以邓小平同志为代表的中国共产党人进行了思想理论上的拨乱反正。1979年叶剑英同志代表党中央在庆祝中华人民共和国成立30周年大会上的讲话中指出：《正处》一文"科学地分析了国内的政治经济形势，提出了正确区分和处理两类不同性质的社会矛盾的学说，说明了正确处理人民内部矛盾，以便团结全国人民发展经济和文化，已经成为国家政治生活的主题。"1981年在邓小平同志主持下作出的《关于建国以来党的若干历史问题的决议》中再一次重申："毛泽东同志在1957年春提出必须正确区分和处理社会主义社会两类不同性质的社会矛盾，把正确处理人民内部矛盾作为国家政治生活的主题。"[①] 强调："必须正确认识我国社会内部大量存在的不属于阶级斗争范围的各种社会矛盾，采取不同于阶级斗争的方法来正确地加以解决。"[②] 这些论断，是完全符合毛泽东同志

[①] 《关于建国以来党的若干历史问题的决议》注释本，人民出版社1986年版，第21、65页。

[②] 同上。

《正处》著作本义的，也是完全符合客观实际的。在民主革命和社会主义改造时期，阶级斗争是主要的社会矛盾，因而也是国家政治生活的主题。当时我们党当然也要处理大量的党内矛盾和人民内部矛盾，但处理这些矛盾是服务于解决阶级斗争这个主要矛盾的，人民内部矛盾处于次要和从属地位。在我国社会主义改造基本完成以后，社会主义制度基本建立，形势条件发生了根本的变化。阶级斗争虽然在一定范围内仍将长期存在，但已不是社会的主要矛盾，因而也不再是国家政治生活的主题；国家政治生活的主题是正确处理人民内部矛盾，以最大限度地调动广大人民群众的积极性和创造性，为把我国建设成为富强、民主、文明的社会主义现代化国家而奋斗。如果违背这一总原则，必然导致阶级斗争扩大化，混淆两类不同性质的矛盾，给社会主义建设和发展带来巨大的危害。这一点已经经过社会主义各国和我国社会主义建设的实践所证明了的。

第二，对新时期人民内部矛盾的变化作出了一系列的科学分析。

（1）明确肯定在我国剥削阶级已经被消灭，必须区别阶级斗争与阶级斗争在人民内部的反映。在《正处》一文中，毛泽东同志曾经说过："在我们国家里，工人阶级同民族资产阶级的矛盾属于人民内部的矛盾。工人阶级和民族资产阶级的阶级斗争一般地属于人民内部的阶级斗争。"[①] 这在当时是符合实际情况的。但是，现在情况已经发生了根本的变化。1979年邓小平同志在《新时期的统一战线和人民政协的任务》一文中说："我国的资本家阶级原来占有的生产资料早已转到

---

① 《毛泽东著作选读》下册，人民出版社1986年版，第758页。

国家手中，定息也已停止十三年之久。他们中有劳动能力的绝大多数人已经改造成为社会主义社会中的自食其力的劳动者。""作为劳动者，正在为社会主义现代化建设事业贡献力量。"① 这样，原来特指的工人阶级与民族资产阶级矛盾的"人民内部的阶级斗争"已经不复存在。当然，剥削阶级的影响还会在人民内部反映出来，使一部分人民内部矛盾带有某种阶级斗争的性质，对此必须有充分的认识；但这里所说的阶级斗争在人民内部的反映与人民内部的阶级斗争是属于不同范畴的问题，决不应当加以混淆。

(2) 明确宣布知识分子是我国工人阶级的一部分，同工人、农民一样都是我国社会主义的基本依靠力量。邓小平同志指出：首先，脑力劳动者也是劳动者。他们与体力劳动者的区别，只是社会分工的不同。而且随着科学技术的发展，体力劳动者将会不断减少，脑力劳动者将会不断增加。这是历史的进步。其次，对阶级社会脑力劳动者的阶级属性必须作具体分析。有些人完全为反动统治阶级服务，他们同体力劳动者处在对立地位；而有些学者和科学技术人员，也是受资本家剥削的，他们同直接为反动统治阶级出谋划策的政客是截然不同的。再有，在社会主义制度下，脑力劳动者中的绝大多数人已经是工人阶级的一部分，同工人、农民一样是社会主义的劳动者，是我国社会主义事业的基本依靠力量。党的十四大报告进一步指出："知识分子是工人阶级中掌握科学文化知识较多的一部分，是先进生产力的开拓者，在改革开放和现代化建设中有着特殊重要的作用。能不能充分发挥广大知识分子的才能，在很大程度上决定着我们民族的盛衰

---

① 《邓小平文选》第2卷，人民出版社1994年版，第186页。

和现代化建设的进程。"① 因此，党中央反复强调，要尊重知识，尊重人才，对我国的知识分子要在政治上充分信任，工作上放手使用，生活上给以关心照顾。

（3）在国内民族关系上明确指出民族矛盾本质上是各族劳动人民的内部矛盾。在我国剥削阶级已经消灭的条件下，民族矛盾已经是人民内部矛盾的一部分。邓小平同志指出："我国各兄弟民族经过民主改革和社会主义改造，早已陆续走上社会主义道路，结成了社会主义的团结友爱、互助合作的新型民族关系。各民族的不同宗教的爱国人士有了很大的进步，在实现四个现代化的进程中，各民族的社会主义一致性将更加发展，各民族的大团结将更加巩固。"在处理国内民族关系问题上，党中央强调必须牢固树立各民族"谁也离不开谁"的正确观点，反对大汉族主义，也反对地方民族主义观点；强调必须把各民族的共同利益与少数民族的特殊利益统一起来，把社会主义的一致性与民族形式的多样性统一起来；强调实行民族区域自治，大力扶持和帮助少数民族地区发展经济文化，努力培养和提拔少数民族干部，逐步消除民族间事实上的不平等，逐步实现各民族的共同繁荣。

（4）在民主党派问题上，明确肯定它们是在中国共产党领导下为社会主义服务的政治力量。邓小平同志说，民主党派"都已经成为各自所联系的一部分社会主义劳动者和一部分拥护社会主义的爱国者的政治联盟"。② 这表明中国共产党与民主党派合作的基础更加巩固，社会主义和爱国主义的一

---

① 《中国共产党第十四次代表大会文件汇编》，人民出版社1994年版，第31页。

② 《邓小平文选》第2卷，人民出版社1994年版，第186页。

致性更加增加。在这个基础上,中国共产党对待民主党派的方针也进一步完善,把原来"长期共存,互相监督"八字方针发展为"长期共存,互相监督,肝胆相照,荣辱与共"的十六字方针。在实际工作中,党在作出重大决策之前,都认真听取民主党派人士和无党派人士的意见,使共产党领导的多党合作制度和政治协商制度更加完善。

(5) 在统一战线问题上,强调在社会主义新时期统一战线的范围不是缩小而是扩大了,对象不是愈来愈少了而是愈来愈多了。特别是实行"一国两制"的方针,使爱国统一战线出现了新的格局,实际上形成了两个范围的联盟:一个是由大陆全体劳动者、爱国者组成的以社会主义为政治基础的联盟;一个是广泛团结台湾同胞、港澳同胞、国外侨胞以拥护祖国统一为政治基础的联盟。邓小平同志说:"台湾同胞、港澳同胞和国外侨胞心向祖国,爱国主义觉悟不断提高,他们在实现统一祖国大业、支援祖国现代化建设和加强国际反霸斗争方面,日益发挥着重要的积极作用。"[①] 因此,《中共中央关于社会主义精神文明建设指导方针的决议》中强调:要"真正克服长期造成严重危害的狭隘观点,使共产党员和非共产党员,马克思主义者和非马克思主义者,无神论者和宗教信仰者,国内同胞和国外侨胞,总之,使全体劳动者和爱国者,都紧密地团结起来,积极地行动起来,为实现共同理想而奋斗"。

第三,充实和完善在新的历史条件下正确处理人民内部矛盾的方针和方法。

[①]《中国共产党第十四次代表大会文件汇编》,人民出版社1994年版,第31页。

首先，强调用民主法制的方法处理人民内部矛盾。在总结历史经验和教训的基础上，邓小平同志和党中央多次强调，必须把民主与法制结合起来，使社会主义民主制度化、法律化，用民主的、法制的办法解决人民内部矛盾。邓小平同志说："社会主义民主和社会主义法制是不可分割的。"在党内和人民内部，必须实行社会主义民主，实行"双百"方针，实行"三不主义"（不抓辫子、不扣帽子、不打棍子），对于各种不同的意见，包括错误的意见，不能采取简单粗暴的压制的方法、搞政治运动的方法去解决，而应当采取说服教育的方法、疏导的方法即民主的方法去解决。但是，民主需要法制来保证。没有健全的社会主义法制，人民的民主权力随时可能受到剥夺；而且不可能造成安定团结的政治局面，从而也无法实现真正的人民民主。在一个个人专断的环境下固然没有民主可言，在一个动乱的环境下也无民主可言。因此，国家要健全法制，全体党员、全体人民也都应当学会运用法律武器维护人民的民主权力。正是由此出发，邓小平同志和党中央建议并经人民代表大会批准，修改了原来宪法中有关"四大"（即大鸣、大放、大辩论、大字报）的条文。长期实践证明，"四大"作为一个整体，从来没有发生过积极的作用，它不利于发扬社会主义民主，不利于解决人民内部矛盾，而只能破坏安定团结的政治局面，只能导致动乱，并且很容易为敌对势力所利用。

在用民主法制的方法处理人民内部矛盾的过程中，邓小平同志和党中央强调必须划清各种政策界限。例如：要划清学术问题、思想认识问题、政治问题、路线问题和反革命问题的界限。《关于党内政治生活的若干准则》中指出："不可把工作中的一般错误或思想认识上的错误说成是路线错误，也不可把犯了路线错误、但仍属于党内斗争性质的问题,同属于企图颠覆党、颠覆社会主义国家的反革命性质的问题混淆起来。"① 过去那种把学术分歧一律上纲为立场和世界观问题,乱扣政治帽子的做法必须改变;那种把工作上的错误任意上纲为路线错误,而又把路线问题上纲为敌我矛盾的错误做法也必须改变。正确处理人民内部矛盾还要划清罪与非罪的界限。《中共中央、国务院关于打击经济领域中严重犯罪活动的决定》中指出:"要划清工作失误同违法犯罪的界限,划清经济上的不正之风同经济犯罪的界限,划清走私贩私、贪污受贿、投机诈骗同实行对外开放、对内搞活经济政策中由于某些制度、办法不完善而发生的问题的界限。在判定罪责时,要划清个人贪污同化大公为小公的界限。"② 在上述界限一时难以划清的情况下,党中央强调要慎重对待,先作为人民内部矛盾处理,决不能像过去那样先来"火烧"、"打倒",尔后再去"甄别"、"平反",那样损失太大。

为了正确处理人民内部矛盾,还要十分重视调查研究,切忌主观武断。鉴于反右派斗争和其他政治运动中阶级斗争扩大化的教训,党中央强调:"今后全党对于某一时期出现的重大思想动向和社会思潮,一定要经过深入的调查研究,冷静地、细致地加以分析,查明来龙去脉,作出符合客观实际的判断。问题发生在什么范围、什么领域,就应当在这个范围和领域内解决,而不可任意扩大,更不能搞'一刀切',发动带全局性的政治运动。"③ 更要防止和反对不进行调查研究,

---

① 《三中全会以来重要文献选编》(上),人民出版社1982年版,第429页。
② 同上书,第1245—1246页。
③ 同上书,第497页。

不掌握实际情况，靠主观臆断规定指标和进度，硬找斗争对象或者对问题任意升级等错误做法。①

其次，强调通过改革的方法处理人民内部矛盾。社会主义改革实质上是从体制上调整人民内部的关系，处理人民内部矛盾，以最大限度地调动亿万人民群众的积极性，完成中国特色社会主义建设的大业。社会主义市场经济体制改革是对人民内部经济利益的调整。目的是使不同所有制形式之间，国有经济、私营经济、个体经济、股份制经济、混合经济之间，不同经济成分内部的不同群体之间，国家、企业、个人之间，部门和地区之间，以及劳动者个人之间的利益矛盾，按照市场资源配置的规律，在有利于解放和发展生产力这个总原则的基础上得到合理、妥善的解决。人民内部的物质利益矛盾是一种客观存在。我们只能承认它，如实地反映它，并且按照客观经济规律去正确地解决它。过去讳言物质利益，似乎一谈物质利益就是"修正主义"的物质刺激，用空洞的政治说教掩盖客观上存在的人民内部物质利益矛盾，那只能人为地加剧这种矛盾，挫伤人民群众的社会主义积极性。改革开放以来，在所有制上实行以公有制为主体、允许和发展不同所有制成分以及多种经济形式和经营形式；在分配上实行按劳分配为主体、允许和发展多种分配形式，在共同富裕的目标下，允许一部分人、一部分地区通过正当劳动和合法经营先富起来等等政策，极大地调动了人民群众的积极性，极大地解放和发展了生产力，使人民逐步地富裕起来了。使全体人民在根本利益一致基础上的矛盾逐步地得到解决，反过来又促进了全体人民根本利益的发展。

---

① 《三中全会以来重要文献选编》（上），人民出版社1982年版，第1245页。

政治体制改革是对人民内部政治关系的调整。在政治生活中存在一系列人民内部矛盾。如党、政府同人民之间的矛盾，民主与集中的矛盾，领导与被领导的矛盾，党和国家机关中官僚主义作风与人民群众之间的矛盾等等。对于这些矛盾，毛泽东同志早已指出，并且在实际工作中采取了许多措施去加以解决。但是，从具体制度的改革方面考虑较少。譬如，如何使民主法律化、制度化，不仅具体制度不健全，而且在实践中也没有严格按照法律和法制办事。又譬如，关于反对官僚主义问题，过去多是偏重于思想教育，或者用所谓"大民主"的方法去加以解决，而对于国家领导体制方面存在的问题，甚少研究。十一届三中全会以来，我们党逐步提出要从政治体制入手，改革政府工作机构、改革干部人事制度、完善社会主义民主制度、建立社会协商对话制度、加强社会主义法制建设等等，以建立高度民主、法制完备、富有效率、充满活力的社会主义政治体制。随着政治体制改革的深入进行，毛泽东同志提出的"又有集中又有民主，又有纪律又有自由、又有统一意志、又有个人心情舒畅、生动活泼，那样一种政治局面"会逐步实现。

三 认真研究改革开放新条件下的人民内部矛盾，进一步丰富和发展人民内部矛盾理论

十三届四中全会以来，在社会主义改革开放新的发展阶段，面对错综复杂的新形势、新情况、新矛盾、新问题，如何正确处理新时期人民内部矛盾问题，已经成为我们党面临的一项重大政治问题。党的第三代中央领导集体继承了毛泽

东同志创立的，邓小平同志加以恢复和发展的人民内部矛盾理论，解决了新时期一系列人民内部的矛盾问题，在实践中创造性地发展了人民内部矛盾理论。

如何正确认识和处理新时期人民内部矛盾问题已经成为我们面临的一项重大课题。江泽民同志在党的十四届五中全会上，作了《正确处理社会主义现代化建设中若干重大关系》的重要讲话，在全面总结国内外历史经验的基础上，深刻阐述了我国现代化建设中带有全局性的十二个重大关系，即十二对重大矛盾，并提出了解决办法和方针。他在2001年"七·一"讲话中，正确论述了我党关于社会主义改革开放过程中所出现的新的社会阶层的分析和认识，进一步丰富和发展了新时期人民内部矛盾理论。

第一，从讲政治的高度，强调正确认识和处理新时期人民内部矛盾的极端重要性。

20世纪90年代，我国改革开放事业进入了关键时期，江泽民同志多次告诫全党各级领导干部，要结合新的实际，认真学习毛泽东同志人民内部矛盾理论，认真研究新形势下人民内部矛盾的表现形式和发展趋势，特别注意改革开放以来，利益格局、利益关系的调整而引发的人民内部矛盾的新情况，正确处理好新时期的各类人民内部矛盾问题。他在党的十四届二中全会上指出："在加快经济建设和改革开放的新形势下，正确处理人民内部矛盾，调动一切积极因素，化消极因素为积极因素，是我们国家政治生活的主题，也是维护社会稳定的重要基础。"他把正确认识和处理新时期人民内部矛盾问题，提高到维护社会稳定的大局高度来强调。他认为各级领导干部肩负着正确处理人民内部矛盾的重任，领导干部能不能正确处理好人民内部矛盾，正确对待和处理好领导和群众之间的矛盾，进而保证改革开放和现代化建设的顺利进行，是摆在全党面前的一个重大的政治课题，各级领导干部要不断提高正确处理人民内部矛盾的能力和水平。他在十五大报告中强调指出："各级党委和政府必须认真负责，满腔热情地解决人民群众生活和工作中的实际问题。对人民内部矛盾，要深入实际，调查研究，做好思想政治工作，区别不同情况，正确运用经济、行政和法律等手段加以处理，防止矛盾激化。"在十六大报告中又指出："要深入调查研究，区别不同情况，加强思想政治工作，正确运用经济、行政和法律等手段，妥善处理人民内部矛盾特别是涉及群众切身利益的矛盾，保持安定团结的局面。"

第二，科学论述我国新时期人民内部阶级阶层关系的新变化，正确认识社会阶级和阶层结构的构成。

正确分析和认识现阶段我国社会阶级、阶层的新变化，是正确认识和处理人民内部矛盾的前提。经过 20 多年的改革开放，社会主义市场经济逐步建立，推动了我国社会阶级、阶层关系发生了重大变化，社会阶级、阶层发生了新的组合和分化，产生了一批新的社会阶层。如何正确认识新的阶层，如何认识阶级、阶层关系的新变化，是一个重大的课题。我国社会主义制度建立以后，剥削阶级作为一个整体已不复存在了。我国劳动阶级作为人民群众的主体部分，主要由工人阶级、农民阶级和作为工人阶级一部分的知识分子阶层组成。但是改革开放以来，以公有制为主体，多种所有制经济共同发展，社会分配制度已向多元化方向发展，除了工人、农民两大基本阶级之外，还出现了一系列新的社会阶层，出现了利益主体的多样化，阶级、阶层的新变化决定了人民内部矛盾的复杂化。党对阶级、阶层的新变化，对新的社会阶层的科学的分析，为正确处理人民内部矛盾提供了重要的政策依据。

第三，全面分析新时期人民内部矛盾一系列新情况、新问题。

江泽民同志《正确处理社会主义现代化建设中若干重大关系》是对毛泽东同志《论十大关系》的新发展。在新的历史时期，社会主义市场经济体制逐步建立。人民内部的多种矛盾关系更趋于复杂化。在新的历史条件下，《正确处理社会主义现代化建设中若干重大关系》全面分析新时期人民内部的一系列新情况、新问题，对如何处理中国各种重大的社会矛盾进行了深入系统的思考。江泽民同志全面分析了新的历史条件下，出现的复杂的人民内部矛盾的新表现，例如，公有制经济成分和其他经济成分的矛盾关系；东部地区和中部地区、西部地区的矛盾；收入分配中国家、企业和个人的矛盾；中央和地方的矛盾；物质文明和精神文明的矛盾等等。这些关系大体表现为人民内部的经济领域的矛盾关系，政治领域的矛盾关系，思想文化领域的矛盾关系。从经济领域来看，存在公有制经济成分，个体经济、私营经济以及其他形式经济成分的矛盾；存在公有制内部的国有所有制、集体所有制，以及混合所有制、股份合作制等多种所有制成分以及同一所有制内部不同成分之间的矛盾；存在区域发展不平衡的矛盾；存在城乡之间、工农之间的矛盾；不同行业之间的矛盾；领导者、管理者同劳动群众之间的矛盾；个体劳动者、私营企业者同劳动群众之间的矛盾；不同地区、不同行业、不同单位、不同劳动者之间收入差距拉大，形成了不同利益主体之间的矛盾等等。在思想认识方面，由于改革开放，由于社会主义市场经济的变化，人们的观念发生了深刻的变化，存在先进与落后，科学与迷信，不同的价值观、道德观之间的矛盾等等。以上这些矛盾都是通过人民内部的人际关系所表现出来的，如何处理好这些矛盾关系，积极化解人民内部矛盾，对于推动我国的改革、稳定和发展具有十分重大的意义。

第四，明确提出妥善及时处理人民内部矛盾的方针和方法。

首先，把"三个代表"重要思想作为正确认识和处理人民内部矛盾的总的指导思想。一定要以"三个代表"重要思想为指导，在"三个代表"重要思想统领下，处理好各类复杂的人民内部矛盾。其次，从改革、发展、稳定的大局出发着眼于正确处理人民内部矛盾问题。中国的问题，压倒一切的是需要稳定，没有稳定的环境，什么都搞不成，已经取得的成果也会失掉。江泽民同志从改革、发展、稳定三者之间的内在联系出发，阐明了正确处理人民内部矛盾是维护社会稳定的重要基础。再次，依法治国是正确处理人民内部矛盾的根本保障。江泽民同志在十五大报告中明确指出："依法治国是党领导人民治理国家的基本方略，是发展社会主义市场经济的宏观需要，是社会文明进步的重要标志，是国家长治久安的重要保障。"提出依法治国，把人民内部矛盾的处理纳入法制化的轨道，这是正确处理人民内部矛盾的根本保障。还有，坚持"两手抓，两手都要硬"，"三大文明一齐抓"的方针，是正确处理人民内部矛盾的重要方针。以江泽民同志为代表的党的第三代领导集体按照邓小平同志提出的"两手抓，两手都要硬"的思想，把党的建设，反腐倡廉工作，社会主义精神文明建设提到更加突出的位置，只有提高整个中华民族的思想、道德和科学文化素质，才能从根本上处理好人民内部矛盾。江泽民同志在党的十六大又提出"社会主义三大文明"一起抓的战略措施,把社会主义政治文明建设提到了极其重要的地位,这是正确处理好各类人民内部矛盾的根本政治保证。最后,建立健全社会保障体系,是正确处理人民内部矛盾的重要途径。建立强有力的能够满足多层次、多方面需求的社会保障体系,是正确处理各类人民内部矛盾的重要途径。

十六大之后,以胡锦涛同志为总书记的新一届中央委员会,从新的实际出发,进一步积极探索解决新时期人民内部矛盾的有效途径,认真做好新形势下处理人民内部矛盾这篇大文章。胡锦涛同志高度重视新形势下的人民内部矛盾问题,强调正确认识和处理新时期人民内部矛盾,对于维护社会稳定的极端重要性,要求把正确处理人民内部矛盾作为一项重大的政治任务,切实抓紧抓好。他说:"要从巩固党执政的群众基础、实现国家长治久安的高度,充分认识正确处理人民内部矛盾的极端重要性,扎扎实实地做好工作。"[1] 他认为,正确处理新时期人民内部矛盾,必须坚持以"三个代表"重要思想为指针。"三个代表"重要思想依据改革开放和现代化建设的新实践,紧紧把握我国社会生活和社会结构的深刻变化,对建设中国特色社会主义的依靠力量作出了科学判断。以"三个代表"重要思想为指针,树立和落实科学发展观,最广泛最充分地调动一切积极因素,妥善处理各种利益关系和社会矛盾,切实维护社会稳定,构建社会主义和谐社会,形成全体人民各尽所能、各得其所而又和谐相处的局面,聚集起推进社会主义事业发展的强大力量。

---

[1] 《中央党校2002年秋季开学典礼讲话》。

按照"三个代表"的要求,正确处理好新时期人民内部矛盾,必须做到:首先,要建立健全对人民内部矛盾经常化、制度化的调处机制,及时处理纠纷,尽可能地把各种矛盾和隐患化解在基层。比如,建立健全对人民内部矛盾的反映机制,及时准确地了解社情民意,是正确处理人民内部矛盾的前提;把通过政策协调好利益关系,作为处理人民内部矛盾的有效手段;把依法治国、发挥法律调控作为处理新时期人民内部矛盾的保证;把耐心细致地做好思想政治工作,充分发挥思想政治工作的重要作用,作为解决人民内部矛盾的重要措施;把做好宣传工作,充分发挥舆论宣传的导向作用,作为解决人民内部矛盾的必要方法;把加强基层党组织建设、基层政权建设、充分发挥其作用,作为解决人民内部矛盾的组织保证;把发扬社会主义民主,建设社会主义政治文明,作为正确处理人民内部矛盾的政治保障。

其次,关心群众的切身利益需求,解决好事关群众切身利益的问题,把党和国家的政策落到实处,是解决好人民内部矛盾的关键所在。为人民谋利益是我们党一切工作的出发点和落脚点,始终保持党同人民群众的血肉联系,坚持执政为民,时刻关心群众生活、切实维护群众利益。这方面工作做好了,就能充分调动人民群众的积极性,只有充分调动人民群众的积极性,才可以保证稳妥地解决好人民内部矛盾。正确处理人民内部矛盾,必须把关心群众生活作为一件关系全局的大事来抓。群众利益无小事,要多深入基层、多深入群众,了解群众要求,体察群众情绪,关心群众疾苦,这就一定会把各类矛盾调节好。一定要做到:把党中央、国务院关于社会保障等各项政策落到实处,解决好事关群众切身利益的实际问题;要因势利导、耐心细致地做好职工群众的思想政治工作；要牢固树立群众观念，切实转变工作作风，坚决克服官僚主义，以扎实的作风解决好群众生产和生活中的迫切问题；要讲究方式方法，正确应对影响稳定的问题和群体性事件；各级领导干部要严于律己，清廉自守，以自己的表率作用赢得群众信任。

再次，加强党的执政能力建设，提高领导干部妥善处理人民内部矛盾的能力和水平。能否正确处理好人民内部矛盾，是衡量执政党执政能力如何的重要标志。提高党处理各种矛盾和关系的能力，是执政能力建设的重要内容，各级领导干部要学会正确处理新形势下人民内部矛盾，学会妥善处理各方面利益关系，要大力提高领导干部妥善处理人民内部矛盾的能力和水平。

最后，强调在正确处理人民内部矛盾的同时，要警惕敌对势力进行捣乱和破坏活动。胡锦涛同志指出：必须清醒地看到，西方敌对势力没有也不可能改变对我国"西化"、"分化"的战略图谋，他们总想利用我内部某些不稳定因素制造事端、煽动闹事，妄图把我们搞乱。因此，我们在正确处理人民内部矛盾的同时，也要警惕敌对势力利用我人民内部矛盾来浑水摸鱼，挑拨离间，进行捣乱和破坏活动。

第三章

人民内部矛盾是现阶段我国社会人际关系的主要矛盾

人民内部矛盾理论正确反映了我国社会主义改造基本完成以后社会关系的变化，正确概括了社会主义建设时期人民内部矛盾代替阶级矛盾、成为人际关系上主要矛盾的变化。在社会主义初级阶段，在社会主义改革开放的新时期，人民内部矛盾作为人际关系上的主要矛盾，大量地、经常地、突出地在社会生活的各个领域、各个方面表现出来。结合新的实际，认真研究并正确处理新时期人民内部矛盾问题，是党在新时期的重大课题。

一 正确处理人民内部矛盾仍然是我国社会现阶段国家政治生活的主题

在阶级社会里，人际关系本质上表现为阶级关系，阶级差别和阶级对立影响着人们的经济关系、政治关系等一切社会关系，阶级矛盾和阶级斗争影响和制约着人们的政治、经济、文化等全部社会活动。因此，阶级间的矛盾、冲突、较量、斗争便成为阶级社会国家政治生活的主题。在我国社会主义制度确立之前，国家政治生活的主题是阶级矛盾和阶级斗争，这就决定了共产党及其领导下的人民群众所进行的新民主主义革命的主要任务是进行革命的阶级斗争。这个时期虽然也有一定的人民内部矛盾存在，但它处于从属的地位，阶级斗争是主要的社会矛盾。社会主义制度确立之后，社会主义国家政治生活的主题发生了根本的变化，阶级剥削制度已经被消灭，剥削阶级作为一个完整的阶级也不复存在，尽管阶级差别和阶级矛盾仍然在一个相当长的历史时期内还将存在，但阶级斗争已经不是国家政治生活的主题了。如何正确处理人民内部矛盾，以调动人民群众建设社会主义的积极性，集中力量抓好经济建设，提高人民物质文化生活水平，这就成为党在社会主义时期的根本任务，成为社会主义国家全部政治生活的主题。

在社会主义制度确立之后，承认不承认社会主义国家内部还存在矛盾，存在什么样的矛盾，怎样来处理这些矛盾，这是一个极其重大的现实理论问题。在这个问题上，存在着两种错误看法：一是根本不承认社会主义国家内部还有矛盾；二是虽然承认社会主义国家内部有矛盾，但却把矛盾扩大化，把一切矛盾都夸大为敌我矛盾。在这方面，社会主义各国都有着沉痛的教训。斯大林领导下的苏联为此曾付出了惨重的代价。当苏联宣布进入社会主义社会的时候，斯大林首次提出了社会主义的"生产关系同生产力状况完全适合"的论点；[1] 随后又指出在苏联"道义上和政治上的一致，苏联各族人民的友谊以及苏维埃爱国主义这样一些动力也得到了发

---

[1] 《斯大林选集》下卷，人民出版社1979年版，第449页。

展"。① 这就是著名的"完全适合"论和"一致动力"论。"完全适合"论和"一致动力"论是形而上学的观点,"完全适合"论不承认矛盾,"一致动力"论否认矛盾是事物发展的内在动力。认为在人民内部没有矛盾了,人民在政治上道义上的一致是社会发展的动力。然而,在当时苏联的现实生活中却存在着大量的社会矛盾。怎样解释这些现实矛盾呢?斯大林不得不从理论上把苏联国内的各类矛盾统统说成是外部原因造成的敌我矛盾。他认为苏联国内人民之间没有矛盾,如果有矛盾都是外部的,是外部带来或造成的敌我矛盾,这种"外部原因"论和"敌我矛盾"论,又是典型的形而上学观点。斯大林提出了著名的"左"的观点:"社会主义进展越大,剥削阶级残余进行斗争越尖锐;阶级斗争一端在苏联,而另一端则在资产阶级国家。"② 把苏联国内的矛盾统统说成是阶级斗争性质的敌我矛盾,把产生矛盾的原因完全归结于外部原因,归结为帝国主义、反动派的作用,归结为资本主义的包围,归结为剥削阶级的作用。斯大林形而上学的哲学观点和极端错误的理论,给苏联社会主义发展带来极其有害的影响。在实践上,由于否认社会主义内部存在矛盾,导致斯大林及苏联党在国家政治生活中严重混淆两类不同性质的矛盾,犯了肃反扩大化的错误,严重破坏了社会主义的正常民主生活和法制建设。在经济政治上,由于否认客观存在的社会矛盾,找不到社会发展的真正动力,形成了严重窒息社会主义经济活力,限制人民群众积极性发挥的僵化的经济政治体制。所有这些,是以后苏联社会发展缓慢、停滞,最终

---

① 《斯大林文集(1934—1952年)》,人民出版社1985年版,第263页。
② 同上书,第129页。

造成各类矛盾激化，直到解体，社会主义苏联不复存在的一个深层原因。

我国社会主义建设的历史经验也表明，什么时候对敌我分得清楚，坚持正确处理人民内部矛盾这个主题，社会主义事业就会蓬蓬勃勃地发展；什么时候没有分清敌我，离开了正确处理人民内部矛盾这个主题，社会主义事业就遭受损失。在反右派斗争、社教运动以及"文化大革命"动乱中，都曾严重地混淆两类不同性质矛盾，把许多不属于阶级斗争的人民内部矛盾说成是阶级矛盾和阶级斗争，甚至归结为敌我矛盾，把阶级斗争当作社会主义政治生活的主题，犯了阶级斗争扩大化的错误，给人民群众带来了很大灾难，给党造成了严重损失。十一届三中全会以来，经过理论上的拨乱反正，否定了阶级斗争为纲的错误理论，正确区分了两类不同性质矛盾，极大地调动了广大人民群众的积极性，取得了社会主义改革开放和建设的伟大胜利。然而在这个过程中，也曾受到来自右的和"左"的方面的干扰。一方面，有些同志曾一度忽视敌我矛盾存在这个客观事实，忽视一定范围内仍然存在的阶级斗争，或是面对西方敌对势力企图对我实施"西化"、"分化"的战略，面对各种敌对势力的破坏捣乱，丧失警惕，听之任之，或是在反党反社会主义的资产阶级自由化思潮面前，不能揭示其本质，不能旗帜鲜明地加以反对，甚至在不同程度上给予支持。另一方面，当东欧剧变、苏联解体、我国发生"六·四"政治风波以后，有人又一度对正确处理人民内部矛盾的主题产生怀疑，主张要把反对西方敌对势力企图对我实施"西化"、"分化"的"和平演变"图谋作为中心任务来抓。这两个倾向，都曾给社会主义事业带来损失。正反两个方面的经验一再证明，正确认识和处理两类不同性质的矛盾，坚持正确处理人民内部矛盾这个主题，对于社会主义事业具有非常重要的意义。

二　我国社会现阶段存在两类不同性质的矛盾

目前我国社会现阶段存在两类不同性质的社会矛盾，一类是人民内部矛盾，一类是敌我矛盾。

1. 正确处理人民内部矛盾的前提，是正确区分两类不同性质的矛盾

人民和敌人是两个历史的范畴，在不同的历史条件下，在不同的国家里，具有不同的内涵和特指，没有永远不变的人民，也没有永远不变的敌人。当时、当地的具体社会经济、政治因素，决定了人民和敌人各自的范围和特指。一般地说，凡是有利于社会生产力发展，有利于社会进步的阶级、阶层、集团或个人都属于人民的范畴。其言行是否有利于社会生产力的发展，是否有利于社会进步，是判断人民还是敌人的根本标准。当然，在使用这个标准时，必须结合各国的具体历史条件，把一定的阶级、阶层和个人放在一定的经济、政治关系中进行具体考察。

在社会主义历史条件下，人民的范畴包含什么内容，敌人的范畴又包含什么内容呢？毛泽东在《正处》中指出，在建设社会主义时期，一切赞成、拥护和参加社会主义建设事业的阶级、阶层和社会集团，都属于人民的范畴，一切反抗社会主义革命和敌视、破坏社会主义建设的社会势力和社会集团都是人民的敌人。在我国现阶段具体的历史条件下，人民的范畴包括工人、农民、知识分子和其他社会主义劳动者和建设者，拥护社会主义的爱国者和拥护祖国统一的爱国者，

包括一切爱国的阶级、阶层和个人，包括港、澳、台的爱国资产阶级和其他人士，包括进行合法经营活动的非公有制企业，包括私人企业经营者和其他新的社会阶层。工人、农民和知识分子则是人民的主体。

在社会主义条件下，人民内部矛盾是在人民范围内所发生的、根本利益一致的、非对抗性的社会矛盾。人民内部矛盾的性质、特点以及矛盾的产生、变化和解决，都是由"根本利益一致"这个基础规定了的，根本利益一致是人民内部矛盾运动的内在依据。人民内部矛盾的特点是：（1）经济上社会主义公有制占主体的本质特征，政治上人民当家作主的本质特征，决定了人民在根本利益上是一致的，人民内部矛盾是根本利益一致基础上非对抗性质的矛盾；（2）大量的人民内部矛盾是社会主义自身发展进程中产生的矛盾，当然也有一部分人民内部矛盾是旧社会残余造成的矛盾，但这类人民内部矛盾在社会主义国家并不占优势地位；（3）人民内部矛盾就其根源来说，表现为人民内部的利益矛盾，而利益矛盾又在某种程度上表现为人民内部在政治上、思想上的是非矛盾；（4）在现实生活中，相对敌我矛盾来说，人民内部矛盾是大量的、常见的；（5）一般来说，人民内部矛盾是非对抗性的，是可以运用非对抗性的办法来解决的社会矛盾，当然，如果处理不当，人民内部矛盾也可能激化，甚至转化为敌我矛盾。

敌我矛盾是人民和敌人这两大社会势力、社会因素之间，在根本利益对立基础上产生的对抗性的社会矛盾。敌我矛盾的性质、特点以及矛盾的产生、变化和解决，都是由"根本利益对立"这个基础规定了的。"根本利益对立"是敌我矛盾运动的内在规定。在社会主义条件下，敌我矛盾的特点是：

（1）经济利益的根本对立，是敌我矛盾赖以产生和展开的基础。在社会主义条件下，虽然已经消灭了阶级剥削的社会基础，但旧的经济基础和上层建筑的残余还存在，反社会主义势力所代表的剥削阶级的利益要求还存在，社会主义的经济基础、上层建筑同旧社会的经济基础、上层建筑的残余之间的对立，剥削阶级利益要求同人民利益要求之间的对立是敌我矛盾存在的社会基础。（2）敌我矛盾虽然根源于对立的经济关系和经济利益，但集中表现为根本对立的政治关系和思想关系，敌我之间在政治思想活动中的互相对峙、冲突、纠纷，表现为尖锐的、根本对立的思想政治斗争，这是敌我矛盾的重要特点和突出表现。敌我矛盾是社会主义政治生活中不可调和的对抗性质的社会矛盾。（3）在社会主义时期，敌我矛盾不是社会主义制度本身所固有的矛盾，而是社会主义条件下所存在的社会矛盾。社会主义制度的建立，已经消灭了人剥削人的经济制度，消灭了敌我对立的经济基础，社会主义制度本身是不会滋生和产生敌我矛盾的。社会主义国家的敌我矛盾来源于社会主义制度外部，即来源于旧社会所遗留下来的旧的经济、政治、思想残余，来源于社会主义外部的反动势力的颠覆、破坏和腐蚀。社会主义国家的敌我矛盾，是产生于社会主义制度之外，但又存在于社会主义国家之中的社会矛盾。（4）社会主义国家的敌我矛盾不是表现为整个敌对阶级之间的对立，而是表现为人民群众同少数敌对分子、敌对势力之间的对立和阶级斗争。（5）相对人民内部矛盾来说，社会主义国家的敌我矛盾是少量的，其展开的规模、影响的范围，解决的途径都受到社会主义制度的制约。在剥削阶级社会，当敌我矛盾激化到一定程度时，必然要扩大到社会一切领域，要采取武装冲突、暴力夺取政权的办法来解决。

在社会主义制度下，主要是依靠法律手段，通过人民民主专政的办法来解决敌我矛盾，甚至有些敌我矛盾还可以采取非专政的办法，当作人民内部矛盾来处理。(6) 在一定条件下，敌我矛盾可以转化成人民内部的矛盾。(7) 随着社会主义由初级阶段向更高阶段的成熟和发展，敌我矛盾的范围、规模、作用会越来越小，最终归于消灭。当然，也不排除在这个过程中敌我矛盾暂时的激化和突出。

2. 在我国社会主义初级阶段，两类不同性质的矛盾将长期存在，在某种条件下，敌我矛盾还有可能激化

为什么在我国还会长期存在敌我矛盾呢？一方面，我国的社会主义经济制度和政治制度已经初步确立，剥削制度已经被推翻，除台湾、香港、澳门以外，剥削阶级作为一个完整的阶级已经被消灭，这就决定了敌我矛盾、敌我之间的阶级斗争已经不是社会的主要矛盾了。另一方面，在我国作为整体阶级的剥削阶级已经不存在了，但是与剥削制度和剥削阶级相联系的境内外各种敌对势力、敌对分子以及剥削阶级分子还远未消灭，人民同这些敌对势力、敌对分子以及剥削阶级分子之间的阶级斗争还将在一定范围内存在，在某种条件下可能还会激化。这是因为：(1) 我国还处在复杂的国际环境中，国外敌对势力亡我之心不死，总是千方百计地对我国进行和平演变和政治颠覆，进行各种各样的腐蚀破坏活动；(2) 在我国实行"一国两制"，以及没有统一的地区，还存在剥削阶级，他们中间相当大部分是爱国的，但其中也有少数敌视和破坏我国社会主义事业的敌对分子；(3) 在我国还存在着与社会主义中国敌对的剥削阶级残存分子，破坏社会主义秩序的犯罪分子，敌视社会主义制度的反动分子，他们采取各种各样的手段破坏社会主义建设；(4) 我国还处于社会

主义的初级阶段，在经济、政治、思想、文化上还保留有大量的旧社会残余，加上我国社会主义制度还很不成熟、很不完善，这就会出现新的犯罪分子、腐化变质分子以及新的敌对分子。

为什么在我国会长期存在人民内部矛盾呢？一方面，随着我国生产资料公有制和人民民主专政的确立，被剥削的劳动者阶级如工人阶级、农民阶级和手工业劳动者，发生了根本的变化，成为社会生产资料的主人，成为国家的主人。知识分子成为工人阶级的一部分。在社会主义改革开放过程中涌现出来的新的社会阶层，如私营企业家等等，他们都是社会主义事业的建设者。总之，一切拥护社会主义、拥护祖国统一的阶层和力量成为社会主义中国大家庭的成员。人民在根本利益上是一致的，没有根本的利害冲突。但另一方面，由于我国目前正处于社会主义发展的初级阶段，社会生产力相对落后，物质财富和精神财富相对匮乏，还不能充分满足人民不断增长的物质、文化需求，这样就会使人民内部在物质利益上的矛盾格外突出。譬如，城市居民同农村居民的利益差别和矛盾，工人和农民之间的利益差别和矛盾等等。由于我国目前阶段还保留旧式分工的特点，劳动还具有分离的社会特点，还存在重大的阶级差别和其他社会差别，例如：城乡之间、工农之间、脑体之间的社会差别，工人阶级和农民阶级之间、工人阶级内部体力劳动者同知识分子之间、教育工作者同从事企业、第三产业工作的劳动者之间，不同社会阶层、不同利益群体之间……都存在着重大的社会差别、阶级差别和利益差别。由于初级阶段的社会主义生产关系还不成熟、不完善，还存在以公有制为主体的多种经济成分，公有制企业存在不同的实现形式，还存在合资企业、股份制企业、混合所有制企业等多种经济成分；还存在以按劳分配为主体的多种分配形式……多种形式的所有制形式和分配方式会使得人民内部存在着错综复杂的不同利益群体的矛盾，如国有经济职工同集体经济职工之间，国有经济不同企业利益集团职工之间，公有制企业职工同私营企业、合资企业职工之间，外资企业、私营企业经营者同雇佣人员之间，同一所有制企业内部经理人员、管理人员、技术人员、普通工人之间……都存在一定的收入差别和利益矛盾。由于市场经济是社会主义不可逾越的经济发展阶段，必须大力发展社会主义市场经济，社会主义市场经济必然存在一定的内在矛盾，譬如，计划与市场，不同地域、不同地区的市场之间、市场的资源配置之间、商品生产者之间，商品生产者、销售者同消费者之间必然存在一定竞争、摩擦、冲突，这些冲突与竞争必然要反映到人际关系上，反映为一定的人际矛盾。由于社会主义初级阶段的上层建筑还不完善、不成熟，民主和法制还不健全，致使领导与群众、上级与下级、党内与党外、政府与农民……之间都存在一定的矛盾。由于社会主义在其发展的初级阶段，在政治上、思想上、文化上、道德上还带有旧社会的胎记，社会成员的政治思想觉悟、道德水准、人的素质并没有超出历史的局限，致使人们在政治思想上、道德水准上还存在一定的矛盾，这些思想上、道德上的冲突与矛盾必然要反映到人们的社会行为上，影响或加重人际矛盾……至于说由于立场、观点、方法和经验多少、科学文化水平高低以及看问题的角度不同而产生的认识上的是非矛盾，更会永远存在。总之，正是以上这些深刻的社会历史原因，在我国社会主义发展的初级阶段，在人民内部不可避免地存在着大量的矛盾。

三 在我国现阶段诸类社会矛盾中人民内部矛盾居主要地位

在我国社会主义发展的初级阶段、在改革开放的新时期，阶级矛盾、阶级斗争、敌我矛盾只是在一定范围内存在。当然，在某种特定条件下，敌我矛盾还有可能激化，有可能出现两类不同性质的矛盾交叉在一起的错综复杂的政治局面。然而，尽管如此，在大量的社会矛盾中，突出地、大量地、经常地表现出来的仍然是人民内部矛盾。人民内部矛盾在我国社会现阶段诸类社会矛盾中居主要地位，是人际关系上的主要矛盾。

第一，社会主义制度确立以后，社会关系发生了根本的变化，人民内部矛盾代替阶级矛盾成为社会主义国家内部人际关系上的主要矛盾。

在阶级社会里，人际关系本质上表现为阶级关系，阶级矛盾及其阶级斗争便成为阶级社会国家政治生活的主题，成为人际关系上的主要矛盾。社会主义制度确立之后，剥削制度作为一个完整的社会制度已经不存在了，剥削阶级作为一个完整的阶级也不存在了，社会主义国家内部的人际关系发生了根本的转变，国家政治生活的主题也发生了根本的变化。尽管阶级差别和阶级矛盾仍然在一个相当长的历史时期存在，但阶级斗争已经不是国家政治生活的主题了，阶级矛盾已经不是人际关系上的主要矛盾了。由于目前我国正处于社会主义发展的初级阶段，由于政治、经济、文化等深刻的社会历史原因，致使在我国社会主义发展的初级阶段，在人民内部还不可避免地存在着大量的矛盾，这些矛盾构成了我国社会现阶段现时期人际关系上的主要矛盾，正确处理这类矛盾便成为我国现时期政治生活的主题。

第二，我国社会主义现阶段基本矛盾的性质和特点，决定人民内部矛盾在各类社会矛盾中居主要地位。

在现实社会中，基本矛盾一定要通过人与人之间的交往关系而表现出来，也就是说，社会基本矛盾一定要表现为人际矛盾。在阶级社会中，无论是奴隶社会、封建社会还是资本主义社会，生产资料占有的私人性质同社会生产力之间最终存在着不可调和的对抗性矛盾，剥削社会基本矛盾本质上对抗的性质，决定了人与人之间存在着严重对立的利益矛盾和利益冲突，社会基本矛盾大量地、主要地通过人们之间的阶级关系表现出来，表现为占主要地位的阶级矛盾和阶级斗争。我国社会主义制度确立以后，生产关系基本适合生产力的发展，上层建筑基本适合经济基础的需要，当然在基本适合的前提下，生产关系还存在不适应生产力的方面和环节，上层建筑还存在不适合经济基础的方面和环节。社会主义基本矛盾是非对抗性的，可以通过自觉的调整和改革来加以解决。虽然经过20多年的改革开放，逐步实行了社会主义初级阶段的基本经济制度，建立了社会主义市场经济体制，极大地解放和发展了社会主义生产力；与社会主义经济体制改革相适应，不失时机地进行社会主义政治体制改革，逐步建立社会主义初级阶段的基本政治制度，加强社会主义法制和民主政治建设，极大地调动了人民群众的积极性。但是，我国社会主义的体制改革，任重道远，社会主义基本经济—政治制度及其相应的经济—政治体制还有待于进一步健全和完善，同时，即使社会主义基本经济—政治制度及其相应的经济—政治体制已经建立了，但随着社会生产力的发展和社会的发展，还会产生新的不健全和不完善。因此，社会主义的经济基础和上层建筑、生产关系和生产力之间既相适应又不适应的矛盾仍将长期存在，社会主义基本矛盾是不可能消失的。而在我国社会的目前阶段，社会基本矛盾又具体表现为，生产关系的具体形式，即经济体制仍然存在不适合生产力发展的情况，上层建筑的具体形式，即政治体制仍然存在不适合经济基础需要的情况。社会主义基本矛盾既相适应又相矛盾，基本相适应前提下存在一定的非对抗性矛盾的性质和特点，决定了在我国劳动人民内部不存在根本对立的利益矛盾和利益冲突，社会基本矛盾大量地、主要地表现为人民内部的矛盾关系。

第三，我国社会目前阶段的主要矛盾，决定在人际关系上大量地、经常地、突出地表现为人民内部矛盾。

在整个社会主义矛盾体系中，社会基本矛盾是第一层次的社会矛盾，社会主要矛盾是第二层次的社会矛盾。这里所说的社会主要矛盾，是指在错综复杂的社会发展进程中，在某一确定的社会形态内，在该社会形态发展的某一阶段，不是单就人际关系而言，对该社会发展阶段起着决定和主导作用的矛盾。十三大报告指出，目前阶段我国所要解决的主要矛盾是，人民日益增长的物质文化需要同落后的社会生产之间的矛盾。在人与人的具体关系上，初级阶段的这个主要矛盾集中表现为人民内部矛盾：一方面是，相对落后的社会生产，只能生产出有限的社会物质和精神财富；而另一方面，又是不断增长的人民群众的物质文化需要，日益增长的物质文化需要面对着有限的满足不了人民需要的社会物质和精神产品，致使人民内部在利益分配方面的矛盾格外突出。社会主义初级阶段的主要矛盾决定人民内部矛盾在我国社会人际矛盾体系中的主要地位。

第四，在社会主义改革开放的新条件下，在社会主义市场经济的形成过程中，新旧体制的转换，利益分配格局的变化，致使人民内部矛盾格外复杂。

改革开放一方面繁荣了经济，提高了人民生活。另一方面又使人民内部利益矛盾更加普遍和明显，经济成分、分配方式的多样化，使不同利益群体的收入差别拉大，加大了不同利益群体之间的差别和矛盾。市场经济的发展，使经济关系复杂化、分配格局多样化，矛盾多重化。经济领域的矛盾引发了政治领域、思想领域的矛盾。经济、政治、思想文化的变化又使得人民内部的人际关系更为复杂化、多层化，从而赋予人民内部矛盾以新的形式和新的内容。

正是由于以上几个原因，决定了在新的历史时期，人民内部矛盾更加复杂化、多样化、突出化，成为新时期社会主义国家政治生活的主题。

在社会生活中，社会矛盾现象总是要通过社会生活的主体——人的行动表现出来，表现为人与人之间的矛盾。在阶级对抗的社会里，社会基本矛盾表现为阶级斗争，阶级斗争成为阶级社会发展的根本动力，社会革命构成了历史发展的火车头。在社会主义国家里，是什么代替了阶级斗争成为社会发展的直接动力呢？正是人民内部的矛盾成为社会主义向前发展的直接动力。在社会主义国家里，生产力与生产关系、上层建筑与经济基础之间基本上是相适应的，但也有不适应、相矛盾的方面。这种相矛盾的方面就表现为人民内部矛盾，表现为人民内部的先进与落后、正确与错误之间的矛盾和斗争。人民内部在经济领域内的生产竞争和劳动竞赛，社会主义市场经济的竞争，经济领域内的竞争，使得社会主义的经济充满活力而不断向前发展。人民内部矛盾在政治上、思想上集中表现为先进与落后、正确与错误的矛盾和斗争，比如，人民群众反对违背群众利益的官僚主义的斗争，反对侵犯群众利益的种种腐败现象的斗争，人民群众通过批评和自我批评不断战胜自己内部的落后倾向的斗争。一般来说，人民内部的先进分子，人民内部的正确思想、真善美的东西，反映和代表了人民群众的利益。人民内部的落后分子及其错误思想、丑恶东西违背了人民的利益。代表人民根本利益的先进分子及其正确思想，顺应并有利于社会生产力的发展。违背人民群众利益的落后分子及其错误思想，不利于社会生产力的发展。当社会主义经济基础和上层建筑中某些不适应社会生产力发展的环节阻碍生产力发展时，代表社会根本利益的人民内部的先进分子就会动员、说服并领导人民群众进行社会主义改革，在改革过程中，必然存在先进与落后、正确与错误的斗争，正是这种斗争推进社会主义改革事业向前发展，从而促进社会主义向前发展。所以，我们说人民内部矛盾是推动社会主义前进的直接动力。社会主义国家，特别是在社会主义发展的初级阶段也存在一定程度的阶级斗争。进行革命的阶级斗争，对于战胜腐朽落后的社会因素和旧社会的残余物是必要的，也是目前阶段我国社会向前发展的动力因素之一。但是，它同人民内部矛盾在社会主义发展中的地位相比，则居于次要的地位，并且随着社会主义的发展，它所起的历史作用会越来越少，直至最后消失。

在新的历史条件下，在社会主义改革开放的新条件下，特别是在建立社会主义市场经济体制的过程中，人民内部矛盾的内容和表现形式，比我党提出这个问题时，要错综复杂得多，许多经济关系、政治关系、利益关系需要调整，会产生不少新的矛盾。全党必须十分重视和认真研究新时期人民内部矛盾的问题，正确处理好各类人民内部矛盾，以调动全国人民群众的积极性，加快改革开放的步伐，早日实现全面小康社会的宏伟目标。尽快地把我国建成社会主义的现代化强国。

第四章

正确认识和处理新时期人民内部的利益矛盾

人民内部矛盾是我国社会目前阶段人际关系上的主要矛盾,而人民内部的利益矛盾又是人民内部其他诸矛盾产生的总根源。正确认识和处理好人民内部的利益矛盾是正确处理人民内部矛盾的关键。

一 利益矛盾是人民内部矛盾产生、变化的物质经济根源

在《关于正确处理人民内部矛盾的问题》中,毛泽东同志除了着重谈到人民内部在政治思想上的矛盾以及解决这些矛盾的办法以外,还特别谈到各种利益矛盾。但是,由于当时历史条件的局限,在论述人民内部矛盾时,他对着重从经济根源上分析人民内部矛盾产生的原因重视不够。利益矛盾是人民内部其他诸矛盾产生的物质经济根源,制约、影响着人民内部其他诸矛盾的发展、变化。只有从物质经济根源上对人民内部矛盾进行深刻的分析,才能正确认识和处理人民内部利益矛盾。只有深刻认识人民内部的利益矛盾,才能正

确认识和处理人民内部矛盾。

要正确认识人民内部利益矛盾，必须先搞清楚什么叫利益。而要理解利益必须首先理解需要。什么叫需要呢？马克思和恩格斯指出："为了生活，首先就需要吃喝住穿以及其他一些东西。因此第一个历史活动就是生产满足这些需要的资料，即生产物质生活本身。"① 就是说，人的需要是人类生命活动的表现和必然要求，它引起了第一个历史活动——生产。人们需要的实质就是人对物质生活条件和精神生活条件的客观依赖关系，表现为人对物质需要对象、精神需要对象的主动指向和追求。它反映了作为需要主体的人对作为需要客体的社会生活条件的欲求，是主体对客体（外部世界）能动关系的内在化。它既包括人的明确意识到的需要，也包括未明确意识到的需要，如情欲的本能需要，等等。需要的内容是客观的，需要的形式却是主观的。人的需要是人们进行历史活动的内在动因，是社会生产发展的基本推动力，正是人的社会需要构成了利益的基础。

人的需要本身还不是利益，不能把需要和利益混为一谈。需要和利益的差别是：首先，需要是人对客观需求对象的直接欲求关系，直接反映出人的情欲要求。利益则是人对客观需求对象的更高层次的理性上的需求关系，体现了人对客观需求对象从理性上的关心、兴趣和认识。其次，需要直接表现为需要主体对需要对象的依赖关系。而利益则透过需要主体与需要对象之间的依赖关系，表现为需要主体与需要主体之间因对需要对象的直接欲求而发生的关系，即人对需要对象的分配关系。所以，需要反映的是人对客观需求对象的直

---

① 《马克思恩格斯选集》第1卷，人民出版社1995年版，第79页。

接依赖关系。需要转化成利益，必须要经过生产关系的作用。在任何一个具体的社会形态中，人们的需要在一定的经济关系中就表现为利益。利益是需要在经济关系上的表现，离开现实的社会经济关系，也就不可能理解利益。譬如，人们对食品的要求，构成了人的最基本的物质要求，但是人们要获得这种物质需要的满足，必须首先占有生产资料，然后经过一定的社会分配方式才能获得。于是，人对物质生产条件的需要，对物的需求关系，就表现为人与人之间的一种利益关系。可见，人对物的直接需求关系，经过经济关系的中介，就表现为人与人之间因需要而发生的利益关系。一定的社会经济关系是利益的社会本质。

在社会主义初级阶段，特别是社会主义市场经济体制的改革过程中，现实的社会经济政治状况决定了在人民内部存在着复杂多样的利益矛盾。

第一，社会主义初级阶段市场经济不发达，生产力发展相对落后，造成人们生活资料的相对不足，致使人民在分配领域的利益矛盾突出出来。我国是在经济发展相对落后的物质基础上建立起来的初级阶段的社会主义国家，物质生产基础条件落后，生产出来的供人民消费的物质生活资料有限，还不能充分满足人们的需要；而获得政治解放和经济解放的劳动人民，在物质生活条件和精神生活条件上则迫切需要获得较大的转变和改善。在这种状况下，如果分配不甚合理，就很容易使得人民内部的利益矛盾格外突出。

第二，在社会主义初级阶段，多种所有制经济成分决定了人民内部利益矛盾的多样性。在社会主义初级阶段，不仅存在公有制经济成分，还存在个体所有制经济、私营经济成分以及其他形式的经济成分，如混合所有制、合资企业、股份制企业，等等。多样化的所有制成分决定人民内部利益矛盾的复杂性。比如，公有制单位劳动群众同个体劳动者以及私有经济经营者、雇主之间的利益矛盾；私营企业雇主同雇员的利益矛盾；个体经济经营者、私有经济经营者同广大消费群众之间的利益矛盾，等等。在社会主义条件下，个体经济的经营生产是以劳动者自己的劳动为基础的，他们的经营活动不带有剥削性质，个体经济的存在是社会主义初级阶段经济的组成部分。一般来说，个体工商业者同公有制企业的劳动者之间是非对抗性的利益矛盾，但是，个体经济的生产资料和劳动产品归劳动者私人所有，个体经济体现了个体劳动者的个人利益，同社会主义国家整体利益存在一定的利益矛盾。在社会主义初级阶段，私营经济的存在和发展，有利于促进生产、活跃市场、扩大就业，更好地满足人民多方面的生活要求，是社会主义初级阶段经济的组成部分。但是必须看到，私营经济的存在和发展必然具有消极的一面。首先，私营经济的劳动具有雇佣性特点，雇主与雇员是一种雇佣劳动关系。其次，既然是私人性质的经济成分，就有可能受利润的驱使去从事投机活动，牟取暴利，冲击市场，损害社会主义整体的、长远的经济利益。在私营经济内部，存在着雇员和雇主之间的利益矛盾；在私营经济之间，存在着私营经济同私营经济的利益矛盾；在私营经济和国有经济之间，私营经济与国有经济之间也存在着利益矛盾。

第三，社会主义初级阶段经济利益实现形式的复杂化，进一步加剧了社会主义初级阶段人民内部的利益矛盾。社会主义初级阶段多种形式的所有制结构，决定了社会主义初级阶段分配形式的多样化。按劳分配是社会主义初级阶段的主要分配形式，另外还有非按劳分配的形式，如以社会福利形式实现的按需分配，以非劳动收入形式实现的按生产要素分配，等等。这就决定了国家、集体、个人三者之间存在一定的利益矛盾，决定了不同收入者之间存在着一定的利益矛盾，决定了雇主和雇工之间存在着一定的利益矛盾。社会主义初级阶段分配形式的多样化，决定了经济利益实现形式的复杂化，从而使社会主义初级阶段人民内部的利益矛盾趋于更加复杂化。

第四，社会主义初级阶段市场经济复杂的经济关系，决定了人民内部存在错综复杂的经济利益矛盾。譬如，在社会主义初级阶段，作为主体的公有制经济和作为组成部分的非公有经济并存的经济格局，决定了初级阶段市场经济关系反映在人民内部关系上，存在着两种不同的利益矛盾。在初级阶段市场经济关系中，公有制经济成分的社会劳动同个人劳动的矛盾关系，私有制经济成分的社会劳动同私人劳动的矛盾关系交织在一起，这两种矛盾关系的交叉决定了社会主义初级阶段人民内部矛盾的极其复杂性。再譬如，社会主义市场经济在资源分配方面、市场分割方面，商品生产者之间、商品生产者同流通环节的经营者之间，以及他们同直接消费者之间，都存在错综复杂的利益矛盾，这些也决定了复杂多样的人民内部利益矛盾的存在及其变化。

第五，在社会主义初级阶段，旧的经济基础残余的存在，旧的上层建筑残余的存在和旧的社会势力的存在，使得人民内部的利益矛盾往往同敌我性质的利益矛盾交织在一起，这就决定了社会主义初级阶段的利益矛盾的尖锐性。在社会主义初级阶段，还存在旧的经济基础和上层建筑残余，有些旧社会的残余从反作用力的方向上强化和加剧了社会主义初级阶段的利益矛盾，使非对抗性利益矛盾有可能转化成对抗性利益矛盾。同时，由于历史的、现实的和国际条件的种种原因，还存在着敌、特、反分子以及新生敌对分子，这些人所代表的是旧剥削阶级和反社会主义势力的少数人的私利，同人民是敌我性质的对抗性的利益矛盾，这种对抗性的利益矛盾有时表现为激烈的阶级斗争。在社会主义初级阶段，人民内部的利益矛盾同上述敌我性质的利益矛盾交织在一起，势必增加人民内部利益矛盾的尖锐性、复杂性，以及正确区别和处理人民内部矛盾问题的难度。

第六，社会主义初级阶段不成熟、不完全的经济基础的具体形式，不完善的、存在某些弊端的上层建筑具体形式，致使社会主义初级阶段人民内部利益矛盾更为突出。在社会主义初级阶段，社会主义公有制还是不完全的公有制，社会主义公有制内部还存在国有经济和集体经济的差别和矛盾，还必须承认经济实体的相对独立性。社会主义初级阶段市场经济的相对落后和发展不平衡，又使得国有经济企业同集体所有制企业之间，因生产条件不同、地区经济环境不同，而在生产资料占有上、销售条件上、职工素质上、企业创利环境上存在着极大的差别，这些差别致使本来已经存在的利益矛盾更为突出、更为尖锐。从上层建筑对经济基础的反作用来看，初级阶段上层建筑的不成熟，尤其是上层建筑政治领域所表现出来的一些弊端和缺陷，强化了本来就已经很突出的利益矛盾。譬如，当官僚主义严重损害群众利益时，由于社会主义民主政体不健全，群众不可能立即去加以有效的制止，人民内部矛盾就可能会转化成激烈的利益冲突。

第七，社会主义初级阶段文化、道德发展的相对落后，加重了社会主义初级阶段本来就存在的人民内部的利益差别和矛盾。在我国社会主义初级阶段，人们的思想文化素质、道德素质还不高,文化道德发展的相对落后,使得人民内部利益矛盾愈加尖锐。

总之,社会主义制度确立以后,由于我国社会主义初级阶段复杂深刻的经济、政治、文化、道德等原因,决定了在社会主义现阶段各个不同的阶级、阶层和利益群体之间,不仅存在个别、特殊利益之间的矛盾,还存在个别、特殊利益同社会共同利益之间的矛盾。人民内部利益矛盾是人民内部矛盾产生的根源和发展变化的焦点。

二 人民内部利益矛盾的地位、表现、性质和特点

人民内部矛盾是一个由许多矛盾构成的复杂系统:有民族之间的矛盾,地区之间、集体之间、企业之间、单位之间的矛盾,工人阶级内部的矛盾,农民阶级内部的矛盾,知识分子内部的矛盾,个体劳动者和私营经济经营者内部的矛盾,工人阶级同农民及其他劳动阶级之间的矛盾,工人阶级、农民阶级和其他劳动阶级同私营经济经营者之间的矛盾,执政党、人民政府同人民群众之间的矛盾,领导同群众之间的矛盾,上级同下级之间的矛盾,党与非党之间的矛盾,党内的各种矛盾,以及国家、集体、个人之间的利益矛盾,个人之间、各个阶层、利益群体之间的利益矛盾,等等。这些矛盾分别在经济、政治、意识形态等领域表现出来,其中人民内部的利益矛盾是一切人民内部矛盾产生、存在、发展、激化和解决的物质经济根源,是制约其他各类矛盾发展的主导性矛盾。

在我国,社会主义制度的建立,虽然消灭了对抗性阶级

利益矛盾存在的社会制度基础，但它还保留有一些旧的生产关系的残余，还有旧的分工存在，特别是在社会主义发展的初级阶段还存在着多种所有制经济成分，因而在人民内部还存在着一般来说是非阶级对抗性的利益矛盾。当然，在社会主义初级阶段，旧社会残余的存在、反社会主义分子的存在，使得在社会主义内部也还存在一定范围内的敌对性质的利益矛盾，然而这种敌对性质的利益矛盾不占主导地位。

无论是阶级剥削社会，还是社会主义国家，都存在着利益矛盾，然而我国社会主义初级阶段的人民内部利益矛盾却有不同的特点。

首先，利益矛盾的性质不同。阶级剥削社会的利益矛盾是阶级对抗性质的矛盾，社会主义初级阶段人民内部利益是根本利益一致基础上的非阶级对抗性质的矛盾。根本利益一致指的是，在社会主义初级阶段，劳动人民的每个成员都具有占有生产资料的同等地位，靠自己的劳动活动来实现自身的利益，劳动人民群众之间没有根本对立的利益矛盾，却有着共同的根本利益要求和利益源泉，存在的只是人民内部的利益矛盾。在社会主义初级阶段的私有经济内部，雇主和雇员之间的利益矛盾也同旧社会剥削阶级同被剥削阶级之间的敌对性质的利益矛盾不同，它受到社会主义制度的制约，在一般情况下，也属于人民内部的非敌对性质的利益矛盾。社会主义初级阶段人民内部利益的根本一致性决定了人民内部利益矛盾的非对抗性，所谓利益矛盾的非对抗性是指这样一种性质，即组成矛盾的利益双方均不以根本否定对方和完全排斥对方作为印证和实现自身利益的必要条件。也就是说，矛盾具有非对抗性，这是从根本上和从总的趋势上来说的，这并不排斥利益矛盾双方发生局部和暂时对抗冲突的可能性。

其次，利益矛盾表现的领域不同。在阶级剥削社会中，利益矛盾在生产领域就突出地表现出来了。在资本主义的生产过程中，资本家利用占据的生产资料所有权和支配权，剥夺和占有劳动者的劳动成果，而劳动者的劳动量与其他物质利益的实现量成反比，这表明资本主义社会的利益矛盾在生产过程中就体现出来了。社会主义基本上消灭了阶级剥削、阶级对立的社会基础，在生产领域里劳动者首先是为自己劳动，是为了直接实现自身的利益以及与自身利益息息相关的整体利益，劳动者之间、劳动者和管理者之间不存在阶级对立的利益关系。但由于按劳分配关系造成了事实上分配的不平等，造成了生活资料和消费资料分配上的差别，使得社会主义初级阶段劳动者之间的利益矛盾突出反映在分配问题上。

再次，利益矛盾的解决办法也不同。社会主义初级阶段人民内部利益矛盾的非阶级对抗性质决定了利益矛盾的解决办法，既不能以改变社会主义现行经济制度为前提，又不能以改变现行政治制度为条件，同时也不能采取消灭、否定矛盾中的任何一方为前提。一句话，不能最终以社会革命的办法，以暴力斗争夺取政权的办法来解决。社会主义初级阶段人民内部的利益矛盾只能经过社会主义制度本身的自我完善和自我改革，通过建立适当的经济和政治体制，通过发展生产力的办法来解决；通过社会主义制度，利用经济手段、思想政治工作，开展批评和自我批评，以利益调整、利益协调的办法来解决。

除以上特点外，在社会主义初级阶段的目前时期，人民内部的利益矛盾还表现出以下一些新的情况。

第一，人民内部的物质利益矛盾更为突出。社会主义初级阶段生产力落后，商品经济不发达，物质财富不丰富，用于人们需求的物质生活资料显得极为紧张，如果再加上具体分配政策上不完善或有问题，不十分合理，社会保障体系不完善，不健全，这就会使得人民内部的物质利益矛盾显得格外突出和尖锐。

第二，人民内部矛盾大量地、经常地发生于分配领域，集中表现为群众收入上的差距，表现为收入差别所引起的矛盾。在社会主义初级阶段，经济成分、分配方式是多样的，再加之现行体制上政策上的不完善，使得人民内部在分配领域内的矛盾突出反映在收入水平的差别上。

第三，人民内部利益矛盾常常以直接冲突的形式表现出来，如果处理不当，可能会引起一定的社会动乱。在社会主义初级阶段，人民内部矛盾往往表现为面对面的直接性冲突。如：一些群众会因为对住房、工资、物价、拆迁、土地等各方面的待遇不满，而采取停工、罢课、集体上访、游行示威、冲击政府等直接形式的对抗；一些群众之间会因为财产纠纷、资产分配、土地使用等问题，爆发激烈的纠纷和暴力冲突。如果对这类问题缺乏警惕，处理不当，就有可能酿成更大的社会动乱，影响社会主义的政局稳定。

第四，人民内部利益矛盾往往集中通过干群关系表现出来，相当一部分群众的意见指向、冲突对象都是所在地区和单位的直接领导。

第五，人民内部利益矛盾冲突双方的群体界限十分清楚，群体意识十分明确。在社会主义初级阶段，人民内部的利益群体呈复杂化的格局，群体之间界限分明，群体利益要求明确，群际矛盾十分明朗。

现实生活中，人民内部利益矛盾在我国社会主义初级阶段的人际关系上具体表现为：

其一，全体劳动者同部分劳动者、这一部分劳动者同那一部分劳动者以及劳动者个人之间的利益矛盾。国家利益代表全体劳动者的利益，企业、群体利益代表部分劳动者的利益，国家利益同群体利益的矛盾直接表现为全体劳动者同部分劳动者的矛盾。不同企业，不同群体作为这一部分劳动者和那一部分劳动者的代表，他们各自要求增加本群体的利益，于是群体利益之间的矛盾就直接表现为这一部分劳动者同那一部分劳动者的矛盾。在社会主义初级阶段条件下，必须承认和尊重劳动者的个人利益，这样劳动者个人之间就会因利益差异而产生利益矛盾。

其二，领导者、管理者同普通群众之间的利益矛盾。社会主义初级阶段党和政府的各级领导和管理人员、各个经济单位的领导人员、经营管理人员，是国家利益、集体利益的代表，他们通过行使各级政权和各个经济组织的管理权和经营权，掌握着国家和集体的利益取向。这样，人民内部的利益矛盾就表现为上一个层次的领导者、管理者同下一个层次的领导者和管理者之间的利益矛盾，表现为不同层次的领导者和管理者之间的利益矛盾，不同层次的领导者、管理者同劳动者群众个人之间的利益矛盾。领导者和管理者同劳动群众之间的利益矛盾有两层含义：第一层含义是，领导者和管理者不是作为个人利益的主体，而是作为国家、集体利益的代表同普通群众发生矛盾关系，这时领导者和管理者之间，他们同劳动群众之间的利益关系，就是国家利益、集体利益和个人利益三者之间的矛盾体现。第二层含义是，作为社会分工，领导者和管理者群体也有自身的特殊个别利益，他们作为特殊利益的主体同劳动群众之间发生的矛盾，实际上是特殊利益之间的矛盾。例如，当个别领导人把不合理的个人利益要求强加给整体利益时,就会同群众利益发生矛盾,也会同坚持整体利益的领导发生利益矛盾。

其三,私有经济、个体经济等非公有制经济经营者同国家领导者、管理者以及劳动者之间的利益矛盾,私有经济、个体经济等非公有制经济劳动者同国有经济、集体经济劳动者之间的利益矛盾,私有经济、个体经济等非公有制经济经营者之间的利益矛盾。在社会主义条件下,私有经济、个体经济等非公有制经济同社会主义初级阶段的国有经济、集体经济是两种性质不同的经济成分,这就使得国有经济、集体经济的领导者、管理者及其代表的劳动群众和私有经济、个体经济等非公有制经济经营者之间存在一定的利益差别。由于国有经济、集体经济同私营经济、个体经济等非公有制经济的劳动者在收入分配上也有一定的差距,使得这两部分劳动群众之间也存在一定的利益矛盾。由于市场经济的规律在起作用,不同的私有经济、个体经济等非公有制经济经营者之间、私有经济经营者同个体经济经营者之间也都存在一定的利益矛盾。另一方面,私有经济、个体经济等非公有制经济是社会主义初级阶段经济关系的组成部分,其经营者也是普通公民,作为普通公民也会同国家领导者、管理者存在着一定的利益矛盾。

其四,正在进行的社会主义市场经济体制改革,使人民内部利益矛盾又出现了一些新情况。首先,社会主义市场经济体制改革一方面繁荣了社会主义经济,另一方面又使人民内部的利益矛盾更加明显。比如,大力推进国有企业改革,把企业推向市场,一方面调动了企业的积极性,使企业之间发生了广泛的横向经济联系,另一方面又使得社会经济关系趋于复杂化,有可能促使企业更多地注重自身的效益,使生产和分配领域内的利益矛盾更突出、更复杂。又如，由于逐步培育了各类市场，利用市场机制进行经济调节，一方面搞活了社会主义经济，另一方面又使得社会主义的市场关系复杂化，矛盾多重化。其次，社会主义经济体制改革，提出了政治体制改革的任务，使政治生活中的各种关系和矛盾明朗化、突出化了。比如，如何处理党政关系、政企关系、中央同地方关系等等。再次，社会主义市场经济体制改革深刻地改变了人们的思想观念，改变了社会人际关系结构，使得人民内部的人际关系更为复杂化、多层次化。总之，社会主义市场经济体制改革所带来的社会生活的深刻变化，赋予人民内部利益矛盾以新的内容和形式。

在复杂的国际国内因素的综合作用下，人民内部利益矛盾同敌我利益矛盾、同一定范围内的阶级斗争常常交叉在一起，使人民内部利益矛盾表现出错综复杂的状况。

三 人民内部不同利益主体、不同利益群体及其矛盾

人民内部利益矛盾具体展开为不同利益主体、不同利益群体之间的矛盾。所谓利益主体，就是在一定经济关系下从事生产活动和其他社会活动的利益的承担者、追求者、实现者和归属者。利益主体大体上可以分为两个大层次：个人和群体。个人必须通过一定的社会联系才能实现自己的利益，利益群体具有追求和维护本共同体成员利益的强大力量，在利益冲突和利益角逐中，它具有比个人更为强大的竞争力和追逐力，个人往往是以参与利益群体的方式来参加利益竞争的，也往往是通过利益群体来实现个人利益的。所谓利益群

体，就是指以一定社会关系为基础的，具有大体相同的利益要求，持相对共同利益态度而结合在一起的个人的集合体。不同的利益群体具有不同的甚至相互矛盾的利益要求，不同利益群体之间的矛盾是社会利益矛盾的主线。

利益群体是一个历史范畴，在不同的历史条件下，利益群体具有不同的历史内容。人类社会最初的利益群体，是基于一定的血缘关系和共同活动的地域而集合成的原始人的共同体，如氏族、部落、部落联盟等等。随着社会分工和私有制的发展，社会划分为阶级，阶级又划分为不同的阶层，阶级、阶层是阶级社会中最稳定的利益群体。而各阶级之间、各阶层之间、各利益群体之间又通过横向的社会联系，形成一些基于某种共同利益要求的相对稳定的大的利益群体，如家庭、民族、各种经济实体（如企业、财团、公司等）、国家、国际联盟（像东盟集团、欧洲共同体等）。从广义上说，利益群体是指阶级、阶层、民族、经济实体等一切利益共同体。从狭义上说，利益群体又指阶级、阶层以下的利益共同体。在社会主义国家，剥削阶级作为阶级已经不存在了，阶级矛盾居于次要的地位，如何在承认阶级、阶层的前提下，认识和处理不同利益群体之间的矛盾，便具有极其重要的现实意义了。

在社会主义制度下，个人、集体、国家构成了社会主义利益主体的纵向矛盾关系。个人是个人利益的主体，可以从不同的角度来划定个人利益。从所有制角度可以划分为国有经济职工个人利益、集体经济职工个人利益、农村集体经济农民个人利益、混合所有制经济职工个人利益、个体经济劳动者个人利益、私营经济职工个人利益；从劳动方式、职业分工角度可以划分为体力劳动者个人利益、脑力劳动者个人利益、教师个人利益、政府公务人员利益；从就业角度可以划分为就业人员个人利益、待业人员个人利益、离退休人员个人利益，等等。集体是群体共同利益的主体，家庭、企业、行政、事业单位、地区、社会集团、阶层、阶级、民族都是一定的利益共同体。在社会主义国家，许多家庭不仅是一个消费单位，而且也是一个从事生产和其他经营的单位（如农村个体户、专业户、承包户等等），家庭是经济利益和消费利益的一个主要承担者，家庭利益直接影响家庭成员的个人利益。在社会主义经济活动中，家庭是联结个人和国家利益关系的中间纽带，是个人和国家经济利益关系的中介。也可以从不同的角度来划分社会主义的企业集体的经济利益：国有经济企业的共同集体利益、集体经济企业的共同集体利益、股份有限公司的共同集体利益、国有经济内部不同生产部门的共同集体利益，等等。在社会主义国家，某个行政、事业单位、某个地区也都有自己相对独立的共同利益。不同的社会集团、不同的阶层、不同的阶级、不同的民族，也都有自己共同的集体利益。如知识分子阶层的共同利益、农民阶级的共同利益、工人阶级的共同利益，等等。在社会主义经济生活中，企业（包括国有经济、集体经济的企业以及混合所有制经济、非公有制经济的企业）是社会主义市场经济中具有相对独立地位的经济实体，它是社会主义市场经济生活的基本细胞，是最有意义的经济利益集体。它具有比个人利益和家庭利益更高一个层次的经济利益，具有比社会主义的单位、地区、阶级、阶层和民族都更为明确的经济利益。

在社会主义市场经济条件下，个人之间，集体（民族、阶级、阶层、地区、企业、部门、单位）之间，由于种种社会历史原因，都存在着一定的社会差别，首先是经济差别，也就必然存在横向的利益矛盾关系。譬如，社会主义公有制企业内部的管理者同劳动者之间，工程技术人员同体力劳动者之间，工程技术人员之间，体力劳动者之间，社会主义不同工作岗位上的职工之间（干部同普通工人，知识分子同体力劳动者，军人、教师、文艺工作者、体育工作者、医生、护士、服务人员、商店营业员等等不同职业的职工之间），都因收入不同，经济地位、经济待遇的差距，而存在一定的经济利益差别和矛盾。在社会主义国家内部，各民族之间，各地区之间都会因经济发展条件的差别而产生一定的经济差别和矛盾。工人阶级、农民阶级和知识分子、新产生的社会阶层之间，各个企业、不同的社会分工部门和单位之间，也会因经济条件、经济环境和经济收益的不同，而存在一定的经济利益差别和经济利益矛盾。

从人民内部利益矛盾来看，无论是利益个体之间的矛盾，还是利益群体之间的矛盾，无论是纵向的利益矛盾，还是横向的利益矛盾，都紧紧围绕着社会共同利益和特殊利益这对矛盾主线展开，都要受整个社会的共同利益和特殊利益矛盾关系的制约。其理由在于：（1）社会共同利益是社会特殊利益相互作用的结果，无数的具体的特殊利益之间的相互作用才形成共同的社会利益。社会共同利益同社会特殊利益构成了社会利益体系的基本主干关系。（2）任何个别的、特殊的利益都是整个共同利益的一部分，其作用机制都受共同利益的制约和影响。比如，当整个民族面临危机的时刻，民族内部的特殊利益之间的矛盾就会暂时相对地缓和一些，服从于民族的整体利益，民族内部的特殊利益受制于整个民族的共同利益。（3）个别的、特殊的利益之间的横向矛盾的存在、发展和解决，受到特殊利益和共同利益的存在、发展和解决的影响和制约。(4) 共同利益同特殊利益的矛盾可以分别在利益实现的各个层次上存在。在一个企业内部存在特殊利益和共同利益的矛盾，在比该企业高一个层次的企业内部也存在特殊利益（工厂利益）和共同利益（联合公司利益）的矛盾……相对国家共同利益来说，集体利益、群体利益、个人利益均属于特殊利益。相对集体利益来说，个人利益又是特殊利益。特殊利益和共同利益的矛盾作为利益矛盾的普遍形式，贯穿社会利益关系的各个层次、各个领域。

特殊利益和共同利益具体表现为：

第一，长远利益和眼前利益的矛盾关系。比如，从生产和需要的矛盾关系来看，生产和需要是对立统一的，生产的目的是为了满足人民的需要，要满足人民不断增长的需要就必须发展生产，而要发展生产就不能分光吃光，要有比例地限制人民眼前的需要，适当地扩大再生产，这样，发展生产和满足人民需要之间就存在一定矛盾，这个矛盾突出反映在积累和消费的比例关系上。只顾消费就无法扩大再生产，消费者只能坐吃山空；只顾积累就会损害消费者的利益，影响他们的积极性，长远地说，积累也就成为无源之水。只有适当解决积累和消费的比例关系，才能解决好生产和需要的矛盾，通过适当的积累来发展生产，生产发展了，就可以提高满足人民的需要水平。消费比例适当扩大，又会促进生产的发展。如果我们鼠目寸光，只顾眼前痛快，吃光花光，就会断送人民群众的长远利益。如果我们只顾生产，忽视人民需要，一味积累，轻视消费，势必影响人民群众的积极性。相对于集体和个人来说，国家代表共同利益，反映了人民群众的长远利益。相对于个人来说，集体代表了本单位的共同利益和长远利益。因此，国家既要坚持根本利益，又要照顾到群众的眼前利益，使群众从眼前利益中看到未来的长远利益。社会主义共同利益和特殊利益的矛盾必然表现为长远利益和眼前利益的矛盾。

第二，整体利益和局部（个别）利益的矛盾关系。共同利益即是指某个社会共同体（企业、民族、阶层、阶级、国家）内全体成员的整体利益、全局利益；该共同体的任何部分的利益、任何成员个人的利益都是局部的利益，个别的利益，局部（个别）利益也就是特殊的个人利益和集体利益。相对于集体和个人来说，国家代表整体、全局的利益，相对于个人来说，集体又代表整体的、全局的利益，整体利益和局部（个别）利益的矛盾，集中反映在个人、集体和国家三者利益关系上。在社会主义经济生活中，国家和企业二者的关系，是社会主义整体利益和局部利益矛盾关系的主线。社会主义国家是全体人民根本利益的集中代表，是全局、整体利益的体现者，企业作为国家经济生活的细胞是局部，处于从属整体的地位。企业作为国家整体的一部分，必须从国家的全局出发，完成国家交给的任务。企业作为相对独立的经济实体，又必须具有自己相对的独立性，充分发挥自己的积极性。局部不活，全局也难活。社会主义共同利益和特殊利益的矛盾具体表现为整体利益与局部（个别）利益的矛盾关系。

第三，既得利益和将来利益的矛盾关系。任何过去已经得到的，现在已经实现的利益都是既得利益。任何必须经过逐步努力以后，才能实现的利益就是将来利益。既得利益和将来利益既是统一的，又是矛盾的。其统一的方面在于，既得利益是将来利益的基础和前提，将来利益的实现和完成又是以既得利益为历史前提的，离开既得利益的将来利益是不存在的。在阶级社会中，既得利益与将来利益表现为严重的分离，既得利益与将来利益的矛盾表现为对抗性的阶级矛盾。在社会主义条件下，生产力与生产关系是基本相适应的，人民群众的根本利益是一致的，这就决定了人民的既得利益同将来利益是一致的，但是由于社会主义利益差别和不同利益群体的存在，既得利益和将来利益也存在一定的分离和矛盾。具体表现为：有些群众为了既得利益而忽视了将来利益；一些领导者通过权力谋取到不合理的特殊利益，这就同人民群众的根本利益、长远利益发生矛盾。社会主义的共同利益和特殊利益的矛盾必然集中表现为既得利益和将来利益的矛盾。

四　人民内部利益矛盾的主要协调对策和措施

正确处理好人民内部利益矛盾，首先要分析矛盾的性质，分清哪些是属于人民内部性质的利益矛盾，哪些是属于敌我性质的利益矛盾，然后根据人民内部利益矛盾的性质，正确处理好人民内部利益矛盾。毛泽东同志在《关于正确处理人民内部矛盾的问题》中提出要用经济办法来处理人民内部利益矛盾。邓小平同志在1979年指出："我们必须按照统筹兼顾的原则来调节各种利益的相互关系。如果相反，违反集体利益而追求个人利益，违反整体利益而追求局部利益，违反长远利益而追求暂时利益，那末，结果势必两头都受损失。"① 经济办法是解决人民内部利益矛盾最主要的方法，以"对个人利益的关心"原则为基础，"统筹兼顾、全面安排"是解决人民内部利益矛盾的两个最基本原则。

---

① 《邓小平文选》第2卷，人民出版社1994年版，第175—176页。

"对个人利益的关心"是正确协调人民内部利益矛盾的一个重要原则。列宁曾明确地指出,人民群众"对个人利益的关心,能够提高生产"。社会主义建设"不能直接凭热情",而要依靠个人兴趣,依靠个人利益,依靠经济核算,"否则你们就不能到达共产主义,否则你们就不能把千百万人引导到共产主义"。"我们不应该指望直接采用共产主义的过渡办法。必须以同农民个人利益的结合为基础。""必须把国民经济的一切大部门建立在同个人利益的结合上面。共同讨论,专人负责。由于不善于实行这个原则,我们每走一步都吃到苦头。"① 社会主义革命胜利以后,社会的基本利益矛盾已经主要不是剥削阶级与被剥削阶级之间的矛盾关系,而是人民内部个人之间、群体之间的非对抗性质的利益矛盾关系。人民群众的现实利益要求已经不是要改变其被剥削、被压迫的社会地位,而是要提高其物质和精神生活水平。在这种新的条件下,应当直接依靠人民群众对他们现实利益的关心,调动人民群众的积极性,在继续实现他们的现实利益要求中建立社会主义。在社会主义初级阶段条件下,肯定人们对个人利益的关心,就是肯定人们对其劳动成果的关心。这样可以把人们对个人利益的追求引向靠劳动增加收入的正确方向上,这既有利于社会主义经济的发展,又有利于协调解决人民内部利益矛盾。

第一,构筑一个适应复杂利益关系格局,充分发挥利益动力作用,调动不同利益群体积极性的社会主义初级阶段的经济—政治体制。所谓利益关系,其实主要就是各利益主体之间的关系。必须充分考虑到每个劳动者个人、各个利益群

---

① 《列宁全集》第42卷,人民出版社1987年版,第176、190—191页。

体的合理的特殊利益，每个劳动者的个人利益，每个利益群体的特殊利益是支配群体和个人从事生产的动力。然而，各个群体的特殊利益、每个劳动者的个人利益必须服从国家整体利益，失去整体利益制约的个别特殊利益会对社会产生消极影响。在社会主义初级阶段市场经济条件下，必须要兼顾好个人、集体和国家的利益，要兼顾好不同经济成分利益主体的利益，要在多种所有制并存的基础上，建立多种形式的分配体制和正确的分配政策，建立好国家宏观利益调节体制，充分利用市场机制来分配和调节好各方面的利益。社会上不同利益群体的复杂化，必然造成思想上和政治上的多样化和复杂化，这就需要进一步建设社会主义初级阶段的民主政治，改善党的领导，加强社会主义法制建设和民主政治建设，扩大社会各阶层的参政范围和参政渠道，分层次、分领域地做好各方面的思想政治工作。因此，必须建立一个适合各个利益群体协同共进、充分发挥各自积极性的良好的社会经济政治体制。

第二，建立社会主义市场经济的良好秩序，为不同的利益群体提供一个公平合理、机会均等的利益竞争环境。在社会主义初级阶段的市场经济交往中，个人和群体是以自己所得利益的多少来衡量自身的经济效益的，都希望以最少的劳动消耗来取得最多的收入，这就需要通过正常的市场经济价值规律的作用来进行劳动产品的分配。而在我国目前经济生活中，市场经济比较薄弱，市场发育不完善，经济生活中漏洞很多，给许多投机活动打开了方便之门，使得利益分配不合理。这就需要我们进一步整顿经济秩序，发展市场经济，以法制为保证，完善市场经济体制，建立社会主义市场经济的良好秩序，为各个利益群体提供一个平等的竞争起跑线。

第三，建立适当的分配体制形成合理的利益分配格局，合理的社会成员构成结构。有两种利益格局不利于社会稳定和谐发展。一种是平均主义的利益格局，一种是贫富悬殊的利益格局。两极分化的"葫芦型"的社会成员构成结构也是不利于社会和谐的。和谐社会要具有两个层次合理的社会结构：

一是合理的利益分配结构。首先，要保证社会成员利益竞争的条件和机会平等，既要注意公平的结果，也要关注公平的起点、环境和条件。群众对合理合法地通过诚实经营和劳动致富是可以接受的，但对机会不均等造成的差距和不公，特别是对灰色收入、黑色收入乃至腐败收入深恶痛绝。要建立良好的市场经济秩序和分配秩序，为各个社会成员提供一个平等的竞争起跑线和公正的利益竞争环境。其次，要保证社会成员利益分配的公平。建立与市场经济体制相适应，以按劳分配为主多种分配方式并存，激励性、效率性、保障性分配有机结合，社会保障制度健全的、合理的分配体制。

二是形成合理的社会成员构成结构，即阶级、阶层和各个利益群体的社会结构。与合理的分配格局相一致，提高低收入者收入水平，扩大中等收入者比重，形成以共同富裕为目标，中等收入层为大多数的"两头小、中间大"的社会成员构成结构。该结构的各阶级、阶层和利益群体之间应互惠互利，即处于较高位置的成员的利益增进不损害较低成员的利益，较高成员利益增进时较低成员利益也有同步改善；协同共进，即各成员虽然有一定差别，但积极性都可以调动起来，都有利益增进；相互开放，即各成员群体平等进出；共享成果，即各个成员都应享受到发展的成果。与合理的利益结构和社会结构相一致，构建有利于协调各方利益关系，有利于调动不同社会成员积极性，有利于社会和谐稳定发展的社会主义初级阶段的经济—政治体制。在初级阶段市场经济条件下，一定要构建兼顾好个人、集体和国家的利益，兼顾好不同社会成员、不同阶级、阶层和利益群体的利益，兼顾人民内部各种利益关系的经济—政治体制，形成兼顾各方利益关系，调动各方积极性，促进各方协同共进的制度保障。

第四，加强对人民内部不同利益群体的调查研究，把统筹调节群际利益矛盾的决策建立在对利益关系的科学分析上。我们必须通过深入的调查研究，对社会主义初级阶段人民内部利益群体有一个明晰透彻的分析，充分掌握各个群体的形成条件、形成原因以及群体意识和群体利益要求，充分把握群际关系的特点、群际矛盾运动的基本规律，以便制定正确的群际矛盾调节对策。

第五，综合运用政策、法制、思想、道德的力量，加强教育，正确协调、合理地调整不同利益群体之间的关系和矛盾。在社会主义初级阶段，人民内部各个个体、各个利益群体之间的利益差别是比较大的，这里面有些差别会给社会带来种种负效应，给社会各个利益群体造成心理上的不平衡，影响他们积极性的发挥，加大利益主体之间的消极攀比情绪和行为，引起互相埋怨、互相摩擦，乃至发生冲突。当然，这些现象在改革过程中是难免的，但对有些不合理的差别不进行调整，久而久之，就会影响人的积极性。即使一些合理的差别，也要通过政策、法制、思想和道德的力量加以调整。必须制定和运用正确的经济政策和政治政策，运用税收、金融等经济杠杆的调节手段，运用党和国家的政治影响以及各项行政纪律手段，通过加强思想政治工作，加强社会主义"三个文明"的建设，逐步调整和解决各种问题，保证社会主义初级阶段的利益结构永远保持优化的状态。

第五章

正确认识和处理新时期
人民内部的思想矛盾

　　社会主义经济领域、政治领域的人民内部矛盾，必然要反映到社会主义意识形态领域里来，反映到思想文化战线上来。在社会主义条件下，社会主义经济制度和政治制度的确定，使得社会主义国家内部根本对立的阶级利益对峙、阶级斗争不是主要矛盾了。在社会主义国家，劳动人民群众之间虽然存在一定的经济利益和阶级利益上的差别和冲突，但是根本的经济利益和政治利益是一致的，这就决定了社会主义国家意识形态领域的主要矛盾，是人民之间在根本利益一致基础上的思想是非矛盾。人民内部的思想是非矛盾是我国社会主义现阶段意识形态领域内的主导矛盾，必须正确认识和处理好意识形态领域内的人民内部矛盾问题，这是正确处理人民内部矛盾总题目的一个重要内容。

一　意识形态领域内人民内部
　　矛盾及其产生的根源

　　社会意识是人们的社会物质生活过程及精神生活过程在

人们意识中的反映。它是在社会实践中形成的有关社会生活、社会关系等观点、思想、文化、理论的总和，以及表现在人们的社会感情、情绪和风俗习惯等方面的社会心理。社会意识和某些反映个别事物的各个个人的日常生活意识不同，它并不是各个个人意识的简单的总和，而是某一社会阶级、集团的意识，并且制约着该社会阶级、集团的个人意识，是社会存在的反映。社会意识的形式是多种多样的，包括政治思想、法律思想、道德、文化、艺术、科学、哲学、宗教等意识形态，还包括社会感情、情绪和风俗习惯等社会心理。人和人在实践生活中的各种矛盾必然要在社会意识形态、社会心理上反映出来，表现为人们在社会意识形态领域内的矛盾。

在阶级社会，社会意识作为社会存在的反映，是有阶级性的。在阶级社会里，一定的政治思想、法律思想、道德、文化、艺术、哲学、宗教等社会观点的总和，构成一定的阶级的意识形态。人们的阶级地位和阶级利益不同，形成了不同的阶级意识，形成了不同的以至根本对立的意识形态。人们在经济领域、政治领域内的阶级矛盾和阶级斗争必然会通过社会意识，特别是通过社会意识形态而表现出来，表现为思想文化战线上的阶级矛盾和阶级斗争。

在我国社会主义初级阶段，在意识形态领域内，即思想文化战线上存在着两种性质不同的矛盾：一种是代表着根本对立的阶级利益，反映根本对立的阶级立场的对立性质的矛盾和斗争——工人阶级的社会主义意识形态同资产阶级及其他剥削阶级腐朽落后意识形态的矛盾和斗争；再一种是根本利益一致基础上的，非对抗性质的不同社会成员意识形态上的差别和矛盾——工人阶级、劳动人民群众以及一切热爱社会主义、热爱祖国，拥护共产党的社会成员内部的不同社会意识之间的矛盾。这两种根本性质不同的矛盾，在人际关系上则表现为意识形态领域内的敌我矛盾和意识形态领域内的人民内部矛盾。

在我国，社会主义制度的确立，宣告了剥削阶级制度在中国大陆的消灭。但是，我国还处于社会主义发展的初级阶段，在经济上、政治上、思想文化上还残留着大量的旧社会旧的东西；在国际上，还存在着社会主义制度和资本主义制度两种社会制度的较量；社会主义还处于受资本主义经济的、政治的、军事的、文化的影响的国际环境之中，国际上的敌对分子一直企图通过意识形态的渗透，在中国大陆复辟资本主义制度；在国内尚未建立社会主义制度的部分领土上，也存在着顽固坚持反对社会主义、反对共产党的敌对分子，他们时刻希望通过"和平演变"，在大陆恢复旧的社会秩序；在国内也有一些或者是代表已经被推翻的剥削阶级，或者是代表新生的剥削阶级分子的极端仇视社会主义的势力，企图在我国建立资本主义制度，他们与国际上的敌对势力勾结在一起，利用各种机会，包括我们工作上的某些失误，在意识形态上同我们进行较量，以达到其推翻社会主义制度的目的。

实际上，从社会主义制度在中国大陆确立始，国际国内敌对势力就一直没有放弃从意识形态上打败中国共产党、颠覆社会主义制度，进而复辟资本主义制度的企图。20世纪80年代，我国实行了对外开放政策以后，国际国内的敌对势力又企图利用我们的开放政策打开缺口，加紧进行意识形态的渗透，进行社会主义制度与剥削阶级制度，工人阶级与资产阶级在意识形态领域内的较量。总而言之，在我国社会主义发展的初级阶段，在意识形态领域内始终存在着阶级斗争。在我国，曾经发生过把意识形态领域内的阶级斗争扩大化，发动了一系列意识形态领域内的阶级斗争运动，把意识形态领域内人民内部矛盾同敌我矛盾混为一谈，伤害了一大批干部和群众的错误实践，这是完全错误的。但是，我们不能因此而忽视意识形态领域内客观存在着的阶级斗争，看不到国内外反社会主义分子企图通过意识形态的较量，对我国进行"和平演变"的阴谋。第二次世界大战之后，中国革命的胜利，极大地改变了世界的格局，西方国家在遭受到一种用军事力量无法挽救的失败之后，制定了对社会主义实行"和平演变"的战略。杜勒斯1950年明确宣布要对共产主义"进行一场思想战争"。美国参议院外交委员会在1960年为美国政策拟定指导原则的《意识形态与外交事务》的报告中说："我们应当提倡与共产主义社会进行最广泛的接触"，将西方的原则、西方的风格和西方的趣味灌输到他们的人民中去，"这样做的目的在于腐蚀共产主义形态，使之最后变质"。美国前总统里根1982年出访英国，在英国议会上发表讲话，号召西方实行一项长远计划："将马克思列宁主义抛进历史的垃圾堆。"他说："在现在世界上正在进行的这场斗争中（指社会主义与资本主义两大制度的斗争——引者），最终的决定性的因素，不是核弹和火箭，而是意志和思想的较量。"西方在这场"没有硝烟的战争"中，也特别关注我国。美国新闻署指示："美国应向中国正在成长的年轻一代灌输美国的基本价值观念，这是比传授科学知识本身更为重要的任务。……对于西方来说这是一笔明智的投资"，"不要忽视美国帮助训练一批数量可观的中国未来领导人的意义"。尼克松在卸职后著书立说，鼓吹从思想领域对我们进行"真正的战争"。他说，"当他们打开门，取他们想要的东西的时候，我们应当把尽可能多的真理送过去。……把真理当利剑挥动"，说要"使西方的信息","逐渐侵蚀"社会主义制度,"就像渗透的水可能侵蚀一个监狱的基础一样"。美国的一个外交记者更为坦白地说:中国现在开放改革,美国可以用投资、资助、技术、双边贸易和互派科学家、学者,尤其是管理人员的计划来帮助中国。尼克松首先推测会出现这种"令人极感兴趣"的局面:中国"由于主要强调的是务实主义,而不是意识形态,可能有朝一日甚至使中国人不仅放弃毛主义……而且也放弃马列主义"。造成我国"六·四"政治风波以及苏联东欧政治剧变的原因是很复杂的,既有外部的原因,又有内部的原因,西方资本主义在意识形态领域极力推行"和平演变"战略,是造成上述变化的重要原因之一。在我国社会主义发展的初级阶段,由于国内外的原因,由于政治、经济、文化的原因,在意识形态领域内始终存在一定范围内的阶级斗争,存在一定程度甚至有时还很尖锐的敌我矛盾,这是不容否认的客观事实。

意识形态领域内的阶级斗争,首先突出地反映在政治思想上,反映在政治理论观点的对立和斗争上。在政治上,坚持四项基本原则与资产阶级自由化思潮的对立与斗争,就是意识形态领域内社会主义与资本主义、工人阶级与资产阶级较量、斗争的集中表现。境内外一些顽固坚持资产阶级自由化立场的个别人,利用舆论工具,把攻击矛头对准马克思列宁主义,散布"过时"论、"官学"论,把重点对准社会主义,攻击我国社会主义制度是封建主义,还不如资本主义,攻击共产党,企图用资产阶级民主主义理论来代替科学社会主义理论。

在我国社会主义发展的初级阶段,尽管还存在一定程度的意识形态领域内的阶级斗争,存在着敌我矛盾,但是在意识形态领域内大量表现出来的仍然是人民内部的思想文化上的是非矛盾。社会主义制度的确立，使剥削阶级作为一个阶级整体已经不存在了。作为整体的阶级对抗已经不存在了，阶级斗争已经不是主要矛盾了。由于阶级利益的对立不是主要矛盾了，那么根本对立的意识形态领域内的阶级斗争也不是主要矛盾了，在思想文化战线上敌我矛盾也不是主要矛盾了，大量的、经常的、反复表现出来的是人民内部的思想文化上的是非矛盾。

人民内部在意识形态领域、在思想文化战线上的矛盾同时表现为两种性质不同的矛盾：一种是带有阶级斗争性质的人民内部的思想文化的斗争和矛盾，一种是不带有阶级斗争性质的人民内部的思想文化的斗争和矛盾。在人民内部，有一部分思想文化矛盾是带有阶级斗争性质的，这是因为：

第一，我国正处于社会主义发展的初级阶段，在经济、政治、思想、文化上带有大量的旧社会的残余和痕迹，这些残余和痕迹必然要反映到人们的头脑中来，反映到意识形态领域来，在意识形态领域内充满着新社会的、社会主义的、工人阶级的思想意识同旧社会的、资本主义的和其他剥削阶级的思想意识的矛盾和斗争。同社会存在、经济基础相比，意识形态具有相对的独立性，这种相对独立性既表现为社会意识的变化落后于社会存在的变化，又表现为先进的社会意识能够在不同程度上预见社会存在变化的趋势，具有一定的预见性、超前性。一般来说，社会意识最终要随着社会存在的变化而变化，但是当它赖以存在的物质条件改变之后，它不可能立即随之变化，还会在相当长的时间内，保留自己的影响。当社会主义革命改变了剥削社会的剥削制度，剥削阶级作为一个阶级被消灭以后，剥削阶级的意识形态还会存在一个时期，旧的传统、旧的思想文化和旧的社会心理作为巨大的保守力量还会长期存在。我国是一个封建主义历史很悠久的国家，尽管我们党领导人民进行长期的斗争，彻底消灭了封建制度，但是封建主义在思想文化方面的遗毒和落后的封建习俗，并不会随着社会存在的改变而自动消失，为了发展社会主义思想文化，必须要不断地批判和克服剥削阶级思想和各种非工人阶级思想。正因为如此，在意识形态领域内必然长期存在工人阶级的、社会主义的、新的社会意识同剥削阶级的、资本主义的、旧的社会意识的矛盾和斗争。必然在人民内部存在着带有阶级斗争性质的思想文化矛盾。

第二，作为社会主义国家，我国正处于社会主义与资本主义两种社会制度，工人阶级与剥削阶级两种意识形态对立并存的国际环境中，资产阶级及其他剥削阶级的思想意识必然要影响、传播到国内。国际上的反社会主义的势力，大陆以外地区的敌视社会主义的力量都有可能利用各种机会把腐朽、落后的剥削阶级的思想、意识、文化渗透到国内来。特别是改革开放以来，剥削阶级的腐朽思想乘虚而入，这就致使社会主义国家内部思想文化战线上存在着一定程度的意识形态领域内的阶级斗争。这种阶级斗争必然要反映到人民内部，使人民内部的一部分思想文化斗争带有阶级斗争的性质。譬如：前些年，罗马教廷信使传信颁布密令，煽动我国沿海地区少数教徒，忠于罗马教廷的"地下教会"，进行反动的宗教活动，与我爱国教会对抗。"地下教会"仅在沿海某地区就发展了大批教徒。地下教会散布的带有反动政治倾向的宗教思想同爱国主义的宗教思想的对立，同社会主义思想的对抗是带有阶级斗争性质的，这种对立与斗争反映在人民内部，就表现为人民内部的带有阶级斗争性质的思想文化矛盾。在意识形态领域内带有阶级斗争性质的人民内部矛盾，体现了阶级对立性质的阶级意识之间的矛盾和斗争。带有阶级斗争性质的意识形态领域内的矛盾，除了极少数政治上坚持反动立场，散布反党反社会主义政治言论，顽固坚持资产阶级自由化立场的人以外，除了散布剥削阶级的毒素，腐蚀影响青少年进行流氓犯罪活动以外，大都是人民内部性质的矛盾。譬如，"毒品"的存在和泛滥，严重毒害人们，特别是腐蚀青少年的身心健康，损害社会主义的形象，这是社会意识形态领域内的阶级斗争表现。从事制造、传播毒品的坏分子是敌我矛盾，而大多数受毒害的青年，又都是人民内部矛盾，然而这种人民内部矛盾，却是阶级斗争的一种反映。既然是人民内部的思想意识矛盾，就应当按人民内部矛盾来处理。

总之，在我国社会主义初级阶段，意识形态领域内的阶级斗争虽然不是主要矛盾了，但还将长期存在。这种阶级斗争必然反映到人民内部的思想文化交往上，这就决定了在人民内部存在着带有阶级斗争性质的思想文化矛盾与斗争。

在我国社会主义现阶段，还有一类是不带有阶级斗争性质的人民内部思想文化矛盾。不带有阶级斗争性质的人民内部的思想文化矛盾，是指不反映根本对立的阶级利益要求，不代表根本对立的阶级立场，不体现对立阶级的意识形态之间的冲突、对峙的思想文化矛盾。

第一，在我国社会现阶段，由于复杂的经济原因，在劳动人民群众内部存在着不同的阶级、阶层和利益群体，存在着一定的阶级差别、阶层差别、群体差别和个体之间的差别，这种差别必然要在意识形态领域内反映出来，表现为反映不同利益要求的利益主体意识之间的差别和矛盾。比如，民族差别、文化差别都反映为一定程度人民内部的思想文化矛盾。

第二，社会主义市场经济体制改革，使社会主义的利益主体呈多元化发展，进一步增强了不同利益主体、利益群体在经济活动、政治活动中的利益意识和利益竞争，引起了人们的是非、利弊、得失、尊卑观念和价值观念的变化，带来了人们生活方式、心理活动、文化活动、思维方式和思想观念的变化，致使社会文化意识多样化、多变化，这必然使人民内部的思想文化矛盾复杂化、多样化。

第三，传统的、旧的思想观点，伦理道德，习惯势力的存在，使人民内部矛盾存在着大量的新与旧、保守与革新、传统与时尚、进步与落后的思想文化矛盾与斗争。对旧的传统体制的改革首先是对旧的传统观念的冲击。解放思想、更新观念与因循守旧、思想僵化的矛盾，与"左"的和右的思想倾向的矛盾，在社会主义改革开放时期是经常存在的矛盾。

第四，人们所达到的不同的文明程度、所处的不同文化氛围，不同的社会环境和社会条件都会使人们在思想观念、宗教信仰、社会心理、文化艺术、生活习惯等各方面存在一定的差别和矛盾。譬如，汉民族和各少数民族，各少数民族之间，甚至汉族不同地区之间，同一少数民族内部不同群落之间，都会有不同的生活习俗，不同的宗教信仰，不同的文化生活，民族意识之间的冲突必然反映为人民内部的思想文化矛盾。

第五，自然、社会是复杂的，人无论作为个体存在，还是作为群体存在，其主体认识也是复杂的，这就决定了在科学认识方面，在思想观点方面，人与人之间，群众与群众之间，不同的流派之间，存在着一定的差别和矛盾。譬如，在社会科学领域，对某一个社会现象的认识，由于种种客观上和主观上的差别，不同的科学家之间的认识往往不一致，反映在学术观点上，就会存在不同学术意见、观点、风格、流派之间的论争,这种不同的学术论争属于人民内部思想认识上的差别和矛盾,并不带有阶级斗争性质。

综上所述,人民内部的不带阶级斗争性质的思想文化矛盾大量地、经常地在意识形态领域内表现出来,构成意识形态领域内的主导性的矛盾。

历史的经验表明,正确认识和处理意识形态领域内的人民内部矛盾,是正确认识和处理人民内部矛盾这个总题目的重要方面。在这方面,我们既有沉痛的教训可以记取,也有成功的经验可以借鉴。一方面,在社会主义国家内部,资产阶级和各种剥削阶级的思想意识和价值观念确有相当的影响,在某些方面甚至还占有传统优势。国际反动势力以军事和经济实力为后盾,加紧推行"和平演变"战略,特别注重通过诸种意识形态的渠道加以腐蚀和渗透。社会主义意识形态是人类历史上最先进的社会思想体系,但它的历史还很年轻,与资产阶级及其他剥削阶级的意识形态的成熟程度、久远程度以及拥有的传播媒介和工具相比,社会主义的意识形态在对峙中还需要一个长期的加强和完善过程。因此,根本对立的意识形态领域内的阶级斗争还将存在一个很长的时期,忽视意识形态领域的阶级斗争是不对的。但是无限制地扩大意识形态领域内的阶级斗争,也会给社会主义发展带来严重的后果。在这方面,必须严格区别意识形态领域内的阶级斗争和非阶级斗争性质的矛盾和斗争;在人际关系上,必须严格区别意识形态领域的敌我矛盾和人民内部矛盾,严格区别带有阶级斗争性质的人民内部思想矛盾和不带有阶级斗争性质的人民内部思想矛盾问题。在历史上,我们犯过"左"的错误,坚持以阶级斗争为纲的方针,把意识形态领域内的阶级斗争扩大化,严重混淆了意识形态领域内的阶级斗争的思想文化矛盾和非阶级斗争性质的思想文化矛盾，严重混淆了意识形态领域内的敌我矛盾和人民内部矛盾，错误地把许多非阶级斗争性质的人民内部的思想文化矛盾当作阶级斗争，甚至当作敌我矛盾来处理，伤害了广大人民群众，给社会主义建设带来了极大的危害。党的十一届三中全会以来，我们正确处理了意识形态领域内的阶级斗争问题，正确处理了意识形态领域内的两类不同性质的矛盾，正确区别和处理了人民内部的带阶级斗争性质和不带阶级斗争性质的思想文化矛盾，从极左思潮的枷锁下解放了一大批干部、群众，调动了群众的积极性，促进了社会主义思想文化繁荣和经济社会的发展。当然，近些年，在一些同志中，也发生了"一手硬，一手软"的情况，在同资产阶级自由化，同资产阶级、剥削阶级意识和文化的斗争中，软弱涣散，对意识形态领域内的阶级斗争缺乏应有的警惕，这也是错误的。我们必须认真记取处理意识形态内部两类不同性质矛盾的经验教训，正确认识和处理好意识形态领域内的人民内部矛盾问题。

二 人民内部思想文化矛盾的表现

人民内部在根本利益一致基础上的思想文化矛盾，是社会主义意识形态领域的主导矛盾。人民内部的这种思想文化矛盾，表现为正确与错误、新与旧、先进与落后、革新与保守、科学与迷信的矛盾，即表现为人民内部的思想是非矛盾。

社会主义国家人民内部的思想是非矛盾，首先表现为正确思想与错误思想的矛盾。正确思想，是人们符合事物本质及客观发展规律的理论、路线、方针、政策、学术观点及各种认识；错误的思想，是不符合事物的本质及客观发展规律的理论、路线、方针、政策、学术观点及各种认识。在社会主义条件下，思想文化领域内的阶级对抗性质的矛盾关系，其作用范围和程度趋向于逐步地减少和变弱，直至最终消失，而人民内部正确与错误的思想是非矛盾却越来越突出。人民内部的正确与错误的思想是非矛盾广泛地、大量地、经常地表现在人们对社会生活各个领域、各个方面、各种事物、各种现象的不同认识上，表现为党的生活内部，上级与下级，领导同群众，群众内部不同利益群体之间的思想矛盾和思想斗争。譬如，在社会主义建设路线上，人们之间就存在着正确建设路线与错误建设路线的矛盾和斗争。在社会主义改革开放过程中，人们之间还存在正确的改革思路与错误的改革思路的矛盾和斗争。在社会科学研究领域，还存在着正确的学术观点与错误的学术观点的论争。怎样判断正确思想与错误思想呢？只有实践才是判断正确与错误的唯一标准。凡是经过实践检验证实了是错误的东西，就应当坚决改正。但是在正确思想和错误思想的斗争中，有些认识不是一下子就会分辨得出来的，这就需要时间，需要较长时期实践的检验，需要在接受实践检验的过程中，贯彻"双百"方针来发展科学、发展真理，战胜错误的东西。

社会主义国家人民内部的思想文化矛盾，还表现为新的思想观念与旧的思想观念的矛盾。新的思想观念反映新生产力发展的要求，反映经济、政治、社会进步的要求，反映社会历史进步的趋势，代表向上的阶级和社会利益集团倾向的思想、观念、道德、风尚。旧的思想观念反映落后的生产关系、经济基础的需要，反映落后的社会阶级和社会势力要求，是不适应社会历史发展潮流的落后思想、观念、道德、风尚。人民内部的新与旧的思想文化矛盾有些是带有阶级斗争的性质,但绝大部分是不带有阶级斗争的性质。我国是一个封建主义思想传统很深的国家,社会主义中国是从半殖民地、半封建社会脱胎而来的,它必然带有大量旧的传统文化思想观念。我国社会主义革命推翻了旧中国的剥削制度,消灭了封建土地制度,但是资产阶级的意识形态还会长期存在,封建主义在思想观念方面的遗毒和落后的封建习俗还会长期存在。旧思想、旧观念、旧传统、旧文化、旧风俗作为一种强大的保守力量,不仅沉淀在老一代人的思想上和心理上,还要在若干代的思想和心理上传承下来。另一方面,代表先进生产力的工人阶级的、社会主义的新思想、新文化、新传统、新观念、新道德、新风尚正在形成、发展,表现出强大的生命力,表现出战胜、取代旧文化思想观念的历史趋势。这样,新的思想观念与旧的思想观念,新的价值观念与旧的价值观念就会产生巨大的冲突,构成人民内部的新与旧的思想是非矛盾。例如,社会主义的集体主义观念,先公后私、舍己为人的工人阶级道德品质,就同旧阶级的、传统的个人主义的,人为财死、鸟为食亡的自私心理形成鲜明的对比,产生新旧道德观、伦理观、价值观的冲突。农村长期遗留下来的宗族观念同社会主义新型关系观念,多子多孙观念、早婚早育观念同社会主义的计划生育观念存在着严重的冲突。人民中间的新的生活方式、新的生活风尚同旧社会甚至封建社会遗留下来的陈规陋习之间也同样存在巨大的冲突。因为我国实行了改革开放,逐步建立起社会主义市场经济体制,由此人们传统的计划经济观念和与此相适应的价值观念、伦理观念、思维方式都受到了猛烈的冲击,人们开始以新的视角来重新审视原有的东西、传统的东西,解放思想、更新观念,对旧的、原有的、传统的思想体系、文化体系、价值观体系、伦理体系进行一场彻底涤荡,是必然的也是必要的。伴随社会主义市场经济体制改革,正在发生着一场伟大的观念变革。从某种意义上讲,在社会主义改革和建设的新时期,人民内部新与旧的思想是非矛盾更为激烈、更为突出。当然,在人类历史上,在中华民族的历史上,有许多好的、优秀的思想观念、价值观念、伦理观念需要我们很好地继承发扬,这些思想道德观念不属于旧的思想观念的范围。破旧立新,批判旧的思想观念,树立新的思想观念,继承优秀的思想观念,剔除糟粕的思想观念,是正确处理人民内部新与旧的思想是非矛盾的根本方向。

社会主义国家人民内部的思想文化矛盾,又表现为先进与落后的思想文化矛盾。这种矛盾实际上也是新与旧的思想文化矛盾的一部分,只不过是它比新与旧的思想文化矛盾范围更窄一些。在社会主义国家中,所谓先进思想文化,就是指有利于社会生产力发展,有利于社会主义的思想理论和观点,如爱国主义、集体主义、工人阶级世界观、社会主义人生观、价值观、社会主义道德等等有利于社会生产力发展的先进文化。所谓落后的思想文化,有两种情况,一种情况是指不利于社会生产力发展的,不利于社会主义的思想理论观点和旧的世界观、价值观、人生观,以及旧道德、旧理想、旧情操等旧社会遗留下来的旧伦理道德体系,如封建主义世界观、封建主义伦理道德、小农思想,资产阶级的腐朽道德,个人主义,利己主义,等等,不利于社会生产力发展的落后的文化体系。这些思想文化矛盾在一定程度上、一定范围内、一定时期内带有阶级的属性,比如在人民群众中间存在的工人阶级思想意识形态同剥削阶级思想意识形态的对立和斗争,在一定程度上就具有阶级性,但是这种思想斗争是在人民之间根本利益一致的前提下发生和存在的，是剥削阶级的意识形态在人民内部的影响和反映，因而还是属于人民内部的是与非问题，只不过是带有阶级斗争性质的人民内部的思想是非问题。还有一种情况，是不带有阶级斗争性质的先进与落后的思想是非问题。比如，在社会主义改革过程中，主张计划经济，保留原有的、僵死的经济体制的观念同主张发展崭新的社会主义市场经济体制的主张，并不一定就是阶级斗争性质的意识形态斗争，一般情况下，这是不带有阶级斗争性质的先进与落后的意识形态的矛盾与斗争。不带有阶级斗争性质的人民内部的先进思想与落后思想的矛盾与斗争，随着社会主义社会的发展，越来越多，越来越明显。比如先进人物与落后人物的思想差距、道德差距，在社会意识领域会占有越来越大的比例。

人民内部的思想是非问题，也表现为革新思想和保守思想之间的矛盾。在某种意义上讲，革新思想与保守思想的矛盾也是新与旧、先进与落后的思想文化矛盾的一个方面。所谓革新思想，就是社会主义新生事物及其发展趋势在人们思想上的反映，这种思想支持和保护新生事物，锐意创新，勇于进取。所谓保守思想，就是社会主义发展过程中退出历史舞台的旧事物及其影响在人们思想上的反映，这种思想墨守成规，因循守旧，抱残守缺。一般来说，革新思想反映了社会主义社会人民群众的长远利益、根本利益和整体利益，守旧思想反映了一部分人只顾眼前利益而忽略长远利益，只顾既得利益而忽视根本利益，只顾个别利益而忽视整体利益的倾向（当然也有认识上的差别，但这种认识上的差别归根结底是受利益差别影响的）。社会主义革新思想和保守思想矛盾产生的主要原因在于：（1）社会主义的生产力和生产关系，上层建筑和经济基础在某些环节和某些方面，在某些时期存在着不适应的情况，这就需要人们不断地进行改革和调整。社会主义改革反映在人们的利益关系上，人们之间就会因切身利益的差别，而对改革持不同的认识和态度，人们对改革的认识和态度的不一致在很大程度上突出表现为革新同守旧的思想斗争。（2）社会主义改革是一项伟大的系统工程，必然要深入到经济、政治、文化和社会生活各个领域，势必触及人们的生活方式和思想方式，引起人们社会生活各个领域内新生事物的生长和旧事物的衰亡，这种情况反映到人们的思想意识上，就是革新思想和守旧思想的矛盾。（3）社会主义是从旧社会脱胎而来的社会，还残留着大量的旧社会的残余物和残余思想，这些旧东西和旧思想必然同社会主义新东西和新思想发生矛盾，这种矛盾在人民内部也必然反映为革新与保守的思想矛盾。社会主义条件下的革新与守旧思想，仍然属于人民内部的思想是非问题。

人民内部的思想是非问题，还表现为科学与迷信的思想矛盾和斗争。在社会主义国家，科学思想表现为这样几个方面：唯物主义的无神论观点，重视知识，重视文化，重视教育，实事求是、解放思想、与时俱进的认识路线和思想方法……迷信思想表现为这样几个方面：唯心主义的神学观，轻视知识，轻视文化，轻视教育，"唯书、唯上"和个人崇拜思想……唯物主义无神论观点同唯心主义神学观点以及形形色色的宗教迷信思想的矛盾；重视知识、重视文化、重视教育、重视科学的现代文明观点同轻视知识、轻视文化、轻视教育、轻视科学的封建愚昧观点的矛盾；"唯书、唯上"和个人崇拜思想同思想解放、实事求是、与时俱进的认识路线和思想方法的矛盾，构成了社会主义国家人民内部科学与迷信思想斗争的基本内容。我们进行社会主义改革和建设，必须依靠知识，依靠科学，依靠解放思想、实事求是、与时俱进的思想路线，而迷信思想却是一个重要的思想障碍，它严重地影响了中国特色社会主义的发展进程。对于人民内部的这些思想矛盾，不能用强制人们不信教、不迷信的办法来解决，不能用行政办法来解决，必须用说服教育的方法、讨论的方法、批评与自我批评的方法来解决，通过文化教育、科学宣传，通过利用舆论工具同种种宗教迷信的思想进行斗争，把群众从封建迷信、愚昧无知的思想枷锁下，逐步地、彻底地解放出来。

正确与错误、新与旧、先进与落后、革新与保守、科学与迷信是社会主义国家人民内部的思想是非矛盾的主要表现，这些矛盾表现为人民内部在政治上、思想上和文化上的基本一致基础上的非对抗性思想矛盾。从广泛的意义上也可以说，新与旧、先进与落后、革新与保守、科学与迷信也是正确思想和错误思想的是非问题。

马克思列宁主义的经典作家们在预见共产主义社会的状况时指出，到了共产主义社会，还会有正确与错误、革新与守旧、先进与落后等思想上的是非矛盾，那么这同社会主义思想领域内部的正确与错误、新与旧、先进与落后、革新与保守、科学与迷信的是非矛盾有什么不同呢？不同的是，社会主义思想文化领域的矛盾还渗透着社会主义意识同剥削阶级意识残余因素之间的冲突，还要受到这一冲突的制约和影响，而共产主义思想领域的矛盾则不渗透着剥削阶级残余意识同新社会意识的冲突。在社会主义发展的初级阶段，剥削阶级思想残余还会大量存在，封建主义的残余思想，资本主义的腐朽思想，小生产者的思想观念，还会顽固地在思想文化领域内表现出来。因此，在社会主义发展的初级阶段，社会主义思想和剥削阶级残余思想，尤其是同封建主义残余思想的矛盾有时还是很尖锐的，这类思想矛盾一部分是通过敌我矛盾反映出来，或表现为人民同敌人之间的思想斗争，或通过带有阶级斗争性质的人民内部的思想矛盾而表现出来；大部分则是通过人民内部的思想是非问题表现出来，社会主义思想同传统的旧的，诸如小生产思想观念之间的矛盾有时也是很突出的，这类思想矛盾则主要是通过人民内部的思想是非问题表现出来。社会主义初级阶段人民内部思想矛盾的复杂性就在于，社会主义思想同旧社会残余的思想（剥削阶级残余思想和小生产的残余思想）的矛盾，渗透到人民内部的正确与错误、新与旧、先进与落后、革新与保守、科学与迷信的思想矛盾中来，并占有一定的比重，这个特点决定了社会主义初级阶段思想领域内人民内部的思想是非问题，在一定程度上还会带有阶级对抗的属性。如果处理不好，这些带有阶级对抗属性的思想是非问题就会转化为思想文化领域内的敌我性质的矛盾。同时，社会主义初级阶段人民内部思想是非矛盾的复杂性还在于，社会主义思想同旧社会残余思想必然要反映到执政党内部，这种矛盾同党内的是非矛盾交织在一起。因此，在社会主义初级阶段，要解决好人民内部的思想是非矛盾，必须解决好社会主义思想同资本主义腐朽思想、封建主义残余思想之间的矛盾，解决好社会主义思想同小生产思想观念之间的矛盾，必须正确区分和处理意识形态领域内的敌我矛盾同人民内部矛盾，必须正确区分和处理带有阶级斗争性质的人民内部的思想意识矛盾和不带有阶级斗争性质的人民内部的思想是非问题，尽可能地防止思想矛盾激化，切忌犯"左"的错误，用阶级斗争的办法来处理人民内部的思想是非矛盾。当然，也不能对落后的、错误的、消极的，甚至反动的思想，采取一味迁就的态度，而必须展开针锋相对的思想斗争，用正确的东西来战胜错误的东西。

鉴于我国是受封建主义传统思想的统治根深蒂固的国家，在我国社会主义发展的初级阶段，人民内部的思想是非问题，在一定程度上表现为社会主义的新思想、新观念、新风俗同旧社会的，甚至封建主义的传统思想、传统观念、传统文化、风俗的矛盾。封建主义的思想意识形态严重地阻碍了我国社会主义市场经济的发展，阻碍社会主义生产力的发展，阻碍社会主义科学文化的发展。坚决地开展反封建主义的思想斗争，是我国目前阶段在思想战线上面临的一项重要任务。

三　正确处理人民内部的思想矛盾

正确处理人民内部在意识形态领域的矛盾，最根本的就是要发展社会主义生产力，通过改革开放，解放生产力，促进社会主义现代化建设，以社会主义物质文明建设来促进精神文明建设，同时建设社会主义民主政治和法制，以法治国，以社会主义政治文明建设来保证精神文明建设，从而大力发展社会主义思想文化事业，加强社会主义文化建设，不断满足人民群众日益提高的精神文化需要，创造一个良好的社会文化环境，保证社会稳定，构建和谐社会，形成一个人人心情舒畅的思想政治局面。

党的十一届三中全会实行工作重心转移，形成改革开放的新局面以来，邓小平同志针对社会上和党内出现的怀疑和反对四项基本原则的思潮，反复强调坚持四项基本原则的极端重要性。改革开放是社会主义建设的必由之路，四项基本原则是社会主义建设的政治保证。四项基本原则是在伟大的社会主义建设和改革事业中，统一我们全党、全国人民的思想和意志的政治纲领，是使我们在政治上、思想上保证协调一致的思想基础，是批判和战胜各种反动的、腐朽的、落后的、保守的思想观念的精神武器。无论是在经济领域，还是在政治思想领域，只要我们始终坚持社会主义道路，坚持人民民主专政，坚持共产党的领导，坚持马列主义、毛泽东思想、邓小平理论和"三个代表"的重要思想就能统一起全党、全国人民的思想，搞好经济工作，搞好意识形态工作，调动全国人民的政治热情和生产积极性。

第一，充分发挥马克思主义在意识形态领域内的指导教育作用。

做好意识形态工作，正确处理好意识形态领域内的人民内部矛盾问题，必须充分发挥马克思主义的指导作用，用马列主义、毛泽东思想、邓小平理论、"三个代表"重要思想来统一全党，统一全国人民的思想。马克思主义是无产阶级世界观，是历史上最先进阶级的意识形态。马克思主义的科学性同历史发展的方向，同阶级性是一致的。在阶级存在的条件下，意识形态就本质而言，是一定阶级利益的理论表达，是有阶级性的。马克思主义反映了先进生产力的发展方向，体现了新生产力的代表——工人阶级的根本利益，它是工人阶级的世界观和意识形态，是工人阶级从事革命和建设实践的指导思想，是社会主义改革开放的指导思想。毛泽东思想是马克思主义中国化的第一个理论形态，邓小平理论是以邓小平同志为代表的中国共产党人在新的历史时期，提出的中国特色的社会主义理论，这是中国共产党人在新时期对马克思主义作出的创造性的贡献和发展，是对毛泽东思想的坚持和发展，是指导我们新时期各项工作的理论基础。以江泽民同志为核心的党的第三代领导集体坚持和发展了邓小平理论，提出了"三个代表"重要思想，这是马克思主义中国化的创新成果。在新的世界、新的阶段，加强马克思主义指导，必须用邓小平理论、"三个代表"重要思想武装全党，教育人民。在意识形态领域，充分发挥马克思主义的指导作用，就可以正确把握和调整意识形态领域各方面的关系，做好意识形态方面的工作，调整好意识形态领域的人民内部的各类矛盾。

第二，加强社会主义精神文明建设，提高全民族的思想文化素质。

在我国社会主义发展的初级阶段，社会主义精神生产相对落后，社会主义思想文化生活相对贫乏，社会主义精神产品相对薄弱，不能够满足人民日益提高的精神文化需要，是人民内部在意识形态领域内的矛盾存在和发展的一个极其重要的原因。加强社会主义精神文明建设，是大力发展社会主义精神生产力，丰富社会主义思想文化生活，加强社会主义文化建设，提倡社会主义的新思想、新文化、新道德、新风尚，生产出更多、更好的社会主义精神文化产品，以满足不断提高的人民的精神文化需要，正确协调好人民内部在意识形态领域矛盾的根本措施。大力加强社会主义精神文明建设，必须做到：

（1）必须大力发展社会主义教育事业，提高全民基本素质，培养社会主义的一代新人。人是社会主义社会创造性活动的主体，发展社会主义生产力，必须提高整个民族的素质，这就必须加强社会主义教育事业，提高劳动者的科学文化知识，提高劳动者的精神境界。（2）发展社会主义科学文化。

(3) 必须培养社会主义社会成员正确的市场经济意识和民主观念，使人们的思想观念适应社会主义市场经济发展的需要，适应社会主义民主建设的需要。发展社会主义市场经济，建立社会主义民主政治，需要人们具有与市场经济相一致的现代市场经济竞争意识、价值取向和道德规范，需要人们具有同民主建设相一致的强烈的民主意识和民主观念。由于我国有着几千年的封建传统，再加上"文化大革命"十年动乱及"左"的思想影响，人们思想上至今还残留着许多与发展市场经济相抵触，与民主建设相悖的陈腐的传统观念。因此，适应社会主义市场经济发展和民主建设进程的需要，培养人们正确的市场经济意识和民主观念是极其必要的。(4) 必须加强对全体公民的社会主义理想和道德的教育。在社会主义国家内部，由于承认个人利益的合理性，实行按劳分配和其他形式的分配方式，这就容易使人产生一种自发的盲目性和金钱拜物教的倾向，这就更需要对全体人民进行远大理想和社会主义道德的教育，鼓励人民为国家、为集体而劳动，使人民牢固树立国家主人翁的思想，使人民具有高尚的社会主义道德。(5) 必须弘扬和培育民族精神。民族精神是一个民族赖以生存和发展的精神动力和精神支撑，是民族文化的最本质、最深刻的体现。如果一个民族面对世界范围各种思想文化的相互激荡，面对错综复杂的思想矛盾，有坚定的民族精神的支持，有振奋的民族精神和高尚的民族品格，就会保持高昂的向上的精神状态。(6) 必须向人民群众进行党和政府的方针、路线、政策的教育，进行社会主义的法制教育。社会主义生产力发展需要一个持续稳定的局面，社会主义市场经济的发展也需要有一个有秩序的环境，这就需要建立一个人人遵纪守法、安定团结的社会环境。无论实行怎样正确的路线和政策，制定出怎样规范的法律，如果人们缺乏实施路线、政策的素质，缺乏行使法律的素养，那么再好的路线、再规范的法律也是无济于事的。因此，必须向人民群众宣传党的方针、路线，宣传政府的法律和法规，引导人民群众养成恪守纪律，遵纪守法的习惯，自觉地创造、保持和维护良好的工作秩序、生产秩序和社会秩序。（7）必须在人民群众中开展正确的思想斗争，引导人民战胜腐朽的、落后的、愚昧的旧思想、旧道德、旧文化、旧习惯。（8）必须加强对干部群众的马克思主义理论教育。社会主义远大目标的实现，必须通过党领导的人民群众的自觉活动来实现，人们对客观世界的认识是否符合客观发展规律，对人们改造客观世界的实践活动影响极大。因此，人们需要在马克思主义理论的指导下，正确认识社会主义社会的发展规律，正确认识社会主义的发展前途，把个人利益和长远利益结合起来，为实现社会主义的既定目标而努力奋斗。（9）必须建立一个适合社会主义经济基础需要的社会主义意识形态体制，建立一套行之有效的思想政治工作制度。社会主义实行广泛的民主，其根本目的就是要创造一个人人畅所欲言、心情舒畅、百花齐放、百家争鸣的思想政治局面，这就需要进行意识形态体制方面的改革，需要改进思想政治工作。新中国成立以来，我们的思想政治工作虽然取得了一定的成绩，但是在"左"的思想指导下，在社会主义意识形态领域里也形成了同僵化的经济—政治体制相配套的僵化的意识形态体制，以及过"左"的思想政治工作制度和方法，这在一定程度上影响了社会主义思想的解放、文化的繁荣和科学的发展。因此，社会主义精神文明建设必须要解决意识形态体制问题，从体制上保证社会主义精神文明建设的顺利进行。

从根本上来说，社会主义精神文明建设就是解决社会主义社会成员的思想觉悟、理论水平、文化水准、道德品质、创造性的活动能力等素质问题，社会主义只有创造出全面发展的新人，才能尽量避免发生一切可能发生的社会矛盾激化现象，才能从根本上处理好意识形态领域内的各类矛盾，才能搞好社会主义的意识形态工作。

第三，认真贯彻落实"双百"方针。

"双百"方针反映了科学和文化事业发展的规律和特点，体现了尊重知识、尊重人才的重要原则，是我们党发展科学文化艺术的一条基本方针，也是正确处理好人民内部的思想是非矛盾的一条重要原则。坚持"双百"方针，必须要在坚持马克思主义作为根本指导思想的原则下，开展社会科学理论的研究，发展文化、教育、科技等社会事业。必须做到坚持发展民主，保障学术自由。大力提倡人们解放思想，勇于探索，敢于创新，提倡和鼓励畅所欲言，平等讨论，提倡和鼓励学术和艺术上各种不同意见、观点、风格、流派的自由讨论和自由发展。在自由讨论中，要彻底地实行"三不主义"：不打棍子，不扣帽子，不抓辫子。开展学术批评要做到与人为善，摆事实，讲道理。要掌握好政策界限，不能把思想认识上的问题和不同意见随意说成是政治倾向问题。总之，要创造一种团结、民主、和谐、融洽的气氛和环境，促进科学和文化生活的发展。过去那种用大批判的办法，阶级斗争的办法来解决意识形态领域的不同意见和争论问题，不仅无助于人民内部矛盾的解决，无助于科学文化的发展，而且还会激化矛盾，葬送科学，糟蹋文化。

人民内部的思想政治问题，只能用民主的方法、说服的方法来解决。思想政治工作是我们党的优势，通过思想政治工作，动员、引导、团结、激励人民群众为实现自己的利益而奋斗，是我们党的优良工作传统。在新的历史时期，正确处理好人民内部的思想是非矛盾，调动群众的积极性，必须通过我们的思想政治工作，把党在新时期的理论路线、方针政策深入宣传贯彻到人民群众中去，要宣传邓小平理论和"三个代表"重要思想，宣传社会主义市场经济理论。要针对政策中的各种利益关系调整，切实做好各利益群体的工作，做好方方面面的工作，要引导人们正确认识和对待各种复杂问题和利益关系的调整，提高群众处理好眼前和长远、局部和全局、个人集体和国家的诸利益关系。要积极地、正确地引导市场经济和对外开放在人们思想观念上引起的变化，增强人民群众的竞争观念、效益观念、平等观念、法制观念，帮助人们更换观念，转换脑筋，增加新的知识。要提高人们树立正确的理想、信念、价值观、人生观，倡导良好的道德和社会风尚，抵制腐朽、丑恶的东西的侵蚀，要大力宣传爱国主义、集体主义、社会主义思想，进一步增强党和国家的凝聚力，增强干部队伍和群众队伍的凝聚力，增强中华民族的凝聚力。要努力生产精神文化产品，繁荣社会主义的先进文化，用高格调的精神产品和健康有益的、丰富多彩的文化生活来满足人们的精神文化需要。总之，要通过各方面有效的宣传工作、思想政治工作，来做好意识形态工作，协调好人民内部的思想是非矛盾。

第六章

正确认识和处理新时期领导和群众的矛盾

在我们党作为执政党的条件下,特别是在改革开放和发展社会主义市场经济的新形势下,领导和群众的矛盾在内容和表现形式上也有许多新的特点和新的表现。正确认识和处理新形势下领导和群众的矛盾,密切党群和干群关系,保持党和人民群众的血肉联系,是中国特色社会主义能否取得成功的关键,是搞好社会主义改革开放和现代化建设的根本保证。邓小平同志指出:在三大优良作风中"密切联系群众,这是最根本的一条"。江泽民同志在《领导干部一定要讲政治》的讲话中指出:"什么是政治?从根本上说,政治问题主要是对人民群众的态度问题,同人民群众的联系问题。"我们必须以马列主义、毛泽东思想、邓小平理论为指导,以"三个代表"重要思想为统领,认真研究新情况,总结新经验,解决新问题,使我们的党和政府的各级领导机关和领导人员始终保持和发展同人民群众的血肉联系。只要做到这一点,我们就能够经受住各种风险考验,不论国际风云如何变幻,不论前进的道路上会遇到多少艰难险阻,我们都必将始终立于不败之地,实现全面建设小康社会的伟大目标,把中国特色社会主义的伟大事业不断推向新的胜利。

一 领导和群众的矛盾是人民内部矛盾的重要表现

在一般情况下，领导和群众的矛盾在人民内部诸矛盾中，往往起着极其重要的作用，是人民内部矛盾的一个重要表现。刘少奇同志认为："人民内部的矛盾，现在是大量地表现在人民群众同领导者之间的矛盾问题上。"① 刘少奇同志的判断无疑是正确的，也是符合我国人民内部矛盾的实际情况的。这是因为：第一，我们社会主义国家内部最主要的一些社会矛盾，在许多情况下会通过人民群众同领导之间的矛盾关系而表现出来。例如，社会主义基本矛盾在领导与群众之间的关系上具体表现为，作为生产力要素的劳动者同作为国家经济职能和政治职能的管理者、执行者的领导者之间的矛盾。在社会主义初级阶段，相对落后的社会生产同不断提高的人们物质文化需要之间的矛盾，突出表现为消费品供应满足不了人们的需要，解决消费品短缺现象，是各级领导不可推卸的责任。尤其是当经济出现严重困难，处于消费品奇缺的状态下，领导便成为一切社会矛盾的焦点，领导同群众的矛盾便成为一切社会矛盾的一个集中表现。

第二，在我国的社会主义国家政治生活当中，我们党是执政党，我们党的各级领导干部在政治、经济、文化等社会生活领域中处于领导者的地位。整个社会主义的成败与领导有关，一切问题和一切失误同领导者的工作和责任也有关。

---

① 《刘少奇选集》下卷，人民出版社1985年版，第303页。

领导者的工作对象就是广大人民群众,一方面,领导者肩负着领导群众、教育群众、组织群众、动员群众的职责;另一方面,领导者又必须依靠群众,服从群众,接受群众的监督,不脱离群众。这样,领导和群众关系就构成了社会主义国家人际关系的主线,他们之间的矛盾就成为了人民内部矛盾的重要表现。

一般说来,在我国社会主义制度下,领导同群众的矛盾是非对抗性的矛盾。但是,当领导在政策和策略上的重大失误损害人民群众合法利益;当领导严重的官僚主义危害人民群众的正当利益要求;当领导中的腐败变质分子侵吞人民财产严重损害人民群众的利益;当群众还认识不到为了长远利益和整体利益而有必要牺牲一些眼前利益和局部利益,在眼前利益得不到满足时而有意见;当群众提出不合理的利益要求受到坏人挑拨起来闹事时,如果领导处理不及时、不果断、不正确,就会使矛盾激化,出现对抗,甚至有可能转变成对抗性矛盾。

领导和群众的矛盾其主导方面在于领导。刘少奇同志说:"社会上一切不合理的现象,一切没有办好的事情,领导上都有责任。人民会来责问我们国家、党、政府、经济机关的领导人,而我们对这些问题应该负责任。"① 在领导和群众的矛盾中,如果领导方面是错误的,群众方面是正确的,那么矛盾的主导方面毫无疑问是在于领导,在于领导是否可以改进自己的错误,求得群众的谅解。如果领导方面是正确的,群众方面是错误的,那么矛盾的主导方面也在于领导,在于领导对群众的说服教育工作,在于领导是否采取正确的处理措

---

① 《刘少奇选集》下卷,人民出版社1985年版,第303页。

施。例如，当群众对分配问题提出不合理要求而闹事时，关键还在于领导是否工作到位，能够及时对群众进行说服、教育和疏导工作。因而，一般来说，领导与群众的矛盾的主要方面在于领导，领导往往处于领导同群众矛盾的主导地位上。当然，我们也不能因此把群众中出现的一切矛盾和问题都归咎于领导。我们说领导处于矛盾的主导方面，是指领导的责任、领导的工作，不是单就领导的是非问题而言的。

人民内部矛盾大量地表现在人民群众同领导者之间的矛盾问题上，"更确切地讲，是表现在领导上的官僚主义与人民群众的矛盾这个问题上"。① 既然领导一般处于领导与群众矛盾的主导方面，那么领导中官僚主义和腐败现象、不正之风同群众的矛盾，又构成了领导与群众矛盾的一个重要表现。

我们讲官僚主义，必须把官僚、官僚制度、官僚体制、官僚主义思想作风这几个概念区别开来。官僚是指在剥削阶级社会中，由统治阶级豢养的，替统治阶级办事的，专门欺压老百姓的旧官吏。官僚制度是指官僚化的政治制度。官僚体制是指官僚制度的具体的政治体制。官僚主义思想作风是指官僚制度在思想上、作风上的表现。社会主义制度的建立，从根本上铲除了官僚制度，旧社会的官僚作为统治阶级中的社会阶层已经不存在了，个别官僚分子还可能存在。然而，现行的社会行政体制还带有某些官僚体制的弊端，政府工作人员还带有很多官僚主义思想作风，其中不乏官僚主义思想作风严重的官僚主义者。我们讲官僚主义就是指官僚主义的思想作风，包括官僚主义思想作风严重的官僚主义者，以及我们现存体制上的官僚主义弊端。官僚主义从本质上同人民

---

① 《刘少奇选集》下卷，人民出版社1985年版，第303页。

的利益相背离，脱离群众，脱离实践，危害人民群众的根本利益。官僚主义作怪就会使本来可以合理解决的人民内部矛盾尖锐化。当群众提出合理的要求，起来反对不关心群众痛痒、严重危害国家利益的官僚主义时，官僚主义同群众的矛盾是领导与群众矛盾的主线，而当群众中间存在着不合理的要求，产生严重的错误倾向，采取错误的过火行为时，领导的官僚主义就会助长群众中间的错误倾向和错误行为，使领导和群众的矛盾进一步尖锐化，这时，领导的官僚主义同群众的矛盾，就成为领导同群众矛盾的主线。另一方面，由于社会主义国家还存在旧社会的残余，再加上我们现行体制上的弊端，这使得我们党政机关工作人员中，滋长了比较严重的腐败现象。党政机关中的腐败现象和不正之风严重违背人民群众的利益，同人民群众存在着十分尖锐的矛盾。如果我们不能克服官僚主义和党政机关内部的腐败现象和不正之风，反而任其发展蔓延，就会使得这种本质上具有对抗性质的矛盾激化，最终不得不爆发外部冲突，造成群众同领导的冲突事件，使潜在的矛盾对抗性质发展成为现实的对抗状态，甚至使人民内部矛盾转化成为敌我矛盾。所以，从制度上、政治上、思想上、作风上反对官僚主义、党政机关内部的腐败现象和不正之风，是解决领导同群众矛盾的重要方面。

二　领导和群众的矛盾及其在新形势下的突出表现

我们党和国家的性质、宗旨和指导思想决定党和国家的各级领导机关和领导人员都是代表人民群众的利益、为人民群众服务的。邓小平同志说："领导就是服务。"这句话深刻地概括了社会主义条件下领导和群众的本质关系。但是，这不是说领导和群众之间就没有任何矛盾了。矛盾是普遍存在的，没有矛盾的想法不符合实际、不符合辩证法。事实上，人民内部的物质利益矛盾、是非矛盾和其他的许多矛盾，大量地表现在领导和群众的矛盾上。我们的任务是正确认识和处理这些矛盾，在解决矛盾的过程中不断增强党群之间、干群之间的血肉联系。

领导和群众的矛盾主要表现在：

第一，在经济生活中，领导和群众之间存在利益矛盾。首先是国家、集体、个人三者之间的利益矛盾。作为领导机关和领导人员应当立足全局、统筹兼顾、全面安排，兼顾方方面面的利益关系，不能只顾一头而不顾其他；作为群众，在争取和维护个人的、局部的利益的时候，也应当自觉地维护和服从集体的、全局的利益。不论领导还是群众，如果片面强调一个方面而忽视、甚至否定其他方面，都会损害人民群众的利益，从而使领导和群众的矛盾激化起来。其次，领导者个人的利益同群众的利益也会发生一定的矛盾。在我们党员和干部队伍中，由于剥削阶级思想的影响，有些人利用人民赋予的权力为个人谋取私利，侵犯和危害人民群众的利益，甚至腐败变质引起人民群众的强烈不满，从而使领导和群众的利益矛盾尖锐起来。

第二，在政治生活中，领导和群众之间存在民主和集中、自由和纪律的矛盾。没有民主的"集中"不是集中，而是个人专断，没有集中的"民主"也不是民主，而是无政府状态。同样，没有纪律就没有自由，没有自由也无所谓纪律。只有把二者统一起来，才能造成既生动活泼而又有统一意志、统一行动的政治局面。当领导者把二者割裂开来，片面强调集中和纪律而忽视民主和自由，搞家长制、一言堂的时候；或者当群众中的某些人片面强调民主和自由而忽视集中和纪律，搞分散主义、无政府主义的时候，都会使领导和群众的矛盾紧张起来。

第三，在思想认识方面，领导和群众之间存在是与非的矛盾。领导的正确决策一定能够得到群众的拥护，但也有一个宣传群众、教育群众、被群众所接受的过程；领导的错误决策危害群众的利益，违背群众的意愿，理所当然地会受到群众的抵制和反对；当领导犯有严重的官僚主义、主观主义、命令主义的时候，或者群众中少数人坚持错误意见，拒绝接受教育、甚至无理取闹的时候，领导和群众的矛盾也会紧张起来，甚至达到相当尖锐的程度。

第四，以上所说的矛盾都是领导和群众之间直接发生的矛盾。此外，还有间接发生的矛盾。人民群众内部不同阶级、阶层、群体、地区、部门、个人之间的矛盾，经常都需要由领导出面去处理。处理得好，群众满意；处理得不好，不公平、不合理，就会引起一部分群众的不满，最后便表现为领导和群众的矛盾。党和政府的各级领导都是为人民服务的，社会上的一切好事，他们都有功劳，一切坏事，他们也都有责任，说明他们的工作没有做好，人民有权利责问他们。

总之，人民内部矛盾集中地表现为领导和群众的矛盾，领导和群众的矛盾成为人民内部矛盾的主线。正确处理这一矛盾，关系到执政党的执政地位巩固与否，关系到国家的安定团结、长治久安，关系到中国特色社会主义建设的兴衰成败，我们必须高度重视研究并正确处理这一矛盾。能否正确处理好这一矛盾，关键在于领导方面。只要领导密切联系群众，即使发生问题的原因在群众方面，比如少数人有错误思想、提出不合理的要求、采取不恰当的做法等等，问题也不难解决；而领导一旦脱离群众，矛盾就会尖锐起来，甚至达到激化的程度。

在我们党作为执政党的条件下，特别是在改革开放、建立社会主义市场经济的新形势下，领导和群众的矛盾成为新时期人民内部矛盾的主线索。近几年，领导和群众矛盾紧张主要有三个方面的表现：

一是少数领导干部在生活待遇、利益享受上严重脱离群众，甚至贪污腐化，从根本上损害了群众的切身利益，引起人民群众的强烈不满。主要表现为以权谋私、搞权钱交易，严重侵害人民群众的利益，例如，利用职权敲诈勒索、贪污受贿、执法犯法、损公肥私、铺张浪费、用人唯亲、拉帮结派等等。这种现象虽然发生在少数党员和干部身上，但影响极为恶劣，危害极大，它严重损害党和政府的形象和威信，毒化社会风气，使领导和群众之间本来应当具有的鱼水关系变成"油水关系"，甚至"水火关系"。《中共中央关于加强党同人民群众联系的决定》中指出："如果听任腐败现象蔓延，党就有走向自我毁灭的危险"，我们必须"坚定不移地加强廉政建设，继续发扬艰苦奋斗精神，克服党内存在的消极腐败现象。这是改善党群关系，保证我们事业立于不败之地的战略措施"。[①]

二是有些领导干部在思想作风、工作作风上严重脱离群众，官僚主义、主观主义、命令主义严重，决策失误，不代表甚至违背群众的利益，官僚主义的现象广泛存在。邓小平同志说："官僚主义现象是我们党和国家政治生活中广泛存在

[①] 《十三大以来重要文献选编》（中），人民出版社1991年版，第933页。

的一个大问题。"① 主要表现为：高高在上，滥用权力，脱离实际，脱离群众，好摆门面，好说空话，思想僵化，墨守成规，机构臃肿，人浮于事，办事拖拉，不讲效率，不负责任，不守信用，公文旅行，互相推诿，以至官气十足，动辄训人，打击报复，压制民主，欺上瞒下，专横跋扈，贪赃枉法，等等。这无论在我们的内部事务中，或是在国际交往中，都已达到令人无法容忍的地步。执政党的地位给了我们更好地为人民服务的条件和机会，同时也更容易使我们一些人沾染上官僚主义习气。列宁说："如果说有什么东西会把我们毁掉的话，那就是这个。"②

三是正确的领导同某些落后群众也存在矛盾。如一部分落后群众因自己眼前利益不能满足，或因思想认识问题没有解决，也可能会同坚持群众根本利益、坚持正确意见的领导发生矛盾。

这些年干群关系之所以紧张，前两个原因起很大作用。比如，一些干部利用特权，以权谋私、搞权钱交易，利用职位敲诈勒索、贪污受贿、执法犯法、损公肥私、铺张浪费、任人唯亲、拉帮结派，等等。这些虽然发生在少数干部身上，但影响恶劣，危害极大，严重损害领导形象和威信，腐蚀社会风气，败坏干群关系。再比如，一些干部高高在上、滥用权力、官气十足、强迫命令、脱离实际、脱离群众、思想僵化、墨守成规、办事拖拉、好大喜功、打击报复、压制民主、吹牛皮讲大话、欺上瞒下、报喜不报忧、打击群众、跑官要官、买官卖官等等，也严重伤害干群关系。

---

① 《邓小平文选》第2卷，人民出版社1994年版，第327页。
② 《列宁全集》第52卷，人民出版社1988年版，第300页。

三 坚持党的群众路线是正确处理领导和群众矛盾的根本原则和根本方法

坚持党的群众路线，这是我们正确处理领导和群众矛盾的历史经验的科学总结，是被长期历史经验证明了的处理领导和群众矛盾的根本原则和根本方法。

1. "一切为了群众"是我们党的根本宗旨

党的群众路线是一切为了群众、一切依靠群众，"从群众中来，到群众中去"。其前提和基础是一切为了群众。这是党的根本宗旨。没有这一条，就谈不上"一切依靠群众"，也谈不上"从群众中来，到群众中去"。毛泽东同志说："我们的一切工作干部，不论职务高低都是人民勤务员，我们所做的一切，都是为人民服务。"① 这是领导机关和领导干部一切言论和行动的出发点和归宿。他们只有为人民谋利益的义务，而没有侵犯人民群众利益的权利。根据历史的经验，要做到"一切为了群众"，必须正确处理以下三个方面的关系：

第一，正确处理人民群众的根本利益与眼前现实利益的关系。"三个代表"重要思想归根结底是要代表人民的根本利益。这里面有两个问题，一个是代表绝大多数人民，而不是代表少数人；另一个是代表人民的根本利益，而不是只顾人民的眼前利益、忽视人民的根本利益。因此，这个指导思想反映体现在党的纲领、路线和一切行动上，就应该是党的纲领、路线必须代表人民群众的根本利益，绝不能为了眼前一时的利益而忘记了长远的奋斗目标和奋斗纲领。否则，就会

---

① 《一九四五年的任务》，1944 年 12 月 26 日《解放日报》。

违背和损害人民群众的根本利益。党的最终目标是建设共产主义社会。为了实现这个目标，在不同的历史阶段上还要制定和实现具体的纲领和路线。在现阶段，中国人民的根本利益就是建设中国特色社会主义事业，解放和发展生产力，提高全体人民的物质和文化生活水平。党的"一个中心"、"两个基本点"的基本路线是建设中国特色社会主义的基本保证，代表了中国人民的根本利益。因此，党和政府的各级领导干部都要毫不动摇地坚持这条基本路线。对这条路线的任何动摇和背离——不论来自右的方面还是来自"左"的方面，都只能损害中国人民的根本利益。谁要改变它，老百姓不答应，谁就会被打倒。在这个问题上，党和政府的各级领导干部必须有一种很高的自觉性和坚定性，这是检验每一个领导干部是否代表人民利益的根本标志。

强调代表人民群众的根本利益并不是说可以忽略人民群众眼前的现实利益。二者是统一而不可分割的。如果忽视了人民群众眼前的现实利益，所谓根本利益也就成了空中楼阁，人民群众也就不可能从他们的切身体会中认识到党和政府是代表他们根本利益的，从而也就不可能自觉地为实现党的基本路线而奋斗。在贯彻"三个代表"重要思想的实践中，在贯彻党的基本路线的实践中，必须扎扎实实地为人民办好事办实事，为人民群众谋取看得见、摸得着的物质利益。目前一些领导干部好大喜功，追求所谓"政绩工程"、"形象工程"，实为害民工程；存在严重的形式主义作风，喜欢说空话、套话，喜欢做官样文章，追求虚名，不务实事；也有一些人精神不振，无所用心，不关心群众疾苦，不解决群众的问题，为官多年，他所负责的地区、单位面貌无甚改变。对于这些现象，群众是很不满意的，必须痛下决心加以改变；

还有一些领导干部甚至贪污腐败，严重损害人民的利益。

在代表和维护群众利益的问题上，"首要的问题是必须保证决策和决策的执行符合人民的利益"。① 十一届三中全会以来，党的基本路线、方针、政策是正确的，得到广大人民群众的拥护，但是我们在具体工作指导和具体政策措施上，也还有缺点、有不够完善和某些失误之处。例如，近年来在农业和农村工作中出现了一些侵犯农民利益的现象：一段时间工农业产品剪刀差有所扩大，农民负担过重，农民增收缓慢，等等，这些都引起农民的不满。这里既有政策上的偏差，又有正确政策未能真正落实的问题。又例如，目前经济工作中的某些混乱现象，既有深层次体制上的原因，又有宏观调控不力的问题，还有某些地方、部门、单位为了局部利益而有令不行、有禁不止的问题。正确处理全局利益与局部利益、长远利益与眼前利益的关系，在统筹兼顾、服从大局原则下作出符合经济发展规律的正确决策并在实践中坚决贯彻落实这些决策，是促进经济快速稳定发展、维护人民群众利益的重要条件。

第二，正确处理对人民负责和对领导机关负责的关系。党的组织原则是民主集中制。作为下级领导机关和领导人员，必须服从上级领导机关，坚决贯彻上级领导机关的指示和决定，这就叫对上级负责。任何无政府状态和分散主义行为，都是不能容许的。但是，不能把对上级负责同对人民群众负责对立起来。下级要对上级负责，而全党都要对人民负责，归根到底，如毛泽东同志所说："我们的责任，是向人民负

---

① 《十三大以来重要文献选编》（中），人民出版社1991年版，第929页。

责。"① 真正的对上级负责是：其一，在贯彻上级正确指示的时候，一定要同自己的实际结合起来，把原则性的东西具体化，得到当时当地群众的拥护，并在实践中使之落实。其二，当上级指示不正确或不完全正确的时候，能够从实际出发，听取群众的呼声，以对人民负责的态度积极向上级反映情况、提出意见和建议，帮助上级领导修改决定，在一时无力改变上级决定的时候，也要主动采取补救措施，把损失减少到最低程度。这就是对领导机关负责和对群众负责的一致性。

当前，在某些领导机关和领导人员中存在割裂对上级负责与对群众负责的情况。有的打着"对群众负责"的旗号，置上级指示于不顾，极力为本地区、本部门、本单位谋取小团体利益，对上级指示和决定采取实用主义态度，或阳奉阴违，或任意曲解，或大打折扣。这种情况是党纪政纪所不允许的，它不是真正的对群众负责，而是从根本上损害群众的利益。也有的人明明看到上级的某些指示和决定不符合实际情况，损害了群众的利益，引起了群众的不满，但是，为了保住个人的"乌纱帽"，对群众的意见置若罔闻，打着"对上级负责"的旗号而一意孤行，强迫群众执行。这两种情况，都违背了党和政府"一切为了群众"的宗旨，不是一个共产党员和国家公职人员应有的态度。

第三，正确处理领导者个人利益和人民群众利益的关系。"一切为了群众"，不是否定领导者个人的利益。领导者也要吃饭，也要穿衣，也需要一定的物质和文化生活条件。对于党和政府来说，他们的个人利益也是群众利益的一部分，满足他们合理的个人利益，可以更好地创造其为人民服务的条

---

① 《毛泽东选集》第4卷，人民出版社1991年版，第1128页。

件。但是，领导者个人的利益毕竟是群众利益的一部分，而且是很少的一部分，离开了最广大人民群众的利益，他们的个人利益也不能实现。因此，人民的利益高于一切，这是每一个党员、干部，每一个领导人员言论和行动的最高准则。领导干部是群众的带头人，"先天下之忧而忧，后天下之乐而乐"是他们的天职。当个人利益同人民群众的利益发生矛盾时，应当自觉地、毫不勉强地服从群众的利益，直至为了人民的利益而牺牲个人的一切。那种争名于朝、争利于市的个人主义者，那种以权谋私、贪污受贿、腐化堕落的违法乱纪现象，那种只当官做老爷、不关心群众痛痒的官僚主义者，都是同我们党和政府的宗旨相对立的。孙中山先生曾经说过："要立志做大事，不要立志做大官。"一切领导干部都应当用自己手中的权力为人民谋利益，而不可以为自己谋私利。权力可以使人卓有成效地为国家和社会作贡献，也可以使人走向腐化和堕落。如何对待和使用自己手中的权力，这是对我们每一个党员和干部的严峻的考验。

2. "一切依靠群众"是党的力量的源泉

解决了"一切为了群众"的问题以后，还有一个"如何为了群众"的问题：是发动群众、组织群众、由群众自己解放自己，还是由少数"英雄"人物代替群众去包打天下，充当群众的"救世主"？这是贯彻群众路线的又一个重大问题。解决这个问题，要在思想上明确以下几点：

第一，依靠群众，首先要相信群众，尊重和支持人民群众的首创精神。历史的事业是群众的事业。破坏旧世界、建设新世界，都离不开群众的活动。任何个人，包括杰出的个人，其智慧和力量都是有限的，只有人民群众的智慧和力量是无限的。领导者的任务不是代替群众"包打天下"，对群众进行恩赐和施舍,而是带领群众前进,使他们团结起来为实现自己的利益而奋斗。是站在群众的前头领导他们前进,还是站在群众的后头指手画脚,或是站在群众的对面去反对他们?这是领导者对待人民群众的根本立场和根本态度问题。那种把领导和群众对立起来,否定人民群众作用的观点,是彻头彻尾的历史唯心主义观点,反人民的观点,必须彻底给予批判。

第二,"一切依靠群众",还要正确对待领导者的作用,坚持领导和群众相结合。在阶级社会中,群众划分为阶级,阶级通常是由政党来领导,而政党是由领袖集团来主持的。要使群众认识自己的使命,团结起来为实现自身的解放而斗争,就需要领导者提出正确的路线、方针、政策,并且通过宣传、组织和指挥群众,变为群众的实际行动。否认领导者的作用,就会使群众陷于"群龙无首"的状态,群众的作用也就不能充分发挥。因此,"自发论"、"群众运动天然合理论"等观点都是错误的。毛泽东同志历来强调,在一切实际工作中,都要实行领导和群众相结合的方法,"只有领导骨干的积极性,而无广大群众的积极性相结合,便将成为少数人的空忙。但如果只有广大群众的积极性,而无有力的领导骨干去恰当地组织群众的积极性,则群众积极性既不可能持久,也不可能走向正确的方向和提到高级的程度"。[①]

第三,"一切依靠群众",既要反对命令主义,又要反对尾巴主义。群众的一切斗争都必须建立在群众自觉自愿的基础上。领导者的责任是启发和提高群众的觉悟,在群众自愿的原则下,帮助他们组织起来,开展为当时当地环境所许可

---

① 《毛泽东选集》第3卷,人民出版社1991年版,第898页。

的一切必要的斗争。即使在客观上有了某种斗争的需要，当群众还没有觉悟时，领导也要耐心等待，同时积极进行思想教育工作，直至多数群众有了觉悟，才能率领群众去进行这种斗争。毛泽东同志说："在一切工作中，命令主义是错误的，因为它超过群众的觉悟程度，违反了群众的自愿原则，害了急性病。"① 这种命令主义的领导作风，在今天的领导工作中，特别是基层领导工作中还相当严重地存在，它是使领导与群众关系在一些地方紧张的一个重要原因，必须切实加以纠正。尾巴主义也是错误的，因为它"落后于群众的觉悟程度，违反了领导群众前进一步的原则，害了慢性病"。② 群众的意见有正确的，也有不大正确的甚至是错误的，尊重群众并不是说"群众要怎么办就怎么办"，而是要加以分析，支持正确的意见，批评错误的意见。毛泽东同志说："对正确的意见，必须听，并且照它做。中央领导之所以正确，主要是由于综合了各地供给的材料、报告和正确的意见。……对下面来的错误意见也要听，根本不听是不对的，不过听了而不照它做，并且要给以批评。"③

3. "从群众中来，到群众中去"是领导群众的基本方法

要真正做到"一切为了群众"、"一切依靠群众"，还必须有领导群众的正确方法。毛泽东同志说："从群众中集中起来又到群众中坚持下去，以形成正确的领导意见，这是基本的领导方法。"④ 这一领导方法，是马克思主义认识论在领导工作中的创造性运用。认识来源于实践，而实践的主体是人民

---

① 《毛泽东选集》第 3 卷，人民出版社 1991 年版，第 1095 页。
② 同上。
③ 《毛泽东选集》第 4 卷，人民出版社 1991 年版，第 1441—1442 页。
④ 《毛泽东选集》第 3 卷，人民出版社 1991 年版，第 900 页。

群众，只有千百万人民群众的实践才是认识的丰富源泉和检验真理的客观标准。"从群众中来，到群众中去"的领导方法同"从实践中来，到实践中去"的认识过程是完全一致的。

坚持这一领导方法，应当努力做到：

第一，虚心向群众学习，先做群众的学生，后做群众的先生。人民群众在实践的第一线，他们的经验、智慧和创造无比丰富，任何领导者个人的经验、智慧和创造同他们比较起来，都比较地狭隘和有限。领导机关不过是一个加工厂，其产品的原材料或半成品只能来自人民群众的实践。只有亲自参加人民群众的实践并在实践中作调查研究，才能了解到真实的情况，总结出有用的经验，从而形成正确的领导意见。那种居高临下，盛气凌人，下车伊始哇哩哇啦，好为人师，自以为比群众高明的人，是不可能提出什么真知灼见的。邓小平同志说："农村搞家庭联产承包，这个发明权是农民的。农村改革中的好多东西，都是基层创造出来的，我们把它拿来加工提高作为全国的指导。"① 在对十四大报告送审稿的意见中，他又指出："改革开放中许许多多的东西，都是由群众在实践中提出来的。报告中讲我的功绩，一定要放在集体领导范围内，绝不是一个人的脑筋可以钻出什么新东西来，是群众的智慧，集体的智慧。我的功劳是把这些新事物概括起来，加以提倡。"② 我们应当以邓小平同志为榜样，尊重群众的首创精神，自觉地到群众中去，向他们学习，总结他们的经验，听取他们的呼声和意见。在探索建设中国特色社会主

---

① 中共中央党校哲学教研部编：《邓小平哲学思想》（摘编），中共中央党校出版社1993年版，第261页。

② 同上。

义道路的过程中，这一点尤其重要。

第二，充分发扬民主，正确集中群众的意见。《中共中央关于加强党同人民群众联系的决定》中说："党委在决策过程中要严格执行民主集中制原则，充分发扬民主，认真倾听不同意见，在民主讨论的基础上实行正确的集中"，要"广泛听取各方面意见，反复比较、鉴别和论证"。[①] 毛泽东同志讲要"多谋善断"，只有多谋才能善断。多谋就是多听取群众的意见，包括多数人的意见和少数人的意见，干部的意见和群众的意见，党内的意见和党外的意见，领导班子内部各方面同志的意见，以及正面的意见和反面的意见，等等。在这个基础上，进行分析和综合，通过民主的程序作出正确的决定。这样，才能避免片面性，减少失误。有的领导干部喜欢个人说了算，搞家长制、一言堂，或者只愿听赞扬的意见、不愿听批评的意见，只愿听干部的意见、不愿听群众的意见，只愿听党内的意见、不愿听党外的意见，这样是不能作出全面、正确的决策和决定的。

第三，通过群众的实践，实现、检验、丰富和发展领导的意见。通过"从群众中来"而形成的正确领导意见，要成为改造世界的物质力量，还必须回到群众中去，使群众了解和掌握，变成群众的自觉行动。毛泽东同志说："善于把党的政策变为群众的行动，善于使我们的每一个运动，每一个斗争，不但领导干部懂得，而且广大的群众都能懂得，都能掌握，这是一项马克思列宁主义的领导艺术。我们的工作犯不犯错误，其界限也在这里。"[②] 这就要宣传群众、教育群众，

[①] 《十三大以来重要文献选编》（中），人民出版社1991年版，第930页。
[②] 《毛泽东选集》第4卷，人民出版社1991年版，第1319—1320页。

提高群众的觉悟水平和政策水平。如果党的政策只是少数人了解，由他们包办代替群众，工作必然死气沉沉，党的政策不但不能贯彻落实，还可能由于群众的误解而造成领导和群众的对立。"到群众中去"的过程，还是检验和发展领导意见的过程。"从群众中来"的意见，在付诸实践之前，是没有得到检验的，只有千百万群众的实践才是检验真理的唯一尺度。通过群众实践的检验，一旦发现错误，要立即改正，如果不够完善，要加以充实；而且随着实践的发展，即使是正确的意见，也需要根据新的经验加以补充、丰富和发展。总之，群众丰富生动的实践是领导者认识的源头活水，"从群众中来，到群众中去"，"集中起来，坚持下去"，如此循环往复，以至无穷，在这个无限循环的过程中，既改造了客观世界，又改造了主观世界，既提高了领导者的认识，又提高了群众的认识。这就是党领导群众的基本方法。

四　完善党和国家的领导制度，建设社会主义政治文明，是密切领导和群众关系的基本保证

密切领导和群众的关系，需要做多方面的工作，可以说是一项系统工程，其中思想教育是基础。我们必须对各级领导干部进行"三个代表"重要思想的教育，进行群众观点和群众路线的教育，进行全心全意为人民服务宗旨的教育，进行艰苦奋斗的教育，进行马克思主义科学世界观和方法论的教育。同时要对广大群众进行爱国主义、社会主义、集体主义教育，进行理想、道德和科学文化的教育。"上下同欲者胜"（《孙子兵法·谋攻篇》）。同心才能同德，统一意志，统

一行动，为了实现共同的目标而团结奋斗。

但是，光靠思想教育是不够的。邓小平同志说："我们过去发生的各种错误，固然与某些领导人的思想、作风有关，但是组织制度、工作制度方面的问题更重要。这些方面的制度好可以使坏人无法任意横行，制度不好可以使好人无法充分做好事，甚至会走向反面"，制度问题"更带有根本性、全局性、稳定性和长期性。"① 因此，在思想教育的基础上，必须重视制度建设，从完善党和国家的领导制度入手，加强社会主义政治文明建设，从根本上克服某些领导机关和领导人员中的消极腐败现象和官僚主义现象。也就是说，必须从根本制度上保证领导同群众的密切联系。

第一，改革高度集权的政治体制，加强社会主义民主政治建设。社会主义条件下的官僚主义现象，除了同历史上的官僚主义有共同点以外，同我们长期认为社会主义制度应该对经济、政治、文化、社会都实行高度集中管理的政治体制有密切关系。其一，党和政府的各级领导机关都管了许多不该管、管不好、管不了的事，这些事只要放在下面，放在企业、事业、社会单位，让他们真正按照民主集中制自行处理，本来可以办好，但是却统统拿到党政机关来处理，结果造成办事效率低下，甚至造成决策失误，严重束缚了各方面群众的积极性。应当正确划分党、政府、经济组织、群众团体各自的职权范围，该集中的必须集中，该分权的必须分权，集中和分权都不应当"过分"。其二，在领导机关内部，过去又不适当地、不加分析地把一切权力集中于个人或少数人手里。重大问题常常不经集体讨论，而由个人或少数人匆忙作出决

---

① 《邓小平文选》第2卷，人民出版社1994年版，第333页。

定，结果不但不能保证决策的科学性，而且造就了一批家长式人物，他们的权力不受限制，别人都要唯命是从，甚至形成对他们的人身依附关系。因此，在党和政府的各级领导机关内部必须实行严格的民主集中制。重大问题，必须按照民主程序，经过充分酝酿，按照少数服从多数的原则决定。下级服从上级，说的是对于上级的指示、决定，下级必须执行，但是不能因此否定同志之间的平等关系。上级对下级不能颐指气使，尤其不能让下级办违反党纪国法的事情；下级也不应当对上级阿谀奉承，无原则地服从。决不应当把上下级关系搞成猫鼠关系，搞成旧社会那种君臣父子关系或裙带帮派关系。

第二，建立和健全行政法规和个人负责制。长期以来，在我们的党政机构和各种企业、事业领导机构中，缺少对于每个机关乃至每个人的职责权限的严格明确的规定，以至事无大小，往往无章可循，绝大多数人往往不能独立负责地处理他所应当处理的问题，成天忙于请示报告、批转文件。有些本位主义严重的人，甚至遇到责任互相推诿，遇到权力互相争夺，吵不完的架，扯不完的皮。这是产生官僚主义现象的又一个重要原因。必须建立和健全自上而下的行政法规和个人负责制，做到各司其职，又各负其责，对失职者要追究其责任，彻底改变谁都负责又谁也不负责的涣散状态。

第三，建立和健全干部的录用、奖惩、退职、离休、淘汰制度。不能只进不出，只上不下，不能干与不干、干多干少、干好干坏一个样。各级领导机构庞大臃肿，层次多，副职多，闲职多，办事效率低，官僚主义现象严重，同干部管理制度不够健全有直接关系。要健全选举和聘任制度，真正做到选贤任能；要健全奖惩制度，奖勤罚懒，优胜劣汰；要严格实行离退休制度，改革干部领导职务终身制现象。

第四，建立和健全有效的监督制度，防腐倡廉。领导者的自我约束、严格要求是重要的，但是，要防止权力的滥用和变质，还必须建立有效的监督机制。《中共中央关于加强党同人民群众联系的决定》指出："对各级领导机关和领导干部必须加强监督。要建立和完善党内监督与党外监督、自上而下的监督与自下而上的监督的制度。"[①]对滥用权力或失职者，必须予以批评教育，严重的还要绳之以党纪国法。不论职位高低，只要违背了党纪、政纪和国法，都不能逍遥于法纪之外。特别要加强人民群众的监督，对于任何违法乱纪的人，人民都有权依法进行检举、控告、弹劾、撤换、罢免，要求他们在经济上退赔，并受到必要的纪律处分和法律的制裁。要充分发挥舆论监督作用，对滥用权力和严重失职者在新闻媒体上予以曝光，以形成强大的社会压力，使之无处容身，即使有人想利用"关系网"搞"官官相护"，也"爱莫能助"。

第五，依法治国，严格依法办事。法律不仅是处理敌我矛盾的武器，也是处理人民内部矛盾的武器。领导人要用法律规范自己的行为，处理群众中的各种矛盾和纠纷，要严格依法办事，"权大于法"的现象必须予以禁止。群众也要学会运用法律手段维护自己的权益，即使有理也不能想怎么做就怎么做。不论领导人还是普通群众，在法律面前人人平等。人人有依法规定的平等权利和义务，不管谁犯了法，都要由政法机关依法办理，任何人都不能干扰法律的实施，也不能逍遥于法律之外。

---

① 《十三大以来重要文献选编》（中），人民出版社1991年版，第935页。

第七章

积极防止和正确处理
人民内部矛盾的激化

在我国社会主义初级阶段,由于复杂的国际国内原因,人民内部存在着某些对抗和矛盾激化现象,甚至可能发生群体性事件,乃至社会冲突和动乱。正确认识和处理这些问题,防止这类事件的发生,对于保证社会稳定和国家的长治久安,巩固和发展社会主义,具有十分重要的意义。

一 人民内部的矛盾对抗和激化现象

从总体上看,人民内部矛盾是非对抗性矛盾,敌我矛盾是对抗性矛盾。但是如果混淆了两类不同性质的矛盾,失去警惕,处理不当,人民内部矛盾就有可能激化或转化,出现严重的对抗现象和社会冲突。

第一,认识人民内部的矛盾对抗和矛盾激化现象,必须首先搞清什么是对抗性矛盾,什么是非对抗性矛盾。

毛泽东同志在《矛盾论》中指出:"对抗是矛盾斗争的一

种形式,而不是矛盾斗争的一切形式。"① 根据这一论述,我们可以把对抗理解为在矛盾发展到一定阶段上,矛盾双方采取外部冲突的形式来解决矛盾的一种斗争形式。矛盾是普遍形式,而对抗则是矛盾的特殊解决形式。只有矛盾双方在本质上根本对立,最后又不得不采取外部冲突,即对抗的形式来解决的矛盾才是对抗性矛盾。矛盾双方在本质上是根本一致的,而在矛盾发展的最后又不必采取外部冲突的形式来解决的矛盾,就是非对抗性的矛盾。

应当把矛盾的对抗性质和矛盾的对抗形式、矛盾的对抗现象、社会整体对抗和个体对抗、阶级对抗和非阶级对抗等等矛盾对抗现象,作必要的区别。矛盾的对抗性质,是指矛盾由于其双方在本质上根本对立而具有的对抗性质。矛盾的对抗形式,是指由矛盾所处的具体条件所决定的矛盾双方采取的外部冲突的解决形式。如果矛盾双方具有本质上根本对立的对抗关系,而又在最后不得不采取外部冲突的斗争形式,就是对抗性矛盾。矛盾双方仅仅产生某些外部冲突的形式,而矛盾双方在本质上并不具有根本对立的性质,这类矛盾就不是对抗性矛盾,只能说是矛盾双方采取的偶然的、一时的对抗形式,是矛盾的一种对抗现象。社会整体对抗是指社会整个生活条件造成的社会基本阶级之间、基本势力之间的对抗。个体对抗,是指从个体生活条件中生长出来的个别社会因素之间、个体之间、个别群体之间的对抗。社会主义制度本身不存在对抗性的内在矛盾,因此社会主义国家内部不存在整体的阶级对抗,只存在个人对抗和个别对抗。例如:劳动群众同旧社会残余分子的对抗;劳动群众内部个别人之间

---

① 《毛泽东选集》第1卷,人民出版社1991年版,第334页。

的偶然性的对抗；新的社会因素同旧社会残余因素之间的对抗。阶级对抗是从阶级之间根本对立的利益矛盾中产生的，这种利益矛盾主要是由于生产资料所有制的私人性质引起的。非阶级性的对抗同阶级对立关系无关，如原始社会部落之间的战争，并非是阶级间的对抗。如果我们把对抗仅仅理解成为阶级性的对抗，那就无法理解非阶级社会的对抗现象，也无法理解社会主义国家人民内部的对抗现象。

第二，在搞清了什么是对抗性矛盾，什么是非对抗性矛盾，并且把矛盾的对抗性质、对抗形式和对抗现象、社会整体对抗和个体对抗、阶级对抗和非阶级对抗这几个概念区别开来以后，就可以清楚地看到，在我国社会主义的初级阶段，人民内部可能会发生矛盾冲突、矛盾对抗现象，可能会发生矛盾激化和转化现象。

其原因在于：

（1）在人民内部存在个别对抗性矛盾。在我国的现实社会中，由于其内部在经济上、政治上、思想上，还带有旧社会遗留下来的残余，其外部存在反社会主义势力在经济、政治、思想、文化上的影响和破坏，这不仅会使社会主义国家内部存在一定数量的敌我矛盾，而且还会使人民内部存在某些个别的对抗性矛盾。比如，在性质上来说，私有经济和公有经济是不同的两种经济成分，在社会主义的初级阶段，还要允许一定的私有经济存在，于是在一定条件下，公有经济和私有经济之间的矛盾就采取了非对抗的存在形式。私营企业所有者同被雇佣的工人之间的本质上的雇佣矛盾关系，属于人民内部矛盾的范围，采取了非对抗的存在形式。在政治上，旧社会遗留下来的封建主义分子、资产阶级分子、历史反革命分子，他们同人民之间的矛盾是对抗性矛盾。但是，只要他们在政治上没有反社会主义的现行活动，老老实实地服从改造，并且能做一些有益于人民的事情，也可以属于人民内部矛盾或按人民内部矛盾来处理。有些党内的对抗性矛盾仍应属于人民内部矛盾。领导同群众的矛盾是非对抗性的矛盾，但领导中的严重的官僚主义同人民群众的矛盾，则是本质上具有对抗性的矛盾。在思想领域，社会主义的思想体系同封建主义、资本主义的思想体系是根本对立的意识形态，是属于对抗性的矛盾，但具体到分别带有这两种思想体系的人来说，他们之间的矛盾一般是属于人民内部矛盾。

从以上分析来看，在人民内部确实存在某些个别的对抗性矛盾，而我们所说的人民内部的某些个别对抗性矛盾是：首先，矛盾双方在本质上具有对抗性质，这是就矛盾的性质来说的，对抗性矛盾不等于已经发生了的对抗现象，也不等于该矛盾必须采取外部冲突的解决办法。其次，对抗性矛盾不等于现实的矛盾对抗状态，它只是潜在的矛盾对抗，处理得好，这些对抗性矛盾可以不出现现实的矛盾对抗现象。再有，对抗性矛盾并不等于敌我矛盾。还有，在整个人民内部矛盾体系中，人民内部的某些对抗性矛盾在数量上是少数，在质量上又处于次要的受支配的地位。随着社会主义不断地由低级阶段向更高级阶段的发展，人民内部存在的个别对抗性矛盾会越来越少，具有暂时性的特点。最后，人民内部的非对抗性矛盾是社会主义基本矛盾和主要矛盾基础上派生出来的矛盾，是本源性、主导性矛盾，它反映了社会主义的本质特征。而人民内部的某些对抗性矛盾是非本源性、非主导性矛盾，不反映社会主义的本质特征。

（2）在人民内部存在着一部分带有阶级斗争性质的矛盾。由于国内因素和国际环境的影响，阶级斗争还将在社会主义国家的一定范围内存在，这就不可能不影响和反映到人民内部中来，这就使得人民内部存在一部分具有阶级斗争因素、成分的矛盾，即带有阶级斗争性质的矛盾。在我国的除港澳台之外大部分地区，作为剥削阶级和被剥削阶级的阶级对立和阶级斗争，仅仅在一定范围内存在，在人民内部不存在剥削阶级和被剥削阶级的阶级对立和阶级斗争，工人阶级和农民阶级之间虽然存在阶级差别，但并不表现为阶级斗争，人民内部普遍存在的是非对抗性的不属于阶级斗争范围的矛盾。但是，这并不能排除人民内部有一部分矛盾不可避免地带有阶级斗争的性质，比如，人民内部的反对资产阶级自由化；反对资产阶级思想腐蚀；或人民群众同受阶级敌对分子诱骗、利用，而犯有轻微罪行的危害社会治安、影响社会秩序的一部分人之间的矛盾，这些矛盾显然带有阶级斗争性质，但仍然属于人民内部矛盾。

（3）人民内部的非对抗性矛盾可以转化为对抗性矛盾，人民内部矛盾可以转化为敌我矛盾。面对复杂的国内外因素的综合作用，面对着交错复杂的社会矛盾局面，如果我们失去警惕、混淆矛盾、政策不当、处理不妥，人民内部的非对抗性矛盾就可能转化为对抗性矛盾，甚至人民内部矛盾也可能转化为敌我矛盾。如果我们的政策不妥，处理不当，人民内部的一些矛盾就有可能激化，以致产生对抗现象。比如工人罢工、群众性的暴力冲突和流血事件，其中有些是因生活消费品供应不足或涨价，引起群众的不满，加上处理不当，使得矛盾积累、激化，最后导致成为对抗性的冲突。在对抗性冲突中，除个别的少数坏人之外，大多数参与事件的人民群众，还是属于人民内部矛盾。再比如，我国农村实行联产承包责任制以后，对农民之间为争地、争水、争生产资料发生的纠纷,如果缺乏及时有力的处理,也会发展到暴力冲突地步。对于人民内部所出现的矛盾对抗现象,如果不进一步采取及时有力的措施,也有可能进一步激化甚至转化为敌我矛盾。当然,人民内部的对抗现象只是人民内部非对抗性矛盾所采取的一种斗争形式,它一不是最后的矛盾解决办法,二不是可采取的唯一解决方式,它往往是由于人们主观上警惕不够,行动上处理不当,而造成的暂时的、局部的矛盾对抗现象,这并不反映人民内部非对抗性矛盾的本质。人民内部矛盾的对抗现象,不等于人民内部矛盾的非对抗性质,只是人民内部非对抗性矛盾所采取的一种暂时的、个别的斗争形式。

(4)在现实社会中,两类不同性质的矛盾交错在一起,形成复杂的社会矛盾局面。在我国复杂的现实生活中,一定范围内存在的阶级斗争同人民内部的非阶级斗争性质的矛盾;一定数量的敌我矛盾同大量表现出来的人民内部矛盾;不占主导地位的对抗性矛盾同占主导地位的非对抗性矛盾,并不是泾渭分明,清清楚楚地呈现在人们面前,而往往交织在一起,难分难解,构成错综复杂的社会矛盾局面。在社会主义初级阶段,这种复杂的社会矛盾现象尤为突出。例如,有的学生、工人、农民、普通市民上街游行事件,一般来说,绝大部分群众主观上是爱国的,属于人民内部矛盾,但究其事件的起因来讲却又十分复杂,有敌对势力从中破坏的原因,也有我们工作中的失误和缺点引起群众不满的因素……其中隐蔽起来的、蓄意煽动破坏的极少数坏人则属于敌我矛盾。

第三,人民内部矛盾激化和对抗现象,突出表现为人民内部的利益冲突和社会冲突。

人民内部利益矛盾表现在利益主体的动态行为上就是利

益冲突，承认人民内部利益矛盾，必然承认人民内部利益主体之间的利益冲突。从性质上说，社会主义条件下有人民内部的利益冲突和敌我性质的利益冲突两大类。社会主义条件下的利益冲突大部分是人民内部的利益冲突，人民内部的利益冲突是人民内部利益矛盾的动态表现。事实上，社会主义国家人民内部利益冲突的事件是屡见不鲜的，例如，因利益纠纷而造成的各个利益主体之间的情绪对立和行为冲突；利益主体所采取的破坏性行为，消极罢工、示威游行，乃至同政府发生大规模的冲突，等等。人民内部的矛盾激化和对抗现象，突出表现为人民内部的利益冲突和社会冲突。从根本性质上说，社会主义国家人民内部的利益冲突是非对抗性的利益冲突，但如果失去警觉，弄得不好，这些利益矛盾和冲突会发展成对抗性的利益冲突，使得社会主义国家党和政府同人民群众的利益矛盾激化，利益冲突可能会上升为政治冲突，造成政治动乱和社会动乱。

社会主义国家人民内部的利益冲突具有两种基本形式：其一，直接性的利益冲突。如果利益矛盾双方其中一方的利益被另一方利益所触及或侵犯，就会导致矛盾双方直接性的利益冲突。比如在我国农村，仅仅由于一方的庄稼被另一方毁坏，一方的水被另一方截走，就会发生正面冲突，有时甚至会发展为恶性流血事件。直接性的利益冲突就是由直接的利益纠纷所引起的情绪和行为的对峙。其二，间接的利益冲突。直接性的利益冲突往往发端于经济领域，间接性的利益冲突一般发生在政治思想领域。间接性的利益冲突表面看起来似乎与利益无关，事实上，一定程度的政治冲突、思想冲突反映了不同利益主体之间的利益冲突，只不过这种反映是间接的、隐蔽的，是以思想形式和政治斗争的形式表现出来的。间接性的利益冲突是直接性利益冲突的扩大、深入和连锁反应。如果对某些直接性利益冲突处理不好、协调不好,就会激化上升为间接性的利益冲突,就会由经济领域内的冲突发展为政治冲突,由局部冲突发展到社会冲突。

人民内部的利益矛盾和社会冲突具有横向和纵向两个基本形式。在横的方面,表现为个人之间,各个利益群体、阶层、阶级之间,甚至民族与民族之间、国家与国家之间的利益矛盾和冲突。在纵的方面,表现为个人、集体和国家三者之间的利益矛盾和冲突,而这三者的矛盾和冲突又是通过劳动者个人同(国家或集体)企业的领导者和管理者,国家机关的领导干部之间的矛盾关系表现出来,具体来说表现为领导同群众之间的利益矛盾和冲突。譬如,反映整体利益的领导人员的决策和措施同群众中某些只顾眼前利益,过分追求个人利益的不良倾向之间的矛盾和冲突;领导中间不关心群众痛痒的官僚主义作风同群众的正当合理的利益要求之间的矛盾和冲突;个别领导的贪污腐败现象同人民群众维护自身利益斗争之间的矛盾和冲突;领导主观犯错误而带来的对群众利益的损害同人民群众的不满情绪的矛盾和冲突;国家领导同企业领导,中央同地方、上级同下级,集权与分权之间的利益矛盾和冲突。在所有这些利益矛盾中,如果群众方面的利益要求是合理的,那么领导方面则成为矛盾的主要方面,矛盾的解决在于领导方面的领导体制、思想作风和工作方法的改进;如果是由于群众方面存在着落后的倾向和不合理的利益要求,那么关键也取决于领导对群众的工作。一般来说,领导总是处于领导和群众利益矛盾和冲突的主导方面。在人民内部的纵向和横向利益矛盾和利益冲突中,领导同群众的利益矛盾和利益冲突是人民内部利益矛盾中起主导作用的矛盾。

人民内部矛盾可以引起人民内部更广泛的社会冲突,这种社会冲突同社会主义初级阶段的阶级斗争、敌我矛盾交叉在一起,纠合在一起,再加上领导者主观上处理决策失误,就会进一步激化、白热化,酿成社会动乱,严重破坏社会主义的正常秩序,危害社会主义的政局稳定和经济发展。

二 正确认识和处理群体性事件问题

许多人民内部矛盾的激化和对抗现象,往往伴随着群体性事件的发生。所谓群体性事件,就是当社会出现某种局部性的矛盾对抗或冲突现象,或暂时性的经济困难时,或当群众的一些社会要求得不到满足时,或当官僚主义和党政机关工作人员的腐败行为严重侵犯人民利益,又尚未得到及时解决时,或当错误思想占上风的群众受到极少数人的煽动时……所致使的群众性冲突事件,如上访乃至罢工、罢课、罢市、示威等等。群体性事件是一种客观存在的社会现象,是人民内部矛盾激化、出现对抗现象的现实表现。在这里,我们所说的群体性事件同极少数人旨在反党反社会主义的阴谋政治活动是有区别的,同少数坏人搞砸抢烧的违法破坏活动是有区别的。参加群体事件的大多数群众同少数浑水摸鱼、违法犯法的坏人是有区别的。群体性事件能够引起程度不同的社会动荡,造成某种程度的社会不安定局面,破坏社会生活的正常秩序,影响社会经济的正常发展。严重的群体性事件能够使社会矛盾变得尖锐化、敌对化,致使社会经济陷入困境,直接威胁国家政权的安危。如何认识和处理群体性事件,是正确处理人民内部矛盾对抗和激化现象的一个重要内容。

　　世界社会主义各国几十年的发展历史教训严肃地告诉我们，社会主义国家内部不仅存在着各种人民内部矛盾，而且人民内部矛盾还有可能发生对抗和激化，形成严重的群体性事件，以及各种各样的社会冲突，这些事件致使社会主义国家曾一度处于极不稳定的政治状态之中，甚至危及社会主义国家的生存。譬如，尽管斯大林领导苏联社会主义建设达28年之久，但是，由于他在认识上和行动上存在着重大失误，因此在他的领导下，苏联从20世纪30年代起进行了严酷的大清洗，制造了许多冤假错案，使大批无辜者受害。肃反扩大化使苏联社会主义民主和法制遭到破坏，苏联社会主义国家生活中出现了许多不正常的现象，苏联国内长期积累起来的矛盾逐步激化。在赫鲁晓夫执政期间，1956年3月，格鲁吉亚第比利斯地区爆发群众游行；1956年、1959年，苏联都发生过较大规模的工人群众罢工示威游行事件，对待这些罢工和游行，苏联当局出动了军队加以镇压，死伤了许多人。在东欧社会主义国家中，据南斯拉夫有关学者的不完全统计，从1958年到1969年8月，南斯拉夫共发生了1906次工人罢工事件。[①] 1953年夏，德意志民主共和国几万名工人上街，要求改善生活条件，实行重大政治改革，工人们与政府发生了暴力冲突。1956年夏，波兰波兹南地区发生了大规模的工人骚乱，工人群众同军队发生了冲突，造成了严重的流血事件，波兹南骚乱导致了同年秋季的政治危机，使波兰最高领导层发生了重大变化。1956年秋，匈牙利爆发了

[①] 奈察·约万诺夫著：《南斯拉夫社会主义联邦共和国1958年到1969年的工人罢工》，群众出版社1964年版，第157页。

震动整个社会主义阵营的匈牙利事件。60年代末，波兰又发生了多次社会危机。1968年8月，波兰发生大学生罢课，国内发生了较大范围的骚乱。11年后，波兰著名工业城市格丁尼亚和什切青发生了大规模的工人骚乱，再次出现了流血事件，深刻的危机导致波兰党和政府最高领导易人。70年代中期，波兰再次发生了几次大的工人罢工。80年代初，波兰又爆发了波及全国的团结工会运动，致使整个波兰处于严重的动荡状态。1968年的捷克斯洛伐克"布拉格之春"事件，不仅震动了捷克斯洛伐克全国，而且震惊了全世界范围内的社会主义运动。在我国，史无前例的"文化大革命"也充分暴露了国内的矛盾，使我国的社会主义发展陷入了极度危机的境地。由于苏联和东欧各国内部矛盾的积累，又得不到解决，致使各类矛盾逐步激化，再加上国际国内复杂因素的影响和作用，酿成了苏、东各国的剧变。我国1989年6月4日的政治风波实质上也是各类矛盾激化的结果。社会主义国家内部矛盾激化、对抗造成的经济、政治动乱，势必影响社会主义国家的稳定，影响政权的安危。

群体性事件发生的直接原因，往往是由于社会发展出现了比较严重的经济困难，尤其是某些经济政策和措施损害人民的自身利益，造成人民生活水平相对下降，致使群众有一些物质上的或其他方面的利益要求没有得到满足，而这些要求有些是合理的并且应当和可能得到解决的，有些则是不合理的和要求过分的、一时又还得不到解决的。出现群体性事件的一个值得注意的因素，是领导上的官僚主义和腐败行为、不正之风。由于领导上的官僚主义错误，使得本来应当解决的群众的合理要求长期得不到解决，或者由于对群众不合理的要求，领导上采取官僚主义的态度，没有采取有效的措施及时地去做工作，使得本来可以解决的矛盾激化了；特别是一些领导干部利用职权贪污腐败、欺压群众，任人唯亲，对这类腐败现象和不正之风，人民群众非常痛恨，迫切要求追究，而领导上的官僚主义对这类问题却解决不力，甚至采取回避、保护的态度，这就促成了人民群众不满情绪的不断积累，最后爆发为群体性事件。群体性事件发生的另一个原因，是缺乏对落后群众的思想教育工作，使人民群众中的偏激情绪和某些错误思想占了上风，致使某些群众以过激的言词、过分的情绪、粗暴的手段、不适当的方式向党和政府发泄不满，提出不切实际的要求。当然对群众教育不够的主要原因，仍在于领导上的官僚主义。群体性事件发生还有一个原因，就是当群众产生不满足情绪，酝酿闹事过程中，有国际上反动势力和国内少数坏人插手进来，传播封建阶级和资产阶级的腐朽思想和政治主张，挑拨离间、散布谣言、制造事端。防止少数坏人破坏的关键，也在于我们领导的工作。国内复杂的民族关系中的不安定因素，也是群众性动乱发生的重要原因。许多社会主义国家都是多民族的国家，由于复杂的历史、宗教、文化传统等社会原因，使得某些民族在相互关系上发生摩擦和冲突，这种民族矛盾发展到一定程度也会酿成群体性事件。社会主义国家的一些群体性事件或多或少总是与社会主义体制上的弊端有关。社会主义国家建立以后，各国都程度不同地照搬了苏联集权式的体制，在一个相当长的时间内忽视了社会主义法制建设，由于民主政体还不完善、法制不健全，一些社会主义国家错误地开展党内斗争和政治运动，造成了大批的冤假错案，严重地践踏了社会主义民主和法制，引起了人民群众的强烈不满。最后一点，在社会主义改革进程中，由于新旧体制交替，重新调整利益分配结构，会使社会矛盾相对集中地表现出来，如果改革中出现方针政策或方法措施上的错误和不当，也会导致矛盾激化，造成暂时群体性事件。

有一些群体性事件实际上反映了领导同群众的矛盾，反映了领导身上的官僚主义和腐败现象同群众的矛盾，这些事件的参加者主要是群众，直接指向往往又是党政领导机关。

如果我们对群体性事件掉以轻心，或在处理上失误，就会使矛盾进一步激化，甚至发展到出现严重暴力冲突事件，造成政治上的骚乱和动乱，会使人民内部矛盾转化成敌我矛盾，会直接危及党和国家的命运。因此，对待群体性事件必须分清两类不同性质的矛盾，参加群体性事件的广大群众都是我们的人民，只有极少数的个别人才是坏人。必须坚决反对处理群众性动乱的两种错误倾向：一是不问青红皂白把一切错误归咎于群众，助长领导的官僚主义；二是看不到群众的错误倾向，对少数坏人失去警惕。对参与事件的大多数群众必须加强思想教育工作，满足群众提出的可以解决的合理要求。对少数破坏公共利益、行凶犯法的人，必须给予必要的法律制裁。必须认真总结经验教训，坚决消除领导中的各种不正之风和腐败现象，坚决克服官僚主义；改正领导方面的错误和不足，密切联系群众，恰当地处理好各种矛盾。当然，克服群体性事件最根本的办法是通过社会主义改革，促进生产力的发展，大力发扬社会主义民主，健全社会主义法制，建立完善的社会主义体制，从制度上、法律上来根除社会动荡发生的各种隐患，促使社会主义经济高度发展，不断提高人民生活水平。

三 防止矛盾对抗和激化现象以及社会动乱发生的基本措施

在我国社会目前阶段，必须深入进行社会主义改革开放，改革经济体制，发展社会主义生产力，建设社会主义物质文明；改革政治体制，发展社会主义民主政治，建设社会主义政治文明；改革文化体制，发展社会主义文化，建设社会主义精神文明。进行社会主义物质文明、政治文明、精神文明"三大"建设，构建社会主义和谐社会。从而建立完善有力的制度保障，使对人民内部矛盾的处理和调整程序化、法制化、制度化，有效地协调好人民内部矛盾，防止矛盾对抗和激化现象以及群体性事件和社会动乱现象的出现。

第一，必须建立有利于社会生产力发展的经济—政治体制。社会主义初级阶段人民内部矛盾的种种表现，归根结底都是由于现有的物质和精神文明状况不能满足人民日益增长的物质文化需要而造成的。在我国目前阶段，不断增长的社会需要同相对落后的社会生产，是人民内部矛盾产生的一个总根源。因此只有坚定不移地把发展社会生产力作为工作的重点，大力发展社会主义经济，才能从根本上解决人民内部矛盾。所以，社会主义体制改革的着眼点应当是建立有利于社会生产力发展、有利于社会主义市场经济发展的经济—政治体制，这是社会主义初级阶段解决人民内部矛盾的基本途径。

第二，必须建立有利于充分发挥群众积极性的社会经济—政治体制。正确处理人民内部矛盾的最深远意义，就在于调动人民的积极性。如果压制或打击人民群众的积极性，就会使人民内部矛盾激化。毛泽东同志在《论十大关系》中指出，要搞好社会主义建设，必须调动国内外的一切积极因素。社会主义体制改革的根本构想就在于，能够有利于调动群众的积极性。我国作为初级阶段的社会主义，其生产力发展水平是比较低的。为了适应生产力比较落后的现状，在所有制结构上，在分配体制上，在管理体制上，在生产、流通、交换、分配等一切环节上，都必须采取合乎实际情况的体制，有利于调节人民内部的经济矛盾、分配矛盾，理顺人与人之间的经济关系。不适应的经济体制之所以束缚了企业和生产者个人的主动性，就在于它不利于协调人民内部在经济上的种种矛盾。调动群众积极性还必须着眼于政治体制的改革，以民主化建设和法制建设为中心，切实从制度上保证人民在政治和经济生活中的参与权和自主权，理顺人与人之间的政治关系。不太适应的政治体制之所以影响群众的积极性，就在于它不利于协调人民内部在政治生活中的种种矛盾。因此，社会主义体制改革必须着眼于正确处理人民内部在经济和政治生活中的矛盾关系，调动群众的生产积极性和政治热情。

第三，必须建立有利于协调人民内部物质利益矛盾的社会经济—政治体制。在社会主义国家人民内部存在着不同的利益主体，不同的利益主体具有不同的利益要求，合理地满足各个利益主体的利益要求，必须保证不同的利益主体分别获得体现出该主体利益要求的合理收入来，这种合理的收入既体现出一定的差别，又不能差别过大，这就需要建立有效地分配不同利益主体的合理收入，有效地调整不同利益主体的利益差别的经济—政治体制。

第四，必须从经济上和政治上建立和健全社会主义的法律体制，使人民内部矛盾的处理程序化、法制化、制度化。

靠人治来处理人民内部矛盾，难免会出现混淆两类不同性质矛盾的错误，法制才是正确处理人民内部矛盾的保障。因此，健全和完善社会主义法律体系，使之成为解决人民内部矛盾的一般程序和途径，对于解决人民内部矛盾具有极为重要的意义。

第五，必须善于正确区分两类不同性质的矛盾，采取及时的、有效的措施，把人民内部的矛盾对抗和激化现象解决在萌芽状态。正确处理人民内部矛盾，正确处理人民内部矛盾的对抗和激化现象，正确处理各类群体性事件和社会动乱现象，首先是防，要尽可能地做到防止这一类事件的发生。这就需要我们的各级党委、各级政府要时刻保持清醒的头脑，注意分析国际大气候的变化，注意观察把握国内动态，善于发现矛盾对抗和激化现象的苗头和趋势，及时采取有效的对策和措施，防微杜渐、见微知著，把问题解决在萌芽状态。绝对不能采取官僚主义态度，等问题成了堆再去解决。当然，问题一旦发生，也不能惊慌失措，要区分解决群众的问题同解决少数坏人的问题这两类不同性质，用不同的方法处理不同性质的矛盾。

总而言之，深化改革，构筑有效地协调人民内部存在的种种矛盾的社会经济、政治体制，从经济上、政治上全面建立社会主义市场经济—民主政治的良好秩序，构建社会主义和谐社会，是正确处理人民内部矛盾，防止矛盾激化、冲突现象，以及群体性事件和社会动乱现象出现的制度保障和基本措施。

第八章

正确处理新时期人民内部矛盾的基本原则及措施

正确处理好新时期人民内部矛盾，必须首先明确，人民内部矛盾同敌我矛盾是两种性质不同的矛盾，不同质的矛盾必须用不同质的方法来解决。毛泽东同志指出："怎样处理社会主义社会的敌我矛盾和人民内部矛盾，这是一门科学，值得好好研究。"① 正确认识两类不同性质的矛盾，是科学解决这两类矛盾的前提，但正确认识它们并不等于就自然而然地处理好它们了。妥善处理好它们，必须用不同的方法来解决不同性质的矛盾。

一 采取对抗的斗争形式，即用专政的办法来解决敌我矛盾

在我国社会主义初级阶段，敌我矛盾是根本利益对立基础上产生的矛盾，它的解决一般采取对抗的斗争形式，即用专政的办法来解决。所谓采取对抗的斗争形式，用专政的办

---

① 毛泽东：《在省市自治区党委书记会议上的讲话》。

法来解决敌我矛盾,就是要求在共产党的领导下,行使人民民主专政的国家职能,运用法制力量来解决对内对外两方面的敌我矛盾。在对内方面:镇压国家内部反对、敌视、破坏社会主义建设的社会势力和社会集团;镇压国家内部严重破坏社会主义正常秩序的各类犯罪分子、社会渣滓,剥夺他们的政治权利,强迫他们服从法律,从事劳动,在劳动中把他们改造成为新人。在对外方面:防御、粉碎帝国主义以及各种反社会主义势力的颠覆破坏和可能的侵略,保卫社会主义祖国。

处理敌我矛盾必须注意这样几个问题:第一,运用社会主义法制的力量,通过法律程序来解决敌我矛盾。在革命战争年代,我们主要是通过武装斗争的形式来解决敌我矛盾。建立社会主义制度以后,人民掌握了政权,掌握了社会主义法制武器,要通过法律程序来解决。第二,妥善处理好阶级斗争问题。革命战争年代,主要是通过急风暴雨式的、群众性的、大规模的阶级斗争来解决敌我矛盾。在社会主义条件下,阶级斗争虽然不是主要矛盾了,但阶级斗争仍然是解决敌我矛盾的一种形式。当然,这种阶级斗争在对象、范围、地位和作用上已经不同于阶级社会的阶级斗争了,它主要是依靠和运用人民民主专政的工具,通过法律程序来进行。因此,在解决敌我矛盾时,必须妥善处理好阶级斗争问题。既不能搞阶级斗争"无限扩大"化,又不能搞阶级斗争"完全熄灭"论;既不能搞战争年代群众运动性的阶级斗争,又不能完全放弃阶级斗争这种斗争形式。必须通过法律程序,运用专政的工具,通过一定范围的阶级斗争形式,来解决敌我之间的对抗性矛盾。第三,根据敌我矛盾的具体情况和形式,掌握好对敌斗争的策略和方式,把握好对敌斗争的范围、分寸和火候，有所侧重地采取不同的法律程序，运用不同的专政办法来解决。

二　解决人民内部矛盾必须使用不同于解决敌我矛盾的办法

"不同质的矛盾，只有用不同质的办法才能解决。"①必须使用不同于敌我矛盾的解决办法来解决好人民内部矛盾。

第一，主要采取经济的手段，来解决人民内部的物质、经济利益上的矛盾。

第二，必须用民主的方法，来解决人民内部在思想政治领域的矛盾。

毛泽东指出，凡属于思想性质的问题，凡属于人民内部争论的问题，只能用民主的方法来解决，只能用讨论的方法、批评的方法、说服教育的方法去解决，而不能用强制的方法、压服的方法去解决。他还把民主的方法概括为一个公式，叫作"团结——批评——团结"。邓小平同志也说，在党内和人民内部的政治生活中，只能采取民主的手段，不能采取压制、打击的手段。民主的方法，不仅是解决人民内部思想是非问题的基本方法，而且是解决人民内部政治生活领域的矛盾的基本原则。

如何运用民主的原则、民主的方法来解决人民内部在思想政治领域的矛盾呢？首先，完善和发展社会主义民主，是解决人民内部思想政治领域矛盾的基本方针。我们的国家是人民当家作主的国家，只有在政治生活、经济生活、思想文

---

① 《毛泽东选集》第1卷，人民出版社1991年版，第311页。

化和社会生活各个方面，首先是在社会主义政治生活领域里，稳妥地进行政治体制改革，真正实现广泛的、完善的、健全的社会主义民主，建立健全的社会主义政治文明，才能有效地防止党内和国家领导机关内部的官僚主义和腐败现象，密切干群、党群关系，从根本上调动人民群众的积极性，协调好人民内部民族之间、阶级之间、不同的群体之间，共产党和民主党派之间、共产党同人民群众之间、共产党内部之间，领导和群众之间、上级同下级之间、中央同地方之间……的矛盾，保证社会主义国家的安定团结。其次，通过行之有效的思想政治工作，运用"团结——批评——团结"的方式，加强社会主义精神文明建设，是解决人民内部思想是非的基本措施。所谓用民主的方法解决人民内部的思想是非问题，实际上就是通过行之有效的思想政治工作，通过批评、表扬、教育、说明、疏导、协商对话等办法，开展正确的思想斗争，进行社会主义精神文明建设，来向人民灌输正确的思想，引导人民自觉地分清是非，抵制错误的、落后的思想影响。再次，贯彻执行"双百"方针，加强社会主义文化建设，解决科学文化领域的人民内部矛盾。在科学文化领域，既要坚持马克思主义的指导，又要主张不同的学派可以自由争论，不同的艺术风格和形式可以自由发展。科学文化领域的是非问题，应当通过科学文化界在马克思主义指导下，通过科学文化的实践，通过自由讨论来解决。"百花齐放、百家争鸣"，是运用民主方法来解决人民内部矛盾在科学文化领域矛盾的具体体现。还有，对一部分人民内部矛盾，也必须采取带有强制性的行政办法来解决。列宁在谈到苏维埃政权下工会的工作方法时指出，主要是说服教育，但不能拒绝强制手段、强迫方法。对于人民内部矛盾主要是用民主的方法来解决，但对于人民内部违法乱纪现象，还必须采取带强制性的行政命令、组织纪律条例来制裁，以维护人民内部正常的工作、学习、生产和生活秩序。民主的方法和强制的方法，这是解决人民内部矛盾相辅相成的两个方法。最后，建立和健全社会主义法制，是解决人民内部思想政治矛盾的基本保障。靠人治来处理人民内部的思想政治矛盾，难免会出现混淆两类不同性质矛盾的错误，健全和完善社会主义法律制度，使人民内部矛盾的处理解决法律化、程序化，是正确处理人民内部思想政治是非矛盾的根本保障。

第三，人民内部矛盾是复杂多变的，采取综合性的，多种具体有效的办法来解决复杂多样的人民内部矛盾。

人民内部矛盾其表现十分复杂，必须采用不同的具体办法、通过综合性的办法来解决。在我国目前阶段，人民内部矛盾并不是简单、孤立的矛盾，而是一个复杂的、与外部因素相互联系的，内部各类矛盾相互作用的矛盾系统。因此，在解决人民内部矛盾的时候，所采取的方法也不可能是单一的，永久不变的，必须根据矛盾的具体情况和变化，采取综合性的、多种多样的办法来解决。在这里，没有一成不变的公式，也没有包治百病的处方。例如，在共产党与民主党派的关系上，实行"长期共存，互相监督"的方针，通过民主协商对话，通过共产党领导的政治协商制度来解决党同民主党派的关系问题。还例如，人民内部矛盾"大量地表现在人民群众同领导者之间的矛盾问题上，更确切地讲，是表现在领导上的官僚主义与人民群众的矛盾这个问题上"。能否处理好领导与群众的矛盾，在很大的程度上取决于我们能否有效地克服官僚主义。因为官僚主义脱离群众、脱离实际，使本来可以合理解决的人民内部矛盾也会尖锐起来。即使矛盾产生的原因不在领导方面,而是由于群众中间有的人有不合理要求,有错误思想,但领导上如果没有官僚主义,也可以而且应该解释清楚,工作做到家、做到位,矛盾就不会尖锐起来。那么,怎样才能克服官僚主义呢?由于官僚主义产生的原因比较复杂,就需要多方面地进行工作。首先,要加强思想教育,使各级领导干部牢固树立全心全意为人民服务的思想。毛泽东同志曾经说过,官僚主义就其社会根源来说,这是反动统治阶级对待人民的反动作风(反人民的作风,国民党的作风)的残余在我们党和政府内的反映的问题。因此克服官僚主义必须坚决抵制和肃清封建主义、资产阶级思想影响,克服某些人当官做老爷、以权谋私的不正之风和种种特权思想。其次,要努力消除产生官僚主义的土壤——领导体制上的种种弊端。邓小平同志说:"我们过去发生的各种错误,固然与某些领导人的思想、作风有关,但是组织制度、工作制度方面的问题更重要。这些方面的制度好可以使坏人无法任意横行,制度不好可以使好人无法充分做好事,甚至会走向反面。"这就需要进行领导体制改革,消除权力过分集中、机构臃肿、人浮于事等弊端,并逐步健全领导干部的选聘制度、考核制度、监督制度、奖惩制度、罢免制度等等。再次,领导方法不科学,也是产生官僚主义的一个原因。譬如有集体领导而无个人负责,大家都在那里画圈、搞公文旅行,具体事情无人负责,许多事情久拖不决,甚至拖得无影无踪;或者违背集体领导原则,个人决定重大问题,都是造成官僚主义的原因,所以,邓小平同志说:"克服官僚主义……工作方法不改也不行。"至于那种官僚主义严重,给党和人民造成特别重大损失者则必须绳之以党纪国法。又例如,在处理民族问题时,必须牢固树立各民族之间的矛盾是在根本利益一致基础上的人民内部矛盾，各民族之间"谁也离不开谁"的观点，把各民族共同利益同少数民族特殊利益，社会主义的一致性同各民族的多样性统一起来，实行民族区域自治，大力扶持和帮助少数民族地区发展经济文化，逐步消除民族间经济文化事实上的不平等的政策，实现多民族的共同繁荣政策，处理好汉族同少数民族以及少数民族之间的矛盾。

第四，坚持社会主义改革开放，大力发展社会主义生产力，是正确处理人民内部矛盾的制度保证和物质保障。

怎样才能确保处理好人民内部矛盾问题呢？这里面有深刻的经验教训可以总结。既然我们已经形成了两类不同性质矛盾的学说，有了一整套处理人民内部矛盾的行之有效的方针和方法，但是，我们为什么在过去的实际工作中，没有很好地贯彻两类不同性质矛盾的正确理论，甚至发生了像十年"文化大革命"那样长时间的、全局性的混淆两类不同性质矛盾的社会动乱呢？众所周知，由于历史的局限，由于毛泽东同志本人在理论认识上的某些不彻底性，致使毛泽东同志违背了人民内部矛盾理论的基本精神。既然是毛泽东同志个人的理论错误，那么为什么又会导致党在处理两类不同性质矛盾时，犯下如此严重的历史性错误呢？如何防止个人的错误对全党事业的危害呢？毛泽东同志本人实际上已经意识到这个问题。他指出，斯大林的肃反扩大化在英美是不可能发生的，但在苏联却发生了。为什么这类情况，在欧美等发达资本主义国家不可能发生呢？原因就在于欧美等国建立了比较完备的资产阶级社会经济政治体制，这种体制能够在某种程度上制止资产阶级统治集团中的少数个人损害资产阶级整体利益的行为，并且在某种程度上协调资本主义国家内部的矛盾。而我们国家至今远未建立完善的社会主义经济政治体制，也就无法从制度上完全有效地制止领导者个人的错误对全党事业的危害，从制度上协调好人民内部的利益矛盾。毛泽东同志虽然意识到体制的重要性，但他本人却无法超越历史的局限性。过去我们党之所以犯了混淆两类不同性质矛盾的错误，其根本原因是出在体制上。我们在建立社会主义根本制度之后，还没有来得及建立一个完善的体制保证正确路线的实施，保障人民的整体利益，保证人民内部不同利益关系的协调有序。所以，必须把正确处理两类不同性质矛盾的理论，同当前的社会主义体制改革结合起来，建立完备的社会主义社会经济—政治体制，这是今后正确处理两类不同性质矛盾的根本制度保障。

进行社会主义改革，建立一套完整的社会经济—政治体制，从制度上来保障人民内部矛盾的协调，这是其一。其二，更根本、更重要的一条，就是要大力发展社会主义生产力，提高社会主义的综合国力，提高人民的生活水平。我国现阶段的主要矛盾是不断提高的人民物质文化需要同落后的社会生产的矛盾，这一矛盾的存在是人民内部利益矛盾存在和复杂化、突出化的深层根本原因。因此，正确处理好新时期人民内部矛盾，最根本、最重要的就是要把经济搞上去。只有通过社会主义改革开放，解放社会主义生产力，把经济搞上去，逐步解决生产与需要之间的矛盾，才能从根本上保证人民内部矛盾的协调解决。发展社会主义生产力是正确处理人民内部矛盾的物质保证。

下 篇

关于我国社会主义初级阶段阶级、阶层和利益群体及其相互关系的分析

改革开放以来,社会主义市场经济的发展,使我国社会成员构成结构发生了重大变化,原有的阶级、阶层发生了新的分化和组合,新的阶层和利益群体产生了。科学认识我国当前社会成员构成结构,正确地分析我国社会目前阶段阶级、阶层、利益群体及其相互之间的关系,是新时期人民内部矛盾理论的重要组成部分,是加强社会管理和社会建设的重要前提,是党制定我国社会主义初级阶段路线、方针、政策的重要依据。

第九章

关于社会各阶级、阶层和利益群体及其相互关系的科学分析方法

正确认识我国社会目前阶段社会成员构成结构，即阶级、阶层和利益群体的构成结构及其相互关系，一定要掌握科学的分析方法。

一 关于社会成员构成结构研究及其意义

在人类历史上，每一个具体的社会形态都有其自身的社会构成结构，统称社会结构。社会结构可以分为社会经济结构，主要是指社会的经济构成，如什么样的生产关系构成，什么样的生产力构成。生产关系又是由所有关系、分配关系等构成，生产关系构成结构中最重要的是所有制结构和分配结构。所有制结构决定分配结构。所有制结构说到底是社会不同性质的经济成分的构成结构，分配结构是不同的分配方式所组成的构成结构。生产力的构成结构，应包括生产资料、劳动者等生产要素的具体构成。生产力构成结构决定生产关系构成结构。社会结构还可以分为社会政治结构、社会文化结构等等。

一定的社会经济结构、政治结构、文化结构，主要是社会经济结构决定了社会成员构成结构。在学术界，有的把社会成员构成结构说成是社会阶级结构，有的说成是社会阶层结构。按照马克思主义的社会结构观点和阶级观点来理解，社会成员构成结构就是指社会各个成员在社会中的存在方式、归属、地位、作用以及他们之间的比例关系和相互关系。阶级产生以来迄今为止的人类社会的社会成员构成结构，主要是阶级、阶层和利益群体的构成结构。也就是说，从大的方面应当把社会成员分成阶级、阶层和利益群体。在阶级社会和有阶级存在的社会中，社会成员构成结构主要是阶级、阶层和利益群体的构成结构。当然在无阶级社会中，也有一定的社会成员构成结构。在一定的社会历史条件下，一定社会发展阶段上的一定的社会形态的社会成员构成结构具有一定的相对稳定性。本书主要讨论尚有阶级存在的我国社会主义初级阶段的阶级、阶层和利益群体的构成结构。

研究我国目前阶段社会成员构成结构，就是研究社会主义初级阶段的阶级、阶层和利益群体的构成结构，这是关系到党和国家生存与发展的重大问题，是了解国情和科学判断中国社会发展状况的重要依据，是我们党和政府制定路线、方针、政策的科学根据。关于我国社会主义初级阶段阶级、阶层和利益群体的科学分析和正确认识，是正确分析、认识和处理人民内部各类矛盾，调整方方面面的利益关系，调动广大社会成员的积极性和创造性的科学前提。

关于社会成员构成结构的分析，即关于中国社会各阶级、阶层和利益群体构成结构及其相互关系的分析，是依据科学的原则、标准和方法，对社会成员的阶级、阶层和利益群体的归属进行划分，从而确定各个社会成员在社会成员构成结构中的地位、态度、生产和生活方式，以及所起的作用，确定各个社会成员在社会中的存在方式，以及他们之间的比例关系和相互关系。关于社会成员构成结构的正确的分析，是中国共产党无论是在革命战争年代，还是在和平建设和改革开放年代，制定正确的路线、方针和政策的重要依据。在民主革命时期，毛泽东同志发表了著名的《中国社会各阶级的分析》，对中国社会各阶级进行了科学的分析，正确地解决了"依靠谁，团结谁，打击谁"这一革命的首要问题，为我们党进行新民主主义革命并取得胜利制定了正确的路线、方针、政策和策略。在社会主义改革开放和建设时期，同样需要对我国社会目前阶段的阶级、阶层和利益群体的构成及其关系进行科学的分析。

第一，对我国社会主义初级阶段阶级、阶层和利益群体的科学分析和正确认识，是关系到党和国家生死存亡的大问题。能否正确认识我国社会成员构成结构的新变化，直接关系到执政党的阶级基础和群众基础巩固与否的问题，对于巩固执政党的执政地位，巩固社会主义国家政权是极端重要的。

第二，对我国社会主义初级阶段阶级、阶层和利益群体的科学分析和正确认识，是认清国情，科学判断中国社会现状的重要根据。社会成员构成结构是重要的国情，是判断社会处于何种阶段、什么状况的基本根据之一。正确认识目前阶段我国社会成员构成结构，认清各个阶级、阶层、利益群体的地位、特点以及他们之间的相互关系和变化趋势，正确认识他们在社会主义现代化建设中的作用，有利于我们加深对基本国情的认识。

第三，对我国社会主义初级阶段阶级、阶层和利益群体的科学分析和正确认识，是党和政府制定正确的路线、方针、政策的科学依据。在新的历史条件下,通过认真的调查研究,实事求是地分析我国社会成员构成结构的新变化,对于我们党和政府制定正确的路线、方针和政策,是十分必要的。

第四,对我国社会主义初级阶段阶级、阶层和利益群体的科学分析和正确认识,是正确认识和处理人民内部矛盾,协调人民内部各种关系,保持社会稳定,构建社会主义和谐社会的基本前提。在社会主义市场经济的具体条件下,人民内部矛盾出现了许多新情况、新问题、新特点,科学认识我国社会目前阶段的阶级、阶层和利益群体的新情况、新变化、新特点,有利于正确认识和处理人民内部矛盾问题,保持社会稳定发展,构建社会主义和谐社会。

二 关于社会成员构成结构的经济分析、阶级分析、利益分析和阶层分析

正确认识我国社会成员构成结构,正确认识阶级、阶层和利益群体构成结构,必须掌握科学的分析方法。经济分析、阶级分析、利益分析是历史唯物主义分析社会现象的基本方法,也是分析社会成员构成结构,分析阶级、阶层和利益群体及其相互关系的基本方法。列宁认为:"必须到生产关系中间去探求社会现象的根源,必须把这些现象归结为一定阶级的利益。"[①] 经济原因是一切社会赖以存在和发展的前提条件,经济关系是一切社会关系存在和变化的基础。在现实社会生活中,一定的经济关系必然表现为一定的利益关系,利益是一定社会经济关系的体现。在阶级社会中,经济关系集中表

[①] 《列宁全集》第1卷,人民出版社1984年版,第464页。

现为一定的阶级关系，表现为一定的阶级利益关系。认识社会现象，分析社会成员构成结构，重要的是从社会存在的经济基础出发进行分析。从经济入手进行分析，必然要分析社会的利益关系。在阶级社会中，对社会现象进行经济分析、利益分析，必然导致阶级分析的正确认识途径。经济分析、阶级分析、利益分析既相一致，又有一定的区别。

阶层分析是社会学分析社会成员构成结构的重要方法，同历史唯物主义的经济分析、阶级分析、利益分析是有一定区别的，当然也有一定的一致性和联系，在历史唯物主义指导下，也可以运用于对社会成员构成结构的分析。

三　认识社会成员构成结构首先必须从经济分析入手

历史唯物主义坚持社会存在决定社会意识，必然把社会发展的终极原因理解为物质的、经济的因素，因而必然从物质的、经济的原因出发，来说明一切社会现象。历史唯心主义坚持社会意识决定社会存在，必然把社会发展的终极原因归之为某种精神的力量，因而必然从社会意识出发，来说明一切社会现象。是从物质的、经济的因素出发，还是从精神力量出发说明社会历史问题，这是历史唯物主义和历史唯心主义认识方法的根本区别。

根据社会历史发展的特点，要发现社会发展的一般规律，要分析复杂的社会现象，分析社会成员构成结构，分析阶级、阶层和利益群体及其关系，既要看到人们的思想动机在社会成员构成结构及其相互关系中的作用，又不能停留在人们的思想动机上，关键在于找出决定人们思想动机的物质、经济原因。

马克思为我们提供了进行经济分析的范例。在1835—1841年,马克思在政治上是坚定的革命民主主义者,但是在哲学倾向上基本上还是黑格尔唯心主义者。1842—1843年,马克思从学校走向社会以后,接触到物质利益问题,使他从对社会的哲学批判和政治批判,转向经济学的研究,把研究重点转向当时被称作"市民社会"的物质的经济关系,集中剖析了资本主义的经济结构,批判了资本主义的政治经济学。从经济入手对社会现象进行分析,使马克思认识到了劳动实践的社会意义,发现了物质资料的生产是社会存在和发展的基础,生产力是社会发展的最终原因,生产关系是社会生活最基本的经济关系,揭示了物质生活的生产方式制约着整个社会经济生活、政治生活和精神生活的过程,从而科学地解决了社会存在和社会意识二者关系这个基本问题,创立了历史唯物主义。可见,经济分析是马克思创立历史唯物主义过程中所遵循的基本分析方法。

物质的、经济的因素是全部社会生活的基础,是推动社会发展的决定性力量,一切社会问题都植根于最深厚的经济事实之中,一切社会现象最终都受一定的经济原因的制约和影响,因此,认识社会问题,就必须从经济问题入手进行分析。分析社会成员构成结构,认识阶级、阶层和利益群体及其相互关系,也要从经济入手进行分析。

进行经济分析,必须首先坚持生产力标准。生产力是社会历史发展的最终的物质决定力量,人类社会发展和历史的进步,归根到底是生产力发展的结果,这是历史唯物主义的一个基本观点,也是我们认识和说明社会历史现象的一个基本出发点。列宁在阐述马克思主义唯物史观时指出:"只有把社会关系归结于生产关系，把生产关系归结于生产力的水平，才能有可靠的根据把社会形态的发展看作自然历史过程。"[1]后来，他明确提到"生产力的发展"是判断"社会进步的最高标准"。[2] 毛泽东同志在民主革命时期指出，是否有利于生产力的发展，是检验中国一切政党的政策及其实践的作用的好坏和大小的标准。党的十三大报告明确提出了"生产力标准"这个概念，并具体指出："是否有利于发展生产力，应当成为我们考虑一切问题的出发点和检验一切工作的根本标准。"邓小平同志明确提出"三个有利于"判断标准，指出"三个有利于"，归根结底是是否有利于生产力的发展。所谓生产力标准，实际上就是要把是否有利于生产力的发展，作为衡量社会进步和一切工作的根本标准，作为认识和说明社会历史问题的根本方法。运用生产力标准来认识社会问题，就必须把生产力看作是衡量一个社会形态的生产关系、上层建筑及其具体体制是否适合的根本标准；把生产力作为决定社会的性质、衡量社会发展阶段的特征，评价社会进步的主要标准；把生产力作为评价一个政党的路线、方针、政策、措施及其工作好坏和成败的最高标准；把是否有利于生产力的发展作为判断一个人、一个阶级、一个政党的言行是非的基本标准。当然，在运用生产力标准分析社会问题时，必须要科学地、全面地、正确地把握生产力标准，要把坚持生产力标准同考察社会发展的整体效益和局部效益、长远效益和暂时效益、物质效益和精神效益结合起来；要把根本标准、最高标准、主要标准、基本标准同考察具体工作的具体标准

---

[1] 《列宁选集》第1卷，人民出版社1995年版，第8—9页。
[2] 《列宁全集》第16卷，人民出版社1988年版，第209页。

统一起来,不能用生产力标准来代替其他一切具体标准。在实践中,不能把生产力标准当作标签到处乱贴,切忌绝对化、简单化、庸俗化地对待生产力标准问题。生产力标准只能是我们认识社会成员构成结构,认识阶级、阶层和利益群体及其相联系的总的原则,总的标准。

进行经济分析,必须坚持物质关系决定政治关系、思想关系,经济关系决定非经济关系的原则,从物质的、经济的关系出发来说明政治的、思想的以及其他的关系。在社会生产过程中,人们不仅同自然界发生关系,而且人们之间也要发生一定的社会关系。马克思说:人们"只有以一定的方式共同活动和互相交换其活动,才能进行生产。为了进行生产,人们相互之间便发生一定的联系和关系;只有在这些社会联系和社会关系的范围内,才会有他们对自然界的影响,才会有生产"。[①] 人们在生产过程中结成的社会关系就是生产关系,生产关系就是人们的经济关系,它从本质上来说是一种物质的关系。生产关系包括生产资料所有制关系,人们在社会生产中的地位作用和相互关系,劳动产品的分配关系这三个方面,这三个方面又贯穿于人类社会生产、交换、分配和消费四个环节。在这里,所有制关系是生产关系中的主要内容,它是判断社会性质和社会进步的直接标准。在人类社会生活中,社会的生产关系,即社会的物质、经济关系是第一性的社会关系,它决定伦理的、家庭的、政治的和思想的等等一切其他社会关系,它决定社会的上层建筑及其具体形式。因此,从一定生产力基础上的生产关系出发来分析社会现象,也是一个重要的方法。

[①] 《马克思恩格斯选集》第1卷,人民出版社1995年版,第344页。

坚持从物质的、经济的关系出发说明社会成员构成结构，说明社会阶级、阶层和利益群体的变化，就是要把生产关系的性质和状况作为衡量上层建筑是否适合的直接标准；把生产关系的性质和状况作为判断社会形态及其发展阶段的性质和特征的直接标志；把生产关系作为分析一切社会关系发展变化规律的基点；把人们对生产资料占有的形式和多寡，把人们在生产中的地位及其作用，把人们在产品分配上的形式，作为判断一个人、一个社会集团、一个政党在社会成员构成结构中的属性，在阶级社会中的阶级属性、政治态度、社会行为和思想表现的重要标准。

坚持经济分析，必须注意把"经济因素"看作是"唯一决定性因素"，把经济分析看作为分析社会现象的唯一方法的庸俗化倾向。思想关系对物质关系，政治关系对经济关系具有相对独立性，具有一定的反作用。社会意识对社会存在具有相对独立性，具有一定的反作用。上层建筑对经济基础具有相对独立性，具有一定的反作用。生产关系对生产力也具有一定的反作用。社会生活是极其复杂的，在社会生活中起作用的因素也是复杂多样的。从经济出发分析社会，分析社会成员构成结构，但否认其他社会因素的作用，同样无法正确说明复杂的社会历史现象和社会成员构成结构，说明社会阶级、阶层和利益群体及其关系和发展变化。

四　对社会成员构成结构的阶级分析是经济分析方法的延伸

所谓阶级分析方法，就是运用马克思主义关于阶级和阶级斗争的观点去分析阶级社会的社会历史现象，分析社会成员构成结构，分析阶级、阶层和利益群体及其关系的方法。这种方法是坚持用经济方法分析社会历史现象的必然延伸，是辩证法的分析方法在社会领域中的具体运用，是无产阶级及其政党研究阶级社会现象，研究阶级社会成员构成结构，研究阶级、阶层和利益群体的科学方法。

阶级的产生同生产力发展的一定阶段相联系。私有制的形成是社会分裂成为阶级的经济原因。阶级的划分必须根据人们对生产资料的占有、在生产关系中的地位和作用、获得产品的分配方式等基本经济标准来进行。阶级斗争则根源于社会经济关系的对立和冲突。坚持对社会历史现象进行经济分析，必然会得出阶级社会存在着阶级和阶级斗争，人是按一定的阶级来划分的，人的社会性集中表现为鲜明的阶级性，人的思想无不打上阶级的烙印，阶级斗争是阶级社会的基本线索和直接动力等正确结论。面对着阶级社会纷繁复杂的阶级关系和变动不居的阶级斗争现象，"马克思主义提供了一条指导性的线索，使我们能在这种看来扑朔迷离、一团混乱的状态中发现规律性。这条线索就是阶级斗争的理论"。[①] 阶级斗争理论，即是分析阶级社会历史现象的根本方法，也是对阶级社会成员构成结构进行分析的基本方法。

为了正确掌握和运用阶级分析的科学方法，必须坚持唯物辩证法，反对主观主义和形而上学。

第一，进行阶级分析，必须坚持实事求是的原则。在阶级社会中，阶级现象是大量的、普遍存在的现象，但又不是唯一的、囊括一切的现象；阶级关系是人与人关系中的基本关系，但并不是一切社会关系都属于阶级关系；阶级斗争是

---

① 《列宁选集》第2卷，人民出版社1995年版，第426页。

重要的社会实践，但并不是唯一的社会实践形式。也就是说，既要认识到阶级分析方法的普遍性、重要性，又不能把它绝对化。必须坚持"观察的客观性"，从实际出发，实事求是，对确实存在的阶级构成结构、阶级关系、阶级斗争现象，必须如实地承认它，对于严酷的阶级存在、阶级斗争的现实不能视而不见；对于确属非阶级性构成结构、非阶级性关系、非阶级斗争的现象，又绝不能不顾事实无限上纲，硬是要分析出阶级构成结构、阶级关系、阶级斗争来。

第二，进行阶级分析，必须坚持全面性，力戒片面性。社会的阶级现象是复杂多样的，阶级斗争首先表现为经济斗争，同时又表现为政治斗争、思想斗争，不仅表现在经济领域，还表现在思想领域、政治领域、文化领域等社会生活的各个方面，各个领域。因此，阶级分析方法就要求把握阶级和阶级斗争现实中的"多种多样的关系的全部总和"。[①] 坚持全面性的观察原则，切忌片面性。既要分析经济领域的阶级斗争事实，又不能忽视政治、思想、文化等领域的阶级斗争现象；既要分析社会各集团的经济地位，同时又要观察它们的政治态度；既要分析该阶级的经济地位、政治态度和思想倾向，又要分析该阶级同其他阶级的关系，该阶级的社会环境变化以及可能的发展趋势等。总之，要全面地、辩证地、发展地把握复杂的阶级关系和阶级斗争事实。切忌孤立地、静止地、片面地观察阶级关系和阶级斗争现象。

第三，进行阶级分析，必须要坚持具体问题具体分析这一马克思主义活的灵魂。阶级和阶级斗争是会因时间、地点、条件的不同，而具有不同的表现形式和表现特点。在不同的

---

① 《列宁选集》第2卷，人民出版社1995年版，第411页。

社会形态，在同一社会形态的不同的发展阶段，在同一社会形态、同一发展阶段，而又处于不同的国度，甚至在同一国度，却又在不同的地区、不同的民族，或不同的时间跨度，阶级结构、阶级阵线、阶级敌人、阶级朋友、阶级依靠对象，以及阶级斗争的表现形式和特点都是不同的。这就需要我们根据时间、地点、条件的变化，来具体把握阶级关系变化和阶级斗争的特殊规律。比如，我国正处于社会主义社会发展的初级阶段，剥削阶级作为一个阶级已经被消灭了，阶级斗争已经不是主要矛盾了，阶级斗争只是在一定范围内存在，阶级斗争的对象、范围、规模、解决办法已经同革命战争年代不同了。如果离开了具体问题具体分析这一活的灵魂，仍然用革命战争时期的眼光，来看待初级阶段的阶级、阶层和利益关系，用革命战争时期的办法，来处理社会主义初级阶段的阶级、阶层和利益群体之间的矛盾，来处理一定的范围内存在的阶级斗争问题，必然要犯大错误。在今天的具体情况下，我们既不能再把阶级斗争看作主要矛盾，搞阶级斗争为纲那一套，犯"阶级斗争扩大化"的错误，又不能否认一定范围内存在的阶级斗争，忽视一定范围内存在的阶级斗争。

总之，阶级分析方法是科学严谨的方法，必须运用唯物辩证法对阶级存在及其关系和阶级斗争现象进行具体的、历史的、现实的、全面的分析。如果把阶级分析当作固定的思维模式到处乱套，就会背离历史唯物主义阶级分析方法的正确原则。

五 关于社会成员构成结构的利益分析方法具有特殊的意义

列宁指出："如果你们没有指出哪些阶级的利益，哪些在当前占主导地位的利益决定着各政党的本质和这些政党的政策的本质,那么事实上你们就没有运用马克思主义……"① 利益支配人们的社会历史活动,一定的经济关系必然体现一定的利益关系,这是一条重要的历史唯物主义原则。根据利益原则,对复杂的经济、政治、文化、思想等社会生活及其关系进行利益分析,这是洞察社会历史奥秘,分析社会成员构成结构,分析阶级、阶层和利益群体及其相互关系的重要方法。

利益范畴是历史唯物主义观察社会历史的重要范畴。所谓利益分析,就是依据利益原则,揭示出人们社会活动背后的利益动因,找出利益关系所赖以体现出来的生产关系,然后从这种利益动因和利益关系出发来说明各种社会关系和社会历史现象。在历史唯物主义的方法论体系中,经济分析、阶级分析和利益分析是一致的、互相补充的,而不是互相排斥、互相对立的。无论是经济分析、阶级分析,还是利益分析,都是建立在历史唯物主义"生产力和生产关系"是全部社会的前提这一基本原理的基础上的。经济分析坚持从物质的生产及其关系出发来分析社会历史现象,阶级分析方法是用经济分析方法观察阶级社会的社会生活现象的具体运用,利益分析方法又是经济分析方法的具体化。在阶级社会中,利益分析方法同阶级分析方法是一致的,利益分析方法以分析阶级社会中阶级利益的关系、矛盾和冲突为基本线索,然而,利益分析方法又具有自己特殊的意义。

首先,利益分析方法比经济分析方法和阶级分析方法更

---

① 《列宁全集》第15卷,人民出版社1988年版,第375页。

为具体化。经济分析方法着重从宏观经济领域来分析社会历史发展的根本原因，阶级分析方法侧重于从阶级社会的经济关系出发来划分阶级和分析阶级斗争的基本线索，而利益分析方法则从人与人的具体关系入手，来分析具体的社会问题。在阶级社会中，生产关系表现为一定的阶级关系，一定的阶级关系表现为一定的利益关系。利益分析则从更直接和更具体的利益关系中来剖析社会现象。

其次，利益分析方法可以作为阶级分析方法的补充。在阶级社会中，并不是一切社会现象都是阶级斗争现象，也不是一切社会关系都是阶级关系。这样，在非阶级斗争现象领域，就可以运用利益分析的方法。在阶级社会中，阶级之间存在阶级利益的差别，在同一阶级内部又存在不同的阶层和利益群体，利益分析可以在对该阶级内阶层和利益群体的划分上发挥作用。在非阶级社会，阶级关系不存在了，阶级斗争现象不存在了，但一定的利益差别和利益矛盾仍然存在。比如，原始社会部落之间的利益矛盾，原始部落内部的利益关系，这时，利益分析方法就具有普遍性的意义了。

最后，在社会主义发展的初级阶段，利益分析具有特殊的意义。在社会主义初级阶段，剥削阶级作为一个阶级已经被消灭了，阶级斗争、对抗性的阶级矛盾，只在一定范围内存在。在阶级矛盾和阶级斗争不占主导地位的条件下，如何认识阶级、阶层和利益关系的新变化，如何认识人民内部的矛盾关系呢？利益分析方法就具有特殊的方法论意义了。

进行利益分析，关键是运用利益分析方法，科学地划分利益群体，进一步考察利益群体在利益关系中的地位和作用，分析不同的利益群体之间的矛盾，从中找出规律性东西来。所谓利益群体，就是指以一定社会关系为基础的具有大体相同的利益要求，对共同利益持相对一致态度而结合在一起的个人的集合体。不同的利益群体具有不同的、甚至相互矛盾的利益要求。个人必须通过一定的社会联系才能实现自己的利益，利益群体具有追求和维护本共同体成员利益的强大力量。在利益冲突和利益角逐中，它具有比个人更为强大的竞争力和追逐力，个人往往是以参与利益群体的方式来参加利益竞争，并通过利益群体来实现个人利益的。

利益群体是一个历史的范畴。在不同的历史条件下，利益群体具有不同的历史内容。人类社会最初的利益群体，是基于一定的血缘关系和共同活动的地域而集合成的原始人的共同体，如民族、部落、部落联盟等等。随着社会分工和私有制的发展，社会产生了阶级，阶级又划分为不同的阶层，阶层内部又可以分为一些不同的小的利益群体。阶级、阶层同样也是阶级社会中最稳定的利益群体。而各阶级之间、各阶层之间，各个小的利益群体之间又通过横向的社会联系，形成一些基于某种共同利益要求的相对稳定的大的利益群体，如家族、民族、各种经济实体（企业、公司、财团等）、国家、国际联盟（如欧盟、联合国等）。在社会主义初级阶段，剥削阶级作为阶级已经不存在了，阶级矛盾居于次要的地位。在认识一定范围内存在的阶级矛盾和阶级斗争的前提下，如何认识社会主义不同利益群体之间的矛盾，具有极其重要的现实意义。

进行利益分析，科学地划分利益群体，关键问题是掌握好利益群体划分的标准。那么以什么标准来划分利益群体呢？

首先，以生产资料占有关系来界定利益群体的基本属性。人们在社会生产资料的所有关系中，地位不同，起的作用不同，就决定了人们分别属于不同的经济利益群体。从所有制关系出发，是进行利益群体分析的大前提。

其次，从分配关系以及其他经济关系出发来划分利益群体。由于分配的方式和形式不同，利益实现方式不同，收入不同，必定形成存在一定经济差别的不同的利益群体。从分配关系和其他经济关系出发，是进行科学分析的重要前提。

还有，在坚持从经济出发来划分利益群体的前提下，也可以适当考虑到按职工分工的不同，根据经济和其他社会原因所造成的社会地位的差别，来划分利益群体。

总之，必须坚持从人们在社会经济关系中对生产资料的占有不同，在生产过程中所起的作用不同，在分配中的收入多少不同等等这些基本的经济关系出发，同时考虑到其他社会因素的影响，来作为划分利益群体的标准。关于社会利益群体的基本划分标准表明，马克思主义以生产资料所有制占有的不同来划分阶级的理论，仍然具有方法论的意义，它同社会利益群体的基本划分标准是一致的。不同的利益群体具有不同的利益要求，不同的利益群体之间存在着一定的利益差别和利益矛盾，这是分析社会现象，分析社会成员构成结构，分析阶级、阶层和利益群体的一条重要线索。

运用利益分析方法分析社会历史现象，绝对不能排斥和否定经济分析的基本方法，排斥和否定阶级分析的方法，要善于在历史唯物主义科学历史观的指导下，把三者有机地结合起来，有效地运用到对社会现象，对社会成员构成结构，对阶级、阶层和利益群体及其相互关系的观察、分析和说明中去。

六 关于社会成员构成结构的阶层分析是社会学的分析方法，也可以作为历史唯物主义分析方法的补充

阶层分析是社会学的分析方法，既不能以阶层分析方法来否认、替代马克思主义的经济分析、阶级分析和利益分析方法，也不能以阶级分析方法来否定、排斥社会学阶层分析方法，可以把阶层分析方法作为历史唯物主义分析方法的补充。

1. 社会学的阶层分析方法及其国外的代表性观点

分层（stratification）一词来源于地质学研究，原来指地质构造中的不同层面。社会学借助"分层"一词来分析说明社会的成员构成结构。社会学的社会阶层理论和方法，是社会学对社会成员构成结构进行划分和分析的理论及其方法。阶层分析的依据就是根据社会成员对社会资源的占有状况不同，而对社会成员进行分层。西方著名社会学家马克斯·韦伯认为，最重要的社会资源有三种，即物质财富（包括金钱）、社会声望和政治权力，用中国话来说就是利、名、权。社会学的阶层分析就是对社会成员因占有社会资源不同，能力与机会不同而产生的层次差别进行分析研究。

当前西方理论界流行一种新的社会阶层结构划分理论，即"新中间阶层"理论，企图取代历史唯物主义的阶级分析方法。"新中间阶层"理论是对西方发达资本主义社会阶级、阶层新变化的曲折的理论反映，该理论虽然在某种程度上还使用阶级概念，但实质是用阶层概念取代阶级概念。该理论的代表观点主要是以非生产性劳动和经济、政治、意识形态

等多元因素作为划分标准的"新小资产阶级论";以具有与传统的工人阶级不同的特有的劳动条件作为划分标准的"新工人阶级论";以人们在生产中具有双重职能作为划分标准的"新中间阶级论"或"中产阶级论"或"专业—管理阶级论"。

"新小资产阶级论"的主要代表是西方著名社会学家、"结构主义—马克思主义"的代表人物之一尼科斯·普兰查斯（Nicos Poulantzas）。他提出阶级划分多元决定论，认为阶级是由社会结构决定的，在社会结构中，经济、政治和意识形态这三个"结构方面"是具有统一性的，在划分阶级时，经济起决定性作用，政治和意识形态也起很重要的作用。他认为划分"新小资产阶级"标准的主要依据是：第一，以非生产性劳动作为划分和确定"新小资产阶级"的标准，从而把大部分从事非生产性劳动的领取薪金的人划归"新小资产阶级"，既区别于工人阶级，又区别于小资产阶级。第二，不仅要根据经济地位，还要把人们的政治和意识形态的态度倾向作为决定人的阶级地位的重要因素。他把直接从事物质生产、直接创造剩余价值的工人划入工人阶级，而其他领取工资和薪金的工人都被划归"新小资产阶级"，包括商业雇员、白领工人、服务人员、管理人员、科技人员和其他脑力劳动者。他认为，主要以技术—管理人员为主体的"新小资产阶级"，在经济、政治和意识形态等方面都被资产阶级统治，但在阶级关系方面又处于统治工人阶级的地位，因此，应当把他们排除在工人阶级之外。

"新工人阶级论"的代表人物是法国的左翼理论家塞日尔·马勒（Serge Mallet）以及安德列·高兹（Andre Gorz）、柏勒维叶和阿伦·图雷纳（Allen Touraine）等人。他们认为，二战之后，特别是20世纪50—60年代以来，西方资本主义社会在经济发展、科学技术应用和社会福利改善等方面都发生了巨大变化，工人阶级绝对贫困化的现象已大体不存在，从事体力劳动的传统意义上的工人日益减少，从事脑力劳动的白领工人不断增多，出现了一大批以出卖知识和技术为主的新的工人阶层，他们的收入处于中等水平，工人阶级的内部结构、素质与愿望也发生了相应的变化，出现了一个与传统的体力劳动为主的工人阶级不一样的"新工人阶级"。"新工人阶级"一部分是经过专业训练、能操纵复杂技术设备的工人，另一部分是从事发明和研究的科学家、工程师、技术人员与管理人员。"新工人阶级"不仅是发达国家工人阶级的一部分，而且还是先锋队，他们潜在地比传统的从事体力劳动的蓝领工人更激进，他们同资本家的斗争不是在工资问题上，而是在控制企业上。该理论是对西方发达资本主义国家工人阶级新变化的理论反映。

"新中间阶级论"的代表人物是意大利的古格利尔莫·卡切蒂。他认为，在资本主义社会中，那些处于"矛盾的阶级地位"之上的人是"新中间阶级"，在经济方面并不占有生产资料，既承担着"总体资本"的职能，又承担着"总体工人"的职能，既是剥削者，又是被剥削者，比如管理人员。

"专业—管理阶级论"的代表人物是美国的巴巴拉·埃伦莱克和约翰·埃伦莱克。他们认为，在当代西方发达资本主义国家，由中级管理人员、工程师、文化工作者和其他科技人员构成的职业集团，已形成一个新的阶级——"专业—管理阶级"，该阶级是由工资收入的脑力劳动者构成，他们不占有生产资料，其主要职能是进行资本主义文化和资本主义生产的再生产，他们与工人阶级一样厌恶资本家阶级，但又居于工人阶级之上。这一阶级包括多种社会地位的人，从高级行政人士到护士。

2. 既要坚持阶级分析方法，又要发展、丰富和补充阶级分析方法

有一种说法，认为阶级分析方法已经过时，不适应今天我国社会主义初级阶段的阶级、阶层状况了。持这种观点的议论认为，我国进入社会主义初级阶段以后，剥削阶级从整体上已被消灭，阶级、阶级斗争虽然在一定范围内存在，但不是社会的主要矛盾了，人与人之间的整体阶级对抗关系不存在了，所以，阶级分析方法也就没有用了。再一种理由认为，社会主义制度建立之后，公有制占主导地位，再以生产资料的占有标准来划分阶级就不适应了，阶级分析方法仅仅适用于分析私有制社会，不适应分析公有制占主体的社会主义初级阶段。还有一种理由认为，社会主义初级阶段出现了许多新的阶层和利益群体，很难再用阶级分析方法来分析认识了。

阶级分析已经过时，不适用于分析今天社会主义初级阶段的社会成员构成结构，这种观点显然是错误的。首先，社会主义初级阶段是消灭了阶级对阶级的整体剥削、消灭了作为整体阶级对立的剥削阶级社会的社会发展阶段，但并不等于社会主义初级阶段就不存在阶级了。消灭了阶级剥削的社会，并不等于是无阶级的社会。在我国社会主义初级阶段，作为两大基本主体阶级的工人阶级和农民阶级仍然存在，工农两大阶级差别仍然存在，同时还出现一些新的社会阶层和利益群体。其次，目前我国社会虽然不存在两极分化，但阶级差别、阶层矛盾仍然存在。我国在发展社会主义市场经济过程中，如果注意不够，控制不好，也有出现两极分化的可能。面对社会主义初级阶段的社会现实，认为阶级分析方法

过时了，这是不符合今天现实生活的。

不能仅仅认为阶级分析只适用于私有制社会。社会主义初级阶段是以公有制为主体、多种经济成分并存的社会，是有阶级存在的社会，笼统地讲阶级分析只适用私有制社会是不全面的。阶级分析不仅适应于对抗性阶级关系的分析，还适应于非对抗性阶级关系的分析，不要一提阶级分析就以为只是对敌对阶级之间关系的分析，非敌对、非对抗性阶级关系也适宜于用阶级分析方法。

当然，今天简单地照搬马克思主义阶级分析理论，照抄毛泽东同志对20世纪二三十年代的中国社会各阶级的分析，照抄我们党对解放初期我国社会各阶级的分析，无疑已经不够了。在社会主义初级阶段，特别是随着改革开放的深入、市场经济的发展，原有的阶级、阶层发生了新的组合和分化，新的阶层和利益群体产生，因此既要坚持阶级分析方法，但又要认识到仅仅使用阶级分析方法是无法完全涵盖现实的社会现象的。因此，在运用阶级方法的同时，还应引进新的分析方法，比如利益群体的分析方法，社会学的阶层分析方法等等，才能进一步深化对社会主义初级阶段社会阶级、阶层和利益群体结构的认识。一定要从发展的观点出发来认识阶级分析方法。阶级分析方法原则上还是适用今天我国社会主义初级阶段社会成员构成结构的。当然，阶级分析方法本身也需要发展。时代变化了，情况变化了，无论是在社会主义制度下，还是在资本主义制度下，阶级的实际状况和阶级间的实际关系都发生了很大变化，阶级分析方法也需要随之丰富和发展。

3. 在马克思主义看来，阶级分析和阶层分析也不是截然分开、互不相关、彼此对立的

毛泽东同志1925年写作的《中国社会各阶级的分析》，

是马克思主义阶级分析的经典之作。在这本书里，毛泽东同志也不是把阶级分析和阶层分析截然对立的。毛泽东同志首先把阶级分析方法作为社会成员构成结构分析的基本原则、基本前提，同时，又在运用阶级分析方法分析中国社会各阶级的基础上，进一步把阶级分成若干阶层，加以分析。在毛泽东同志那里，首先，阶层分析从属于阶级分析，是阶级分析大前提之下的阶层分析，是阶级分析理论总体框架之内的阶层分析。其次，毛泽东同志又把阶层分析作为阶级分析的补充。如他分析了游离于阶级之间，又构不成一个阶级的阶层，如游民无产者。还有，毛泽东同志还把阶层分析作为阶级分析的量的基础，在阶层分析的基础上形成对阶级整体的分析判断。可见，在阶级分析和阶层分析上搞非此即彼的绝对对立，是形而上学的，二者是可以相互补充，可以相互结合的。阶级和阶层概念不是必然对立的，认为阶层分析是资产阶级理论，阶级分析才是马克思主义，是简单化的判断。当然，绝对不能用阶层分析来否定阶级分析、代替阶级分析。

关于阶级的观点，马克思在1852年3月5日写给魏德迈的信代表了他的完整的思想。马克思说，无论是发现现代社会中有阶级存在或发现各阶级之间的斗争，并不是他的功劳。在他以前，资产阶级的历史学家就已经叙述过阶级斗争的存在和发展，资产阶级的经济学家也已对阶级作过经济上的分析。马克思的新贡献则是证明了下列几点：第一，把阶级和阶级斗争同生产的状况联系起来，从生产力发展的历史来看，阶级和阶级斗争只是人类历史上一定阶段的、与一定生产力水平相联系的特殊的产物。第二，在阶级对抗情况下，无产阶级进行正义的阶级斗争，其形成和目标必然是实现无产阶级专政，这是人民大众的、多数人对少数人的专政，是历史上最后一个阶级性质的专政。第三，无产阶级专政不过是达到消灭阶级的一种过渡。按照马克思的观点，马克思主义并不是特殊爱好阶级斗争，或者想永远保持阶级斗争，这不是马克思主义本意。但是后来一些人对马克思主义的误解误用，导致了一种偏向，就是盲目地追逐和迷信阶级斗争，脱离实际地提倡"以阶级斗争为纲"，不加限制地主张"用阶级观点分析一切"，认为"阶级斗争要斗一千年一万年"等等，这种偏激的过"左"的观点在我们的政治生活中影响很深。

　　阶级分析是从马克思主义唯物史观角度来分析社会成员构成结构的，当然，在运用马克思主义阶级分析方法的同时，也可以在阶级分析的前提下进行阶层分析，这里的阶层分析从属于阶级分析。作为单独使用的阶层分析，一般是从社会学角度考察社会成员构成结构时使用的。阶级分析和阶层分析二者不能相互否定，相互对立，两者可以相互补充，不能简单地说阶级问题是唯物史观问题，阶层问题是社会学问题，阶级分析是马克思主义，阶层分析是非马克思主义，甚至反马克思主义。只有企图用阶层分析来否定、取代阶级分析，才是非马克思主义的，或是反马克思主义的。阶级分析和阶层分析是从两个不同的角度来分析社会成员构成结构的。阶级更多是在性质上和宏观上反映社会分层，阶层则更多是在微观上或数量上反映社会分层；阶级分析主要是以生产资料的占有和分配为标准来划分阶级的，而阶层分析则是以更广泛的社会资源的占有和收入多少，以及职业的区分来划分阶层的。阶级分析主张根本标准，阶层分析主张多元标准。阶级反映社会层级之间质的差异，而阶层则反映量的差异。阶级关系包括根本对立的、对抗的剥削阶级和被剥削阶级之间的社会层级关系，阶层关系不完全包括根本对立的、对抗的剥削阶级和被剥削阶级之间的社会层级关系。不能武断地用阶级分析否定阶层分析，也不能简单地说，阶级分析过时了，应当用阶层分析取代阶级分析。当然，只讲阶级分析，完全否定阶层分析，用马克思主义阶级分析替代其他学科分析，也是不全面的。

有的同志认为，阶级分析已经内在地包含了阶层分析，因而没有必要在阶级分析之外另搞阶层分析；也有的人认为，阶层分析更全面更具体，可以取代阶级分析。这两种意见都失之偏颇。就单独使用的意义来说，阶级和阶层是两个有所区别的概念。前者是马克思主义哲学唯物史观的概念，后者是社会学的概念。就共同使用的意义来说，二者又是一致的、有联系的。首先，二者研究的社会主体是同一的，阶级、阶层都是基于共同利益而联系在一起的利益群体，在阶级社会中可以是阶级，也可以是阶层。其次，研究的对象又是同一的。两者研究的都是基于社会生产力的发展和社会分工的发展而引发的社会成员的分化和分层。最后，在共同使用时，阶层又从属于阶级。在阶级之下可以划分不同的阶层。阶级包含阶层。在阶级之间，又可以有带有相关性的阶层。同时，二者又是有区别的。阶级划分的主要标准是经济关系，即是生产资料的占有关系，而阶层划分的标准是对广泛社会资源的占有。阶级划分的标准是唯一的、根本的，而阶层划分的标准是变化的、多元的。例如，可以从财产多少、收入多少、职业或行业的不同、地位和权力的不同、文化技术水平的不同等等，来划分社会阶层。阶级的划分，归根到底是由生产资料占有问题决定的。

在今天我国社会主义初级阶段，在阶级分析的前提下，可以把社会学阶层分析方法作为补充。但不能因此用阶层分析来否定、取代阶级分析。有的学者认为："在中国适度淡化阶级概念"，把"阶层范畴看作是一种适度淡化的阶级概念"。"在社会学中，阶级被纳入分层和层化的范围之中，阶层是一个大概念，阶级是一个下属概念。"笔者对这些观点不敢苟同。在社会主义社会目前阶段，阶级斗争固然已经不是主要矛盾，剥削阶级作为一个阶级已经不复存在，被剥削阶级也不复存在，同时社会主义初级阶段市场经济改革过程中已形成了一些新的阶层和利益群体，这些阶层和利益群体很难用原有的阶级概念来区分，但是绝不能因此而否定阶级、阶级差别、阶级矛盾和阶级斗争的存在，否认阶级观点和阶级分析方法。当然，在承认阶级存在和阶级分析的大前提下，引进社会学的阶层分析方法，也是需要的。

4. 关于阶级、阶层和利益群体的科学界定

在运用阶级分析方法对社会主义初级阶段社会成员构成结构进行分析的同时，也可以运用其他方法对社会成员构成结构加以分析，作为补充，这就需要对阶级、阶层和利益群体三个概念，给以科学的界定。

首先，关于利益群体概念，可以从宽泛的含义和狭窄的含义两个方面来理解。宽泛的含义是泛指整个人类社会以共同利益为基础的人的共同利益的集合体。在这里，利益群体，是一个大概念，阶级、阶层都是利益群体，家庭、企业、民族、国家也是利益群体。还可以从狭窄的含义上理解利益群体，是指阶级、阶层以下层次的人的利益的共同体。如旧中国的资产阶级可以分为民族资产阶级、官僚资产阶级、小资产阶级三大阶层；民族资产阶级下面还可以分成商业资本家、

金融资本家、工业资本家等不同的利益群体。

其次，利益群体概念，既可适用于阶级社会，又可适用于无阶级社会。因为在无阶级社会，阶级、阶层不存在了，阶级、阶层概念也就不再适用。但利益差别仍然存在，利益群体也将会存在，因此，利益群体概念还是适用的。利益群体概念既可适用于阶级性利益群体的分析，又可适用于非阶级性利益群体的分析，因为即使在阶级社会中也还有不带阶级性或边缘化的利益群体；既可适用于非剥削阶级内部不同利益群体的分析，如工人阶级内部不同的利益群体，也可适用于剥削阶级内部不同利益群体的划分，如地主阶级内部不同的利益群体。

搞清楚利益群体概念之后，就可以从两个意义上来运用阶级、阶层和利益群体这三个概念。

第一，阶级、阶层和利益群体是同一内涵的、依次递进的、具有隶属关系的概念，阶级是第一层次概念，阶层是第二层次概念，利益群体是第三层次概念。在阶级之下可分阶层，在阶层之下可分利益群体。阶级、阶层和利益群体是大、中、小三个依次递进的对社会成员构成结构进行分析的概念。在这里利益群体是一个狭义的第三层次的概念。

第二，阶级、阶层、利益群体是三个各自独立、但又有交叉、互相包含关系的三个概念。阶级之外，可以有相对独立的，处于阶级边缘化的阶层，阶层之外可以有相对独立的处于阶级、阶层边缘化的利益群体。譬如，在社会主义初级阶段的私营企业主阶层是一个相对独立的阶层，不能说产生了私营企业主阶层，就形成了新的资产阶级。当然，利益群体也可以作为一个宽泛的概念来使用。

第十章

我国目前社会各阶级、阶层和利益群体的新变化

正确认识我国社会目前阶段社会成员构成结构，即阶级、阶层和利益群体构成结构的新变化、新特点，是正确认识和处理我国社会目前阶段阶级、阶层和利益群体及其相互关系，以及人民内部矛盾的前提。

一 我国社会成员构成结构演变的历史与现状

从鸦片战争以来的中国近代历史来看，中国社会经历了三次大的社会转型：第一次是辛亥革命带来的推翻封建帝制的社会转型，这是一次不彻底的转型；第二次是新民主主义革命成功带来的社会主义制度建立的社会转型，这是一次彻底的转型；第三次是社会主义改革开放带来的市场经济体制的社会转型，这也是一次彻底的转型。

伴随着社会转型，社会成员构成结构也随之而发生变化。不算辛亥革命推翻封建帝制的社会转型所带来的社会成员构成结构的变化，新中国建立以来，我国社会有两次重大的社会成员构成结构变化。第一次变化发生在从新中国成立，经

过过渡时期和社会主义改造时期到党的十一届三中全会之前的28年间。在这一历史时期的初期，即建国初期，地主阶级、官僚资产阶级等剥削阶级的生产资料被人民剥夺，对剥削阶级分子进行了社会主义改造，但城市还保留民族资产阶级、个体经济经营者等小资产阶级，农村还保留中农，贫雇农分得一定土地和生产资料，成为依靠个体劳动在自己土地上进行家庭经营的农业个体劳动者。新中国成立初期的社会成员构成结构，主要是由工人阶级、农民阶级和民族资产阶级、城乡小资产阶级构成。经过社会主义"三大改造"，民族资产阶级改造成为实行公私合营，有一定利息收入的工商业人士。农村经济实行了集体化，作为个体劳动者的农民成为集体所有制的农业劳动者，城乡的个体经营者和城市的个体劳动者逐渐减少，大部分成为集体所有制的劳动者，只有少量的个体经营者和个体劳动者，且日趋减少。社会成员构成结构逐步过渡形成"两大阶级、一个阶层"，即工人阶级、农民阶级、工人阶级内部的知识分子阶层的社会成员构成格局。当然，还存在有一定利息收入的工商业人士和城乡个体劳动者阶层。

第二次变化发生在1978年党的十一届三中全会以来28年间。随着第二次社会转型，中国的社会成员构成结构发生了结构性的转变，原来的工人阶级、农民阶级和工人阶级内部的知识分子阶层的"两大阶级、一个阶层"的基本构成结构发生了显著变化。虽然"两大阶级、一个阶层"的社会成员构成结构依然存在，但其内在的构成比例和具体成分已经发生了深刻的变化：在原有的阶级、阶层中分化出，并新形成一些新的阶层和利益群体；原有的阶级、阶层发生了重组。我国社会成员构成结构发生了新的分化和重组，整个社会成员构成结构呈现多元化、多样化、复杂化的发展趋势。

关于我国社会现阶段社会成员构成结构的理论概括，有以下几个观点：

一是"两大阶级、一个阶层"说，即工人阶级、农民阶级和工人阶级内部的知识分子阶层。

二是"两大阶级、三个阶层"说，即工人阶级、农民阶级，知识分子阶层、个体劳动者阶层、私人企业主阶层。

三是"两大阶级、若干阶层、若干利益群体"说。承认工人阶级、农民阶级两大阶级，若干阶层，在阶级、阶层下又划分若干利益群体。

四是"十大阶层"说。中国社会科学院社会学研究所提出了以职业分类为基础，以组织资源、经济资源和文化技术资源的占有为标准来划分社会阶层的理论框架。组织资源包括行政组织资源与政治组织资源。对组织资源的占有和支配主要是指依据国家政权组织和政党组织系统而拥有的支配社会资源（包括人和物）的权力；对经济资源的占有和支配主要是指对生产资料的所有权、支配权、使用权和经营权；对文化技术资源的占有和支配主要是指对社会（通过证书和资格认定）认可的知识和技能的拥有。对这三种资源的拥有状况决定着各阶层在社会成员构成结构中的位置以及个人的综合地位。根据这个分层原则，社会学研究所认为中国社会成员构成结构是由十个社会阶层组成：国家与社会管理者阶层、经理人员阶层、私营企业主阶层、专业技术人员阶层、办事人员阶层、个体工商户阶层、商业服务人员阶层、产业工人阶层、农业劳动者阶层和城乡无业、失业、半失业者阶层。

（1）国家与社会管理者阶层。在社会中属于最高或较高的地位等级，是整个社会阶层结构中的主导性阶层之一，在社会中的比例为2.1%，在城市为1.5%，在县级以下区域为0.5%。

（2）经理人员阶层。这一阶层主要来源是：国有经济和集体经济的经理；私营经济的经理；"三资"企业的经理人员。目前这个阶层比例为1.5%。该阶层是社会主义市场经济的推进者和创新者。

（3）私营企业主阶层。在社会构成中所占比例为0.6%。

（4）专业技术人员阶层。所占比例为5.1%。

（5）办事人员阶层。所占比例为4.8%。

（6）个体工商户阶层。指拥有少数私人资本并投入生产、流通、服务等经营活动和金融活动并以此为生的人，占社会比例的4.2%。

（7）商业服务人员阶层。占社会比例为12%。

（8）产业工人阶层。所占比例为22.6%，农民工占其中30%左右。

（9）农业劳动者阶层。占44%左右。

（10）城乡无业、失业、半失业者阶层。所占比例为3.1%。

五是"若干利益群体"说。把中国社会现阶段的社会成员分成若干利益群体。

六是"五大阶层"说。从消费角度出发认为我国存在最富裕阶层、中上阶层、中间阶层、贫困阶层和最贫困阶层等五个阶层。

七是"新生资产阶级形成"说。在承认原有阶级、阶层前提下，认为我国已经形成新的资产阶级。

二 我国社会目前阶段阶级、阶层和利益群体变化的原因

社会成员构成结构归根结底是由一定的社会生产力决定的。我国目前生产力的发展状况，以及生产力发展所决定的市场经济体制状况、产业结构状况、所有制结构状况、分配结构状况、就业结构状况，是我国社会成员构成结构，即社会阶级、阶层和利益群体结构变化的主要原因。

第一，社会生产力的发展、新兴产业的兴起引起了社会产业结构的变化，是社会阶级、阶层和利益群体结构变化的物质原因。与世界高科技和经济全球化的发展相一致，我国社会生产力发生了突飞猛进的变化，经济持续高速增长，新兴产业不断涌现并迅速成长，高新技术企业发展方兴未艾，产业结构不断调整、升级，一、二、三产业结构比例发生重大变化，生产力资源和要素的配置发生深刻变化，资本构成发生显著变换，致使新的职业、新的岗位应运而生，所有这些新变化都对社会生产力的主要构成要素——劳动者提出了新的要求并带来新的变化。相当一部分人不适应现代生产力结构的升级而落伍或被淘汰，也有相当一部分人适应现代产业结构的变化而提升自己的素质，实现成功转岗。一些具备现代产业发展所需素质的人或产生出来，或从原有阶级、阶层中脱颖而出。

生产力的发展开始打破中国城乡二元结构，阶级、阶层和利益群体之间流动力度在加大。中国城乡二元结构是阻碍社会成员流动与分化的结构性障碍，这些障碍因素包括所有制制度、户籍制度、部门行业差异制度，以及在国家资源配

置上的制度。由于社会生产力的发展，逐步打破城乡二元结构，农民向城市流动的可能性加大了，户籍制度的渐进改革、城镇户口的逐步放开、大城市户口的松动，引起大量农民工入城，这也是新的社会成员构成结构重组和分化的重要条件。

总之，生产力的发展，产业结构和社会经济结构的变化，为社会成员构成结构的变化提供了现实基础和可能，与现代产业结构变迁相适应的社会阶级、阶层和利益群体结构发生了深刻变化。

第二，社会主义市场经济体制的转变和形成是社会阶级、阶层和利益群体结构变化的体制性原因。计划经济体制为市场经济体制所代替，使原有适应计划经济体制的社会阶级、阶层和利益群体结构发生分化和组合，逐步形成与市场经济体制相适应的社会阶级、阶层和利益群体结构。不断深入的社会主义市场体制改革，使我国的所有制结构、产业结构、就业结构、分配结构等发生了重大变化，冲击原有的社会成员构成结构，加速了社会成员之间的分化和流动，加速了社会成员身份、地位的变化，改变了原有的社会成员构成结构的构成方式和比例关系。社会成员的分化越来越表现为以下的分化：一是体力与非体力劳动者之间的分化；二是管理者与非管理者之间的分化；三是高收入者、中等收入者和低收入者之间的分化。

市场经济体制的改革本身就是利益格局的新调整，原有的利益格局被打破了，新的利益格局形成了，这种利益格局的调整必将使原有的社会阶级、阶层、利益群体发生结构性变化，人们之间的收入分配逐步拉开差距，人们的经济状况、政治地位和思想态度多样化，人们之间的利益差别状况和矛盾客观存在，利益取向大体一致的人们形成一定的利益共同体，从而可能会形成新的不同的阶层和利益群体。

第三，所有制结构的变化是社会阶级、阶层和利益群体结构变化的经济原因。经过30多年的社会主义改革开放，原有计划经济条件下单一的所有制格局被打破，形成了以公有制为主体，多种所有制经济共同存在和发展的所有制格局，这是所有制结构变化的第一个层面。在公有制实现形式这一层面上，又打破了传统的国营和集体这两种公有制经济的单一模式，形成了公有制实现形式的多样化。所有制实现形式不同程度地实现了多样化，出现了混合所有制形式，股份制所有制形式，合作制、合伙制等所有制形式。所有制结构两个层面的变化，使我国社会阶级、阶层、利益群体结构发生了新的变化。社会阶级、阶层和利益群体结构随着所有制结构和所有制实现形式的变化而日益复杂化和多样化，原有的工人阶级、农民阶级和知识分子阶层的构成、特点也都相应地发生了深刻变化。

第四，分配方式和分配政策的调整是社会阶级、阶层和利益群体结构变化的直接原因。改革开放以来，我国收入分配领域出现了重大变革，直接影响了社会阶级、阶层、利益群体结构的变化。计划经济条件下分配领域中的平均主义"大锅饭"被打破，"按劳分配为主、多种分配方式并存"的分配制度开始逐步形成并完善，极大地激发和调动了人民群众的积极性。个人收入分配与经济效益好坏、社会贡献大小、劳动强度高低直接挂钩，与社会生产要素的投入直接挂钩，个人收入差距逐步拉开。所有这些都对社会阶级、阶层和利益群体结构的变化产生了深刻影响。随着改革的日益深入，资本、技术、经营、管理等要素开始逐步参与到收入分配中来，按劳分配与按生产要素分配有机地结合起来，使得收入形式和收入来源更加多样化，从而形成更为复杂多样的分配格局。特别是一部分人和一部分社会阶层、利益群体率先富起来之后，社会出现了高收入层、中等收入层和低收入层，进一步拉大了收入差距，使社会成员构成结构发生更加深刻的变化。

第五，城乡结构、工农结构、脑体结构的调整和变化是社会阶级、阶层和利益群体结构变化的深层原因。生产力的发展、市场经济的形成、产业结构的调整、收入分配结构的变化，使得我国城乡结构、工农结构、脑体结构发生了深刻变化。城市化和工业化步伐的加快、第三产业的发展，使大批小城镇涌现出来，大片大片农村地区发展起来并入城镇，成千上万的农民成为城镇人口，成为工人，大批工人和知识分子成长起来，新的社会阶层和利益群体出现，引起城乡结构、工农结构、脑体结构的变动，使我国社会阶级、阶层、利益群体结构发生极大变化。

第六，教育、科学、民主、文化等现代文明的发展，是社会阶级、阶层和利益群体结构变化的社会原因。社会主义文化、科技、教育事业的发展，民主程度的提高，使得社会成员受教育程度、科技素质、文化素质、政治素质、道德素质普遍提高，极大促进了社会阶级、阶层和利益群体结构的变化。比如，社会成员受教育的程度，对个人的职业、身份、声望、收入等产生了深刻影响。个体素质的提高，对其在职业选择、社会地位提升等方面都有重大影响，对其收入的提高也产生实质性影响。

总之，党的十一届三中全会以来，多种动力因素的作用不断引起社会成员构成结构的分化重组和新生。社会生产力的发展有力地推动社会生产关系、上层建筑的变化，从而带来一系列的社会成员构成结构的变动；社会主义市场经济体制的不断完善，给中国社会带来市场化、多元化的发展趋势，引起社会成员构成结构呈多元化发展；世界经济全球化，中国加入WTO，融于世界全球性经济大循环，促使中国社会成员构成结构发生重组和分化；中国社会的改革和开放，致使所有制结构、分配结构、产业结构、就业结构处于变动之中，从而在更大范围内、更高层次上影响中国社会成员构成结构的变化；个人能力、素质的不断提高，对个人收入影响越来越大，从而带来社会成员构成结构的深刻变化，带来社会阶级、阶层和利益群体结构的深刻的变化：工人阶级不断壮大，综合素质不断提高，出现新的组合和分化；农民阶级也发生了深刻的变化和分化，越来越多的农民成为工人阶级的一部分；产生了许多新的社会阶层和利益群体。

三　我国社会成员构成结构演变的特点

在我国社会目前阶段，工人阶级、农民阶级、知识分子阶层仍然是我国社会的主体阶级、阶层。但是，在社会主义市场经济体制的形成过程中，由于社会生产力发展状况的制约与影响，由于社会主义以公有制为主体多种所有制成分并存、以按劳分配为主体多种分配方式并存的经济格局的逐步形成，由于社会主义初级阶段复杂的社会历史因素、政治经济因素、思想人文因素，由于生产关系和上层建筑领域诸因素的作用，决定了在社会主义初级阶段改革开放的新条件下，我国社会现阶段的阶级、阶层和利益群体的内在构成、地位、作用和特点都发生了新的变化，其特点是：

第一，社会经济组织形式复杂多样，经济利益共同体多样化。

随着社会主义市场经济体制改革的深入，我国原有社会经济组织发生转型乃至消亡，新的经济组织不断产生，经济组织形式复杂多样，经济利益共同体呈多样化。

一是农户成为农村社会经济活动的基本单元，农村基层组织发生深刻变化，农村经济组织多元化。党的十一届三中全会以后，我国农村实行联产承包责任制的改革以来，农村农户成为经济活动的主体，农村农户家庭的作用突出，在农村经济、社会事务乃至政治活动中的影响在扩大。在改革和发展过程中，又从一家一户的个体的农业生产发展繁衍出农村农户之间的合伙企业、股份合作制企业、私营企业和个体企业，农村出现了许多基层经济组织，对推动中国农村社会主义市场经济发展起到了重要作用。与经济发展相适应，1987年，我国开始村级村民自治试点，1998年正式颁布《村民委员会组织法》，农村基层民主建设在全国推开，农村直接选举产生村民委员会，农村党支部进行公推直选，进而促进乡镇一级组织民主选举。农村基层组织也正发生着深刻的变化。

二是企业成为社会主义市场经济的基本经济实体，企业类型多样化。随着社会主义市场经济的逐步形成，企业成为相对独立的经济实体。由于所有制结构的变化，各种经济成分并存，企业类型日益增多。我国社会主义初级阶段的企业除国有、集体两大类别以外，新增了个体、私营、股份制、混合所有制、股份合作制、外资等新的企业形式。在国有、集体两大类别内部还出现了国有、集体控股企业。同时新出现了大量的中介经济组织，如证券交易所、律师事务所、房地产交易所等。各种类型的企业都成为相对独立的经济组织，原有国有企业、集体企业都在逐渐剥离企业办社会的职能，越发成为相对独立的经济实体。

三是所有制结构发生深刻变化，产生多种经济利益共同体，形成多种经济成分并存的格局。资料表明，1978年我国国内生产总值中由公有制经济创造的占99%；公有制经济创造的工业总产值中，国有企业又占了77.6%。[1] 公有制经济在国家经济生活中的地位是绝对的，所有制结构的单一化程度很高。由此而决定工人阶级及其内部结构也相对单一。党的十一届三中全会以来，公有制为主体、多种所有制经济并存是我国社会主义初级阶段的一项基本经济制度，非公有制经济得到了长足的发展，公有制实现形式也多样化了，所有制结构发生了巨大变化。目前国内生产总值中，非公有制经济已占到1/4。到目前为止，除少数行业由国有经济垄断外，绝大多数领域向股份制、私营、个体、中外合资与合作、外商独资企业开放，非公有、非国有经济得到了空前发展，非公有、非国有经济所占比重迅速上升。2004年全社会固定资产投资总额中，国有企业投资额所占比重为35.5%，比1978年下降46.4%，[2] 而个体、私营、股份制、外商及港澳台企业投资比重大幅度上升。除工业以外，在农业、交通运输和其他服务业领域，个体、私营、股份制、外商及港澳台企业也在不断发展。这些变化的实质，引起以多种经济利益共同体共存为特征的经济关系的深刻变化。

四是利益群体成为社会主义经济关系的重要单元，各种利益共同体出现。以某种经济利益为共同纽带连结在一起的

---

[1] 参见徐文涛著《当代中国所有制结构变迁研究》，西南财经大学出版社2002年版，第81页。

[2] 根据《中国统计年鉴（2005）》计算，中国统计出版社2005年版，第185页。

利益群体纷纷出现,构成社会主义初级阶段社会生活的基本单元。社会主义初级阶段的社会阶级、阶层和利益群体结构发生新的分化和组合,一个重要特点是各种各样的利益群体纷纷出现,利益主体多元化。利益主体多元化必然导致利益主体之间的差别。在传统的计划经济体制下,利益主体是单一化的,工人阶级、农民阶级、知识分子阶层界限分明。然而,在社会主义市场经济条件下,利益主体的多样化以及不同利益主体之间的差别日益明显,不仅原有的阶级差别、工农差别、脑体差别、城乡差别、地区差别继续存在并有扩大的趋势,而且在工人阶级内部、农民阶级内部出现了不同的阶层、不同的利益群体,甚至还有一些新的阶层和利益群体产生。不同阶级之间、阶层之间和利益群体之间,不同行业、不同岗位、不同地区的群众之间的差别继续存在,并且有继续扩大的趋势。与各种利益群体相一致,各种社会团体也飞速发展,截至2004年年底,全国共登记社会团体15.3万个,其中全国性及跨省(自治区、直辖市)活动的社团1673个;省级及省内跨地(市)域活动的社团20563个,地级及县以上活动的社团50424个,外国商会16个。① 各种社团组织、中介机构和民间自治组织迅速发展。社团组织遍及产业、社会服务部门与社会福利部门以及信息技术服务、文化艺术、教育、体育、卫生、科学研究等领域。还有特定职业、兴趣爱好等组织。近年来也出现了没有履行合法登记手续的五花八门的各种组织,如各种同乡会、同学会、协会、研究会等社会团体。与此同时,不法组织也有伺机而起的苗头,邪教组

---

① 参见2005年5月10日中华人民共和国民政部公布的《2004年民政事业发展统计报告》。

织"法轮大法研究会"一度猖獗，一些地方的黑恶社会势力抬头，非法组织滋生。

第二，以合理的个人利益为基础，形成广泛各异的利益个体，在根本利益一致的前提下，利益个体多元化。

社会主义市场经济充分承认合理存在的个人利益，把个人利益的实现与社会利益的实现结合起来，形成了广泛各异的利益个体。由于就业结构发生了深刻的变化，致使利益个体之间的利益差别加大。2004年全国城镇就业人口总数中，国有单位就业人数占25.3%，集体、私营、个体、股份制、外商及港澳台企业等非国有单位就业人数占74.7%；[1]而在改革开放前就业人口主要集中在国有和集体单位，1978年在国有单位就业人数占78.3%、集体单位就业人数占21.5%，而其他单位就业人数仅占0.2%。[2] 就业结构的多样化使阶级和阶层内部发生了很大的分化，利益个体日趋多元化。

第三，分配方式的多元化，同样促进社会阶级、阶层和利益群体的差别扩大。

十一届三中全会以来，坚持"效率优先，兼顾公平"的原则，市场机制在收入分配中的作用不断增强，收入分配机制发生了重大改变，以按劳分配为主，多种分配方式并存的分配制度建立起来，社会成员之间收入差距拉大。分配方式的变化同样促进社会阶级、阶层和利益群体的差别发生变化。

一是社会成员之间收入差距拉大。高低收入者之间收入差距突出，形成高收入层、中等收入层和低收入层。改革开

---

[1] 根据《中国统计年鉴（2005）》（中国统计出版社2005年版，第117页）数据计算。

[2] 根据《中国统计年鉴（2005）》（中国统计出版社2005年版，第126、132、136页）数据计算。

放以前我国社会收入分配中的平均主义十分严重。据国家统计局统计，1978年中国城镇基尼系数是0.16，农村基尼系数是0.21。① 改革开放以来，资金、技术和管理等要素参与分配，导致收入来源多样化。财富收入和要素收入越来越成为个人收入的重要部分，受教育程度的高低也成为影响个人收入的重要因素，社会成员间收入差距拉大，呈现出全范围、多层次的收入差距扩大的趋势，高收入层、中等收入层和低收入层开始形成。

二是城乡居民之间收入差距扩大。改革开放以来，尽管农民的收入有了较大增长，但城乡二元结构体制到目前并没有完全改变，城乡居民收入差距持续拉大。1978年城镇居民和农村居民的收入差别是2.57∶1，1984年，1.83∶1，② 收入差别缩小了，是因为实行了联产承包责任制，农民收入提高了。80年代末90年代以来收入差距开始持续拉大。到2003年，达到3.24∶1。2004年为3.21∶1。③ 专家学者认为，考虑到福利、生产成本的支出、实物的估价等因素，城镇居民和农村居民的收入差距达到5—6倍。与城镇居民收入提高较快相对照，一些地区农民负担过重，收入增长缓慢。从1997年到2003年，全国农民人均纯收入的增长，连续7年不超过5%，2002年最高增长4.8%，2000年只增长了2.1%。2003年，采取了一系列措施，农民收入增幅开始回升。2004年增长突破6%，达到6.8%，是1997年以来增幅最高的一年。但农民收

---

① 参见赵满华主编《中国城乡收入差距研究》，经济管理出版社1997年版，第75页。
② 参见马从辉著《开放经济条件下居民收入分配问题研究》，中国财政经济出版社2004年版，第277页。
③ 参见《中国统计年鉴（2005）》，中国统计出版社2005年版，第335页。

入增加额和实际增长速度仍然低于城镇居民,城镇居民收入2004年增长7.7%,城乡差距扩大趋势并没有扭转。①

三是农村居民之间收入差距扩大。受非农产业发展的影响,从事农业的家庭与从事非农产业的家庭之间的收入差距越来越大,农村贫困层形成。根据中国社会科学院经济研究所两次调查,1988—1995年,农村个人可支配收入的基尼系数从0.338上升到0.429。② 尽管粮食价格的上调会在一定程度上缩小收入差距,但往往被非农收入的不断增加而抵消。据国家统计局的估计,1995年以来,农户纯收入的基尼系数并没有出现缩小的势头,一直在0.34上下波动。③

四是城镇居民之间收入差距明显扩大。不同文化程度的职工之间工资差距明显扩大,不同行业、部门之间职工收入差距扩大,导致城镇居民的收入差距扩大,城镇也出现了贫困群体。1978年我国最高行业和最低行业的工资比是1.38∶1,2003年我国19个大的行业中职工平均工资最高行业为最低行业的4.63倍。1995年城镇内部的个人可支配收入的基尼系数比1988年提高了43.5%,1995年以来城镇内部的收入差距继续上升。到1999年仅4年时间,城镇居民之间货币收入的基尼系数上升了20%,个人可支配收入的基尼系数上升了11%。④ 城镇贫困人口主要由七个贫困群体构成:(1)企业不景气,发不出工资或所发工资严重不足,只能用来维持基本

---

① 参见《中国统计年鉴(2005)》,中国统计出版社2005年版,第335页。
② 参见李实等著《中国居民收入分配实证分析》,社会科学文献出版社2000年版,第23页。
③ 参见李颖著《中国农村居民收入差距研究》,中国农业出版社2005年版,第43页。
④ 参见李爽主编《中国城镇居民收入差距研究》,中国计划出版社2002年版,第6页。

需求的职工及家庭成员，约占贫困人口的30%；（2）失业或待业人员，约占20%；（3）部分离退休职工，约占17%；（4）长期从事低收入工作的居民，约占10%；（5）社会救济和优抚对象，约占5%；（6）因物价上涨导致收入实际下降而低于贫困线的居民，约占10%；（7）因其他因素导致贫困，约占8%。据调查，我国现有贫困残疾人500万，其中300万人由于重度残疾而处于特困状态。

五是不同地区居民之间收入差距扩大。地区间的居民收入差距扩大主要囿于地区间经济发展不平衡。在全国31个省（区、市）中，2004年上半年人均收入最高的五省（市）是上海（8513元）、北京（7836元）、浙江（7771元）、广东（7264元）和福建（5879元），五省（市）人均半年收入为7453元。而人均收入最低的五省（区）是宁夏、青海、甘肃、黑龙江和新疆，人均半年收入为3661元。后者是前者的1/2，[①] 差距明显扩大，西部地区贫困人口相对集中。

六是社会成员之间贫富差别日益突出。部分社会成员贫富差距趋于扩大，形成富裕阶层和贫困阶层，社会贫困问题凸显。

对于贫富差距拉开问题，有一种说法认为，我国已经出现了两极分化。事实上，现阶段我国并没有出现全局性阶级对立的两极分化。马克思、恩格斯论述的两极分化是指少数人占有大量生产资料并因此占有别人创造的剩余价值，而广大劳动者除出卖劳动力外一无所有，从而形成财富向少数人集中，绝对贫困和相对贫困向多数人集中的阶级对立的两极。国际上将基尼系数0.4定为两极分化的警戒线。据统计，一般

---

① 参见李培林《合理调整社会结构》，2004年11月30日《人民日报》。

认为我国现在基尼系数已超过0.4的警戒线，但马克思、恩格斯所论述的全局性阶级对立的两极分化现象在我国并不存在，但是在我国已经较为明显地出现了高收入层、中等收入层和低收入层的分界，贫富差距持续拉大。

两极分化是界定阶级贫富悬殊和阶级对立分野、用以描述阶级对立性质和状态的概念。马克思认为，根据资本主义积累的一般规律，随着资本积累的增进，社会发生了两极分化，一极是资本家阶级的财富的积累，一极是无产阶级的贫困的积累。在私有制条件下，两极分化是由于对生产资料的占有状况不同造成的，资本家阶级由于拥有大量财富而成为巨富，无产阶级由于没有生产资料而不得不受资本的剥削而陷于贫困，生产资料的私人占有制是社会两极分化的条件。两极分化是以生产资料的全社会的私人占有制为基础和前提的，不能把两极分化等同于收入差距拉开，不能等同于贫富差距拉开，也不能把局部性、个别性两极分化看成为全局性的阶级分化、对立的两极分化。两极分化固然同收入差距拉开、贫富差距拉开有关，但不等于这两者。收入的多少、贫富的差距不直接或必定同生产资料的占有连在一起。一个人收入的多少是同经营、管理、直接参与生产过程的要素相联系，当然也可以同对生产资料的占有、支配相联系，但又不仅仅只同生产资料占有、支配相联系。贫富和收入的差距既可同经营、管理、参与生产过程等相联系，也可同生产资料的占有、支配相联系，而阶级对立式的两极分化必定是同生产资料的私人占有相联系。

我国是以公有制为主体的社会主义国家，从根本制度上消灭了生产资料的私人占有制度，由于私人占有制度带来的全社会性的两极分化是不存在的。但是，由于多种所有制的存在、多种分配方式的存在，加之市场规律的作用，以及其他复杂的社会因素，我国部分社会成员在收入上、贫富上存在相当大的差距，已经出现了相对富裕的阶层、利益群体和相对贫困的阶层、利益群体，甚至个案性、局部性的两极拉开，但还并不等于社会性、全局性、阶级分化对立性的两极分化。然而，对私有经济和按资分配方式不加以限制引导，对为主体的公有经济和按劳分配方式不加以巩固完善，两极分化趋势亦有可能成为现实。

第四，社会阶级、阶层和利益群体构成结构的新变化引起社会阶级、阶层和利益群体的构成比例和相互关系也发生重大变化。

一是工人阶级内部结构和组成、作用和地位发生了深刻的变化，致使我国领导阶级内部矛盾关系多样化。二是农民阶级发生了新的分化、组合和变化，农村人民内部矛盾关系复杂化。三是非公有经济，特别是私营经济发展很快，形成拥有相当财富的高收入的非公有制和私营企业家阶层，非公有制，特别是私营企业家作为雇主和作为雇员的职工的矛盾关系，管理经营人员与职工的矛盾关系客观存在。四是工人阶级、农民阶级和知识分子阶层之外，又出现了民营科技企业的创业人员和技术人员、受聘于外资企业的管理技术人员、中介组织的从业人员、自由职业人员等一批新的社会阶层。他们是中国特色社会主义事业的建设者，但他们同工人、农民、知识分子、干部、解放军指战员也有一定差别和矛盾。

第五，就业结构与失业问题影响阶级、阶层和利益群体的变化。

在社会主义市场经济建立过程中，就业转变问题和失业问题并存，影响了阶级、阶层和利益群体的变化。整个就业趋势向非农产业、非传统产业的转变，引起阶级、阶层和利益群体的新分野。

一是农业向非农业的转变，使得相当一部分农民阶级成员转变成工人阶级成员或其他阶层成员。中国农村人口众多，农民向非农产业转移任务十分艰巨。大力发展城乡中小企业，特别是发展劳动密集型服务和加工制造类的中小企业，也是吸纳更多劳动力、创造更多就业机会的一种重要形式。2003年年末，农村转移劳动力达16950万人，其中转移到第二产业的占40%，转移到第三产业的占60%。[1]

二是国有经济的比重下降，向非国有经济转变，引起工人阶级内部阶层和群体的新变动。据统计，1996年至2000年，国有单位从业人数减少了3142万人，下降27.9%，城镇集体单位从业人数减少了1517万人，下降了50.3%；同期外资企业等创造的就业岗位将近400万，私营企业创造的就业岗位648万，个体经济创造的就业岗位427万，[2] 这些新增就业岗位大部分为新生劳动力、大中专毕业生和农民工所填补，城镇下岗职工通过这一渠道实现再就业的数量十分有限。从1991—2002年个体私营企业共吸纳就业5889万人，提供了全社会65%的新增就业岗位。[3] 这种岗位流动带来了工人阶级内部的新的变动。

---

[1] 参见国家统计局农村社会经济调查总队《中国农村经济调研报告（2004）》，中国统计出版社2004年版，第97页。

[2] 参见张厚义、明立志、梁传运主编《中国私营企业发展报告（2001）》，社会科学文献出版社2002年版，第12页。

[3] 参见黄孟复主编《中国民营经济发展报告（2003）》，社会科学文献出版社2004年版，第6页。

三是就业岗位由传统岗位向非传统岗位演变，引发新的社会阶层和利益群体的出现。非正规部门的就业是今后就业方式的主要发展方向，就业方式将更加灵活，以满足部分小企业和部分劳动力的要求。工作时间和工作地点将更加灵活、自由。积极鼓励非正规就业，主要包括通过小规模企业、微型企业、家庭企业、个体经济、独立服务、社会服务、自我就业等形式完成就业，也包括在正规部门中创造正式就业、临时就业、小时工就业、季节工就业、短期合同工就业、劳务派遣就业、分包生产或服务项目就业等，从而形成了一些新的阶层和利益群体。

四是就业形势严峻，存在较大规模的失业队伍，形成了失业困难群体。改革开放以来，社会成员构成结构的新变化无疑给我国经济和社会进步带来了巨大的积极影响，同时也带来一些问题。怎样看待这些新问题、新情况、新现象，亟须我们认真研究并作出明确回答。必须正确看待我国社会成员构成结构的新变化，科学地认识社会阶级、阶层、利益群体的新变化，处理好社会主义现代化建设中各阶级、阶层、利益群体之间的关系，对于巩固党的执政地位，扩大党的阶级基础和群众基础，构建社会主义和谐社会，推进社会主义现代化建设，具有重大的理论意义和实践意义。

四 社会成员构成结构演变趋势和变化意义

从 1978 年改革开放以来，中国社会正在从传统的计划经济社会向社会主义初级阶段的市场经济社会转型；从农村的以自然经济状态为主体的经济类型向以商品交换为主体的市场经济类型转型；从农业社会向工业社会转型；从封闭、半封闭的社会向开放型社会转型。深刻的社会转型引起并伴随着社会成员构成结构向现代化的、合理的方向转变。

第一，农业劳动者构成数量正在逐步缩小。改革开放以来，中国农业劳动者数量正在大量减少，占就业人口的比重从1978年的70%下降到2004年的47%。[1] 中国农业劳动者流动的主要途径是：进入乡镇企业打工、外出进城务工、经营各种类型的企业、从事农村个体工商活动等。

第二，中等收入层已经出现，并且数量逐步增多。1978年以来，我国社会的中等收入层有了较快的扩张。

第三，非公有制，特别是私营企业主与经理人员阶层正在兴起和壮大。截至2004年年底，全国私营企业户数已达到365.1万户，投资者人数达到948.6万人，雇工人数4068.7万人。[2]

第四，现代化社会阶层正在形成。在工人阶级、农民阶级和知识分子阶层之外，又出现了民营科技企业的创业人员和科技人员、受聘于外资企业的管理技术人员、中介组织的从业人员、自由职业人员等一批新的社会阶层和群体。

总之，随着社会新秩序的逐步健全，社会成员构成结构演变的趋势向着关系合理、协调的、现代化的方向发展。社会成员构成结构的整体框架基本形成，但其结构仍然不稳定，处在变动之中。当然也还存在许多制度性因素，影响社会成员构成结构向合理的趋势转化。

在现阶段，我国社会阶级、阶层和利益群体构成结构的

---

[1] 参见《中国统计年鉴（2005）》，中国统计出版社2005年版，第118页。
[2] 同上书，第148页。

变化，是改革开放和经济社会发展的结果，是社会进步的标志，同时也会对改革开放的继续深化、经济的进一步发展和社会的全面进步产生多方面的持久的影响。

第一，社会成员构成结构的新变化有利于经济社会协调发展。原有的社会成员构成结构是在高度集中的计划经济体制下形成的，阶级、阶层和利益群体之间的收入差距较小，不利于调动劳动者的积极性和创造性。在市场经济体制的条件下，阶级、阶层和利益群体发生新的分化和组合，这种分化和组合，实际上是收入、地位、待遇方面的分化和组合，这种变化总体上体现了"效率优先、兼顾公平"的原则，既体现了社会公平，又保证了效率的实现，在一定条件下有利于调动各个社会阶级、阶层和利益群体的积极性，通过保持一定的社会差距，强化了竞争和激励机制，使社会成员能够较大限度地焕发出自身的活力和动力，从而有利于经济社会发展。

第二，社会成员构成结构的新变化有利于社会稳定。社会保持稳定和谐是经济社会发展的前提条件，任何一个国家和民族都不可能在激烈冲突和动乱中发展。社会成员构成结构的变化会产生两个方面的作用：一是积极的作用。社会成员构成结构顺应社会生产力的发展要求和社会发展大趋势的变化和调整，是有利于社会稳定和谐的，它不仅不会带来社会矛盾的激化，反而会有利于社会的长治久安。二是消极的作用。社会成员构成结构朝着不利于经济社会发展方向的分化，是不利于社会稳定和谐的，可能会激化社会矛盾。顺应社会潮流的社会成员构成结构的变化，可以使社会各阶级、阶层和利益群体之间的关系发生新的调整，生成新的社会流动。社会成员构成结构的新的调整和流动，向合理方向上的流动和调整,是社会进步的重要标志,是促进社会进步的"安全阀"和"减震器",有助于社会稳定和谐。

第三,社会成员构成结构的新变化有利于我国向现代化迈进。对于现代化的社会来说,形成现代化的社会成员构成结构是非常重要的。整个世界现代化的进程表明,一个国家如果没有形成与现代化社会相一致的现代化社会成员构成结构,该国家就不可能处于和谐稳定发展状态,将蕴藏着导致社会经济危机和动荡的极大风险。

第四,社会成员构成结构的新变化有利于人的解放和全面发展。日趋多元和开放的社会成员构成结构,以及社会成员角色的新变化,较强的职业新流动,为每个社会成员提供了自由选择、自由发展的广阔的社会空间,有利于人才的流动,有利于人的自由和全面发展。

改革开放以来,中国的社会成员构成结构发生了深刻的变化,整个社会成员构成结构向多元化、分层化和流动化方向发展,各个阶级、阶层和利益群体之间的经济、政治、文化等关系都发生了深刻的变化。正确认识这些变化,正确认识各个阶级、阶层、利益群体的地位、特点、相互关系和发展趋势,正确认识他们在社会主义市场经济和社会主义现代化建设事业中的作用,从中得出我国社会成员构成结构的正确结论,有利于我们加强对国情的认识,以便制定正确的路线、方针与政策。

第十一章

社会主义初级阶段的利益群体及其群际矛盾

在社会主义初级阶段市场经济条件下，在科学划分社会主义初级阶段的阶级、阶层和新的社会阶层（另辟专章分析中国社会各阶级、阶层、新的阶层的新变化）的前提下，正确划分初级阶段的利益群体，认清市场经济条件下利益群体之间的差别与矛盾，是认识和处理社会主义初级阶段利益差别和利益矛盾的关键。

一 社会主义初级阶段利益群体及其划分标准

从理论上说，阶级矛盾已经不是社会主义初级阶段的主要矛盾了，只有在坚持阶级分析的前提下，正确认识社会主义初级阶段的利益群体及其关系，妥善协调初级阶段的利益差别和利益矛盾，才能充分发挥利益的动力作用，调动各个利益群体的积极性。在新的历史条件下，在坚持工人阶级、农民阶级、知识分子是工人阶级一部分的科学划分的前提下，按照马克思唯物主义历史观和阶级分析方法，按照社会主初级阶段利益群体划分理论，正确划分社会主义初级阶段利益群体，制定适当的政策和策略，科学认识群际差别和矛盾，调动各方面的积极性，是十分必要的。

什么是社会主义初级阶段利益群体呢？社会主义初级阶段利益群体就是社会主义初级阶段社会各成员通过社会主义初级阶段社会经济关系，在相对共同的利益基础上所形成的利益共同体。各个利益群体之间存在着一定的利益差别和矛盾，各群体的成员具有相对一致的利益目标和价值观念。社会主义初级阶段利益群体的存在、发展、分化和重新组合是受社会主义初级阶段经济关系制约的，同时又受社会主义初级阶段复杂的社会历史因素，如民族因素、心理因素、地域因素、传统因素等多种因素的影响。正是由于社会主义初级阶段所有制关系的原因、社会主义初级阶段分工及劳动的社会形式的原因以及其他复杂的社会历史因素，从根本上决定了社会主义初级阶段利益差别和利益矛盾的存在，这种利益差别和利益矛盾的存在从客观上决定不同利益群体存在的历史必然，决定了社会主义初级阶段利益群体划分的标准。

社会主义初级阶段必然存在具有一定利益差别的利益群体，那么以什么标准来划分利益群体呢？

第一，以生产资料占有关系来界定利益群体的基本属性。在社会主义初级阶段条件下，马克思主义的以生产资料所有制来划分阶级的理论，仍然具有方法论意义。人们在社会主义初级阶段生产资料的所有关系中，地位不同，起的作用不同，决定了人们分别属于不同的经济利益群体。在社会主义初级阶段条件下，以公有制为主体的多种经济成分并存的所有制关系，不同性质的经济成分之间存在着重大差别，在公有制内部存在着国有经济与集体经济的差别，同一经济成分企业存在着所有权与经营权的分离，不同企业之间存在着相对独立性而带来的差别，在同一种经济成分之中还存在着不同的所有制实现形式之间的差别，这些所有制关系的特点决定了与不同的所有制及其实现形式相结合的社会成员分别属于具有一定的利益差异的不同的利益群体，决定不同的生产单位是具有相对独立性的经济利益群体。因此，从所有制关系出发，是进行利益群体分析的大前提。

第二，从社会主义初级阶段分配关系以及其他经济关系出发来划分利益群体。在社会主义初级阶段条件下，人们之间的利益差别突出反映在分配问题上，分配的方式和形式不同，利益实现方式不同，收入不同，同样也决定存在一定经济差别的不同利益群体的存在。在社会主义初级阶段条件下，存在以按劳分配为主体的多种分配形式并存的分配格局，从而决定了不同利益群体的分配差别。例如，按照按劳分配原则来实现个人劳动收入的群体，同按照其他分配方式如按资分配、按经营分配、按生产要素分配来实现个人收入的群体就构成了不同的利益群体，即使同一种分配形式之间人们也会存在一定的利益差别，决定不同利益群体的存在。不仅分配关系，而且人们在生产、交换和消费各个经济活动的具体环节所发生的关系，也同样决定不同利益群体的存在。譬如在生产过程中，人们可以划分为管理者群体、工程技术人员群体、商品销售者群体；在交换过程中可以划分为商品生产者群体、商品销售者群体和商品购买者群体，等等。

第三，在坚持从经济关系出发来划分利益群体的前提下，也可以适当考虑到按职业分工的不同，根据经济和其他社会原因所造成的社会地位的差别来划分利益群体。相同的或相近的职业分工，会带来大体差不多的经济利益和政治利益，从而形成共同的利益群体。

总之，必须坚持从人们在社会经济关系中对生产资料的占有不同、起的作用不同、产品的所有不同、所处地位不同这些基本的经济关系出发，同时考虑到其他社会因素的影响，来作为划分利益群体的标准。关于社会主义初级阶段利益群体的基本划分标准表明，不同的利益群体具有不同的利益要求，不同的利益群体之间存在着一定的利益差别和利益矛盾。

二 社会主义初级阶段存在不同利益群体的具体原因

社会主义初级阶段市场经济条件下人民内部的利益关系主要是由不同的利益群体之间的群际关系所构成的。在我国社会主义发展的初级阶段，在人民内部，在工人阶级、农民阶级、工人阶级中的知识分子阶层存在的前提下，在阶级、阶层之间以及阶级、阶层内部，客观上存在着不同的利益群体，存在着不同利益群体之间的利益差异和价值评价差异，存在着不同利益群体之间的摩擦和冲突，存在着复杂的各类利益群体构成的利益结构。社会主义初级阶段为什么会存在复杂多样的利益群体呢？

第一，社会主义初级阶段生产力发展相对落后，社会的物质财富和精神财富相对匮乏，还不能很好地满足人民日益增长的物质、文化生活的需要，这样一来，有限的社会物质财富和精神财富在人民群众中间的分配就有可能形成较大的差距，这是社会主义初级阶段存在不同利益群体的最根本的物质原因。

第二，大量旧社会的残余物和旧痕迹的存在，是社会主义初级阶段存在不同利益群体的广泛的社会基础。处于初级阶段的社会主义，是刚刚从旧社会脱胎出来的社会，同时在国际、国内复杂的环境中，与阶级剥削社会保持着错综复杂的社会联系，其自身带有大量旧社会遗留下来的残存物和痕迹。旧式分工所造成的重大社会差别还存在，阶级和阶层差别还存在，社会成员还因旧式分工的限制而被固定在相对独立的职业上，旧的思想道德因素还大量存在，这些旧社会的残余因素及其影响，是社会主义初级阶段存在复杂多样的利益群体的社会历史基础。譬如，由旧式分工所造成的城乡、工农和脑体劳动之间差别的存在，决定了城市居民和农村居民、工人阶级和农民阶级、体力劳动者和脑力劳动者这些不同利益群体的存在；个体劳动者、私营企业主等，就其性质来说是带有旧社会痕迹的，也构成了社会主义初级阶段的利益群体。甚至由于社会主义初级阶段旧的残余因素所孕育出来的新的犯罪分子，反动的剥削阶级分子和其他反社会主义分子，在某些条件下，也可能会形成对抗性质的、敌对的利益群体。社会主义初级阶段的分工把人们固定在相对固定的职业上，使人们在利益群体体系中所处的地位不同，所享受的物质产品和精神产品的数量也不同，同样也会形成不同的利益群体，个人劳动素质和体力不同，也同样会造成不同的利益群体，如歌唱家、艺术家等利益群体，这是具有特殊从业技艺的劳动者群体。再如，工人阶级中由于技术水平的不同，也会形成技术工人和非技术工人的利益差别。

第三，多层次的所有制结构和多样化的分配方式，以及复杂的市场经济关系，是社会主义初级阶段不同利益群体存在的最直接的经济根源。社会主义初级阶段的市场经济关系从根源上决定了社会主义初级阶段复杂的利益群体关系。社会主义初级阶段以公有制为主体的多种经济成分并存的所有制格局，以按劳分配为主体的多种分配方式并存的分配格局，决定了不同利益群体的存在、形成、演变和发展，决定了错综复杂的利益群体格局。

以上是社会主义初级阶段利益群体存在的主要原因，当然还有更为广泛的社会原因，这里不多赘述。

三 社会主义初级阶段的基本利益群体构成

在承认工人阶级、农民阶级，工人阶级中的知识分子阶层的大的阶级群体划分的基本前提下，社会主义初级阶段的利益群体构成可以这样来划分：

按社会分工所造成的明显社会差别来划分有：城市居民利益群体，农村居民利益群体；体力劳动者利益群体，脑力劳动者利益群体（知识分子利益群体）等等。

由生产资料结合方式的根本不同所造成的阶级差别来划分有：工业生产者利益群体，农业生产者利益群体，在工人阶级内部还有知识分子利益群体，私营经济所有者利益群体，个体经济所有者利益群体等非公有制经济所有者利益群体。

按所有制性质和实现形式的不同来划分有：国有经济职工利益群体，集体经济职工利益群体，乡镇企业职工利益群体，私营经济职工利益群体，混合经济职工利益群体，股份制经济职工利益群体，股份合作制经济职工利益群体。此外，还有个体劳动者利益群体，个体所有者利益群体，私营企业经营者利益群体，外资企业管理者利益群体。

按在市场经济中具有相对独立地位的企业来划分有：工厂、商店、各类公司等利益群体。

按分配形式的不同来划分有：国家公务员、事业单位职工等工资分配利益群体，劳动合同制分配利益群体，承包经营分配利益群体，租赁经营分配利益群体，家庭联产承包形式的分配利益群体，私营企业分配中的雇主利益群体和雇员利益群体，承包企业中的经营者利益群体和生产者利益群体，等等。

按社会职业以及人们在社会经济活动中的地位不同来划分有：工人利益群体，农民利益群体，个体工商业者利益群体，工程技术人员利益群体，医务人员利益群体，教师利益群体，私营企业管理者利益群体，农业生产者利益群体，亦工亦农户利益群体，国家工作人员利益群体，公有制企业管理者利益群体，等等。

按社会主义市场经济关系造成的群体形式来划分有：生产者利益群体、销售者利益群体、消费者利益群体等等。

按收入状况和贫富差距来划分：我国人口众多，各地区、各阶级、阶层群体和个人收入逐渐拉开档次，贫富程度也出现较大的差别，社会地位上也存在明显的差别，具有不同的利益倾向，从而形成不同的利益群体。从收入差别、贫富差距上可以划分为高收入型利益群体、相对富裕型利益群体、小康型利益群体、温饱型利益群体、贫困型利益群体。高收入型主要指有上百万、上千万乃至超亿元资产的社会群体。根据国家统计局抽样调查、典型调查和相关资料测算，目前收入最高的群体主要是有杰出贡献的科技人员、个体户、私营企业主、企业承包人、租赁经营者，以及走红的歌星、影星、体育明星等文化、艺术、体育、媒体界人士。相对富裕型是指拥有几十万资产，过着相对优裕生活的社会群体，有自己的住房、汽车，可以供孩子上大学，可以外出休假。例如，外资企业的经理人、私营企业的经理人等高工资收入者，高收入的个体工商户，具有行业优势的工程技术人员，效益好的公有制企业的企业家等。小康型指有数万家产，生活小康的社会群体。例如，在城市靠工资收入的教师、国家干部、一般知识分子、效益好的企业的工人，等等。维持温饱型指家庭人均收入在几百元，生活基本上能够解决温饱的群体。我国城市的许多物质劳动者、农村的许多农业劳动人口都属于这个社会群体。生活贫困型主要指在贫困线以下，连温饱也不能正常维持的社会群体。

以上关于社会主义初级阶段利益群体的划分，很广泛，也很分散。总起来看，社会主义初级阶段的基本利益群体，大体上是这几个大的构成成分：

一是工人阶级中的物质生产者利益群体。工人阶级应当包括从事物质生产的工人，在公有制企业、国家机关等从事管理的领导以及从事管理、文教、科技等工作的知识分子三部分。这里的工人阶级物质生产者利益群体是指直接从事第一线生产劳动的那部分工人。包括国有经济工人、集体经济工人，混合所有制、股份制、合作制、股份合作制、联营企业工人，私营企业工人、个体企业工人这几种类型群体。工人阶级中的物质生产者利益群体按社会分工和职业划分，有工业、交通运输、基建、商业、服务、农林牧渔业等专业利益群体。逐步从农民阶级中分化出来的，流入城镇的，加入工人阶级队伍的农民工群体也是工人阶级的一部分。

二是农民阶级利益群体。农民占全国人口的绝大多数，并且大多数是实行联产承包责任制的农业劳动者。自1979年以来，我国农村虽然实行了包产到户的家庭联产承包责任制，经营方式改变了，但仍属集体经济农民利益群体。如果按分工和职业来划分，农民阶级内部还可划分为直接从事农业劳动的实行家庭联产承包制的农民群体。还有农民阶级中的乡镇企业家群体、农村基层政权管理者群体和亦商亦农、亦工亦农的农民群体等。

三是知识分子利益群体。我国知识分子属于工人阶级的一部分，是专门从事脑力劳动，从事管理、科学、技术、文教等工作，具有一定知识的工人阶级的组成部分，如科技人员、教育工作者、党和国家机关一般工作人员等等。

四是社会领导者和企业管理者利益群体。在社会主义初级阶段，在各级党政机关里的领导者，公有制企业的厂长、经理、负责人，虽然也都属于工人阶级一部分，且许多属于工人阶级中知识分子阶层这部分，但是由于他们所担负社会工作的重要性、工作岗位的特殊性以及他们在社会政治、经济中所处的社会地位和所负的社会责任不同于一般工人、农民和知识分子，所以他们也形成了一个特定的利益群体，如党和国家机关领导者利益群体，公有制企业家利益群体，等等。社会领导者和企业管理者利益群体具有双重性，首先他们是代表了国家利益和集体利益的利益群体，在他们作为国家利益和集体利益代表时，他们不应掺杂有任何个人利益；其次，当他们作为谋取个人生活资料的劳动者时，他们具有本群体特殊的利益要求。在实践上，应当从制度上把社会领导者和管理者的国家利益代表的身份同个人利益的主体身份明确区别开来。

五是民营科技企业的创业人员和技术人员利益群体、个体劳动者利益群体、中介组织的从业人员利益群体、自由职业人员利益群体。从目前来看，这个阶层的人员构成比较复杂，但经济收入都高于一般国有经济及党和国家机关职工的收入。

六是私有经济所有者——经营者利益群体。在社会主义初级阶段，允许一定的私有经济存在，这就必然存在私有经济的雇主和经营者利益群体。既然存在私人经济成分，雇主和经营者的收入中就包含有一部分工人剩余劳动所创造的价值，雇主和雇工、经营者和劳动者之间存在着事实上的雇佣劳动关系。社会主义初级阶段的私营经济雇主和经营者构成一个特殊的利益群体。

七是外资企业、私营企业经理人、代理人、管理者利益群体。改革开放以来我国引进大量外资，在外资企业中代理人、经理人、管理者形成了一个特殊的利益群体。私营企业中的代理人、经理人、管理者也形成了一个特殊的利益群体。

八是社会贫困群体。我们的社会逐步开始形成一个社会贫困群体，这个社会贫困群体是跨阶级、跨阶层的边缘性群体。社会贫困群体是指创造财富、聚敛财富的能力较弱，就业竞争能力、基本生活能力较低的人群，包括：残疾人群、下岗失业人群、部分老龄化人群、城镇贫困人群、少数遭受灾祸的人群、部分退休人群、部分城乡农民工人群、农村贫困人群等。

社会贫困群体的构成：

第一，农民阶级中直接从事农业生产的贫困群体。

我国农村20世纪80年代联产承包责任制改革带来的生产力解放作用已经发挥到一定程度；90年代乡镇企业的发展已到了需再上一个台阶的阶段；近年来粮食及其他农副产品价格持续下降，使得农村从事农业生产的那部分农民的收入下降，据专家估算，20世纪90年代后几年，粮食价格下降了30%多，这对于绝大多数以种植业为主的农民来说，影响到直接收入下降……种种复杂的原因致使在农村中存在一个"弱势"农民贫困人群。

第二，涌进城市的农村剩余劳动力——农民工群体中的贫困群体。

农村实行联产承包责任制以来，解放了农民的生产力，农村中的剩余劳动力开始涌进城市，特别是90年代以来，进城打工的农民已经形成规模，形成了民工潮，现在已经达到了年均过亿人的规模，他们已成为城市建设中的重要力量，但是，他们是以一种不平等的身份进城的，他们实际上已经成为一些产业、行业的主体，如建筑业、采掘业。他们虽然成为工人阶级的一部分，但是他们又没有取得企业正式职工的地位和待遇。他们从事的往往是城市人不愿意干的工作，工作环境差、待遇低、收入低，甚至一些人身权利得不到保障。以上种种原因使得他们中相当一部分成为一个贫困群体。

第三，城市中以下岗失业者为主体的贫困群体。

20世纪90年代以来，随着企业改革和产业结构的调整，我国失业下岗问题日趋突出。在城市中失去职业意味着基本生活来源的断绝，虽然有一定的社会救济金，但与有收入的阶层和群体相比，贫富悬殊比较大。我国城镇形成了以下岗失业者为主的贫困群体。

贫困问题，特别是城镇贫困问题，是我国面临和必须正视的一个现实而重大的问题。据民政部统计，我国目前低于城市居民最低生活保障线，即非通过救济难以维持最基本的生存和生活的城市居民有14971069人，占全国城镇人口的3.9%，占全国非农业人口的4.6%。也就是说，我国城市贫困人口在4%左右，每百位城市居民中有4—5人属贫困者。在全国城市贫困人口中在职职工、下岗职工、企业离退休人员占总数的54%，失业人员占17%，"三无"人员，即无生活来源、无劳动能力、无法定赡养人的占总数的6%，其他人员占23%。[①] 全国贫困人口是按东中西区域依次递增的。

当前我国城市贫困群体致贫的主要原因是：因所在企业原因导致收入萎缩；失业下岗原因所造成的就业和再就业率不高；家庭成员患病致残或家庭发生重大变故；劳动和社会保障政策措施落实不到位；因教育费用膨胀过快而入不敷出等等。

四 社会主义初级阶段利益群体格局的基本特征

在社会主义初级阶段市场经济条件下各个利益群体在根本利益一致的基础上，存在着不可忽视的差别和矛盾，这就构成了社会主义初级阶段市场经济条件下利益群体格局的重要特征。

1. 过渡性

目前我国正处于计划经济体制向市场经济体制交替过渡的改革时期，随着我国经济结构和政治结构的变化，原有的利益结构发生了相应的变化，利益格局正处于一个急剧变化、重新组合的过渡时期。譬如，企业家（管理者）群体、个体劳动者群体逐渐成为利益关系结构的重要成员；私有经济雇主群体已经在利益结构体系中占据一定的位置，许多知识分子充实到各级领导岗位，使社会领导者和企业管理者群体增添了新鲜的血液，等等。原有的建立在旧体制上的利益关系

---

① 参见2002年3月13日《中国改革报》。

结构，不利于利益动力作用的发挥，不利于调动各方面积极性。目前利益关系结构的分化和组合，将逐步会过渡形成最优组合的利益格局，以便充分发挥出利益的动力作用。

2. 多样性

社会主义初级阶段市场经济条件下的利益格局突出表现为利益群体意识和群体行为多样性的特点。所谓群体利益意识，就是受群体利益刺激而形成的不同的利益群体对社会生活各个方面的心理反应。群体利益意识应当包括利益情欲、利益关心和利益认识。复杂的利益关系格局决定了群体利益意识的多样性：首先渴望实现社会主义现代化建设，拥护社会主义改革开放，拥护中国特色社会主义，是各个利益群体的共同意向。其次，各个利益群体存在着不同的利益追求心理和逐利行为。最后，各个不同的利益群体存在着严重的利益分配攀比心理和攀比行为。由于不同的利益群体有不同的利益追求动机，而追求较高的利益又是每一个利益群体的共同心理，于是在利益竞争中就会产生利益攀比。利益攀比有两种类型：一种是积极攀比，通过正常的比较，激起更高的干劲和积极性；一种是消极攀比，即静止地看待不同利益群体在利益结构中的地位，比高不比低，不看长远利益，只比金钱不比贡献，从而产生一种心理错觉，认为只有自己这个群体收入最低，最不合理。一定的利益意识必然导致一定的利益行为趋向。所谓利益行为趋向，就是指由作为心理动机的利益意识所驱动的人的逐利行为的取向。不同的利益群体具有不同的利益趋向，不同的利益趋向使得存在一定差异的利益群体之间产生群际间的磨擦、冲突和矛盾，从而形成复杂的群际关系和群际矛盾。譬如，工农产品差距引起的工农两大群体之间的利益矛盾，私营企业中的雇主和雇工两个群体的利益矛盾,企业家和管理者群体同职工群体之间的利益矛盾,社会领导者同普通群众之间的利益矛盾,等等,多样性的利益意识决定了利益行为趋向的多样化。

3. 差别性

不同利益群体的群际矛盾大量地、经常地发生在分配领域,集中表现为收入上的差距,表现为收入差别所引起的利益矛盾。适当地拉开不同利益群体的利益差别,形成承认不同利益差别、利用合理的利益差别来刺激不同利益群体的积极性的利益结构,是有利于调动积极性的。然而,不适当地、人为地、过于悬殊地拉开不同利益群体的利益差别,使利益群体的分化和组合向着扩大矛盾的方向发展,就会加剧利益矛盾,使利益矛盾激化。例如,在我国改革过程中,传统的经济模式已被打破,新的体制又尚未形成,社会呈现出一些扭曲和过于复杂的经济利益关系。在分配领域,一方面,平均主义的"大锅饭"继续存在;另一方面,某些不合理的非劳动收入又有所膨胀。比如,利用市场机制不健全、国家宏观控制不完善的漏洞,用行贿、以权谋私,假、冒、骗等手段和各种非法途径获取高收入。这样就会使社会利益关系出现许多扭曲的现象,扭曲的利益关系使群际利益关系紧张,乃至爆发利益矛盾和冲突。在社会主义市场经济发展过程中,收入差别拉大,贫富差别拉大成为一个突出的社会问题。

4. 突出性

社会初级阶段生产力落后,市场经济不发达,物质财富不丰富,用于人们需求的物质生活资料显得较为紧张,如果再加上具体分配政策不十分合理,这就会使人民内部的物质利益矛盾显得格外突出和尖锐。

5. 明显性

在社会主义初级阶段，利益群体呈复杂化的格局，群体之间界限分明，利益群体的群体利益要求十分明确，群际矛盾十分明朗。例如，在我国，知识分子具有明确的建立社会主义民主政体的政治意向，具有改善本利益群体生活待遇和工作条件的强烈要求；普通职工群众的注意力则更多地集中在工资、物价和福利待遇的物质利益要求上。

6. 集中性

社会主义初级阶段的利益矛盾往往集中通过干群矛盾表现出来。在社会利益冲突时，相当一部分群众的意见指向、冲突对象都是所在地区和单位的直接领导，利益矛盾相当集中地表现为领导同群众的矛盾。

7. 紧张性

利益关系的紧张化会引起一定的矛盾冲突。利益矛盾常常以直接冲突的形式表现出来，如果处理不当，可能会引起一定的社会动乱。在社会主义初级阶段，利益关系的紧张化往往表现为面对面的直接性冲突。例如，一些群众会因为对就业问题、下岗问题，对住房、工资、物价等各方面的待遇不满，而采取停工、罢课、集体上访、游行示威、冲击政府等直接形式的对抗；一些群众之间会因为财产纠纷、资产分配、土地使用等问题，爆发激烈的纠纷和暴力冲突。如果对这类群体性事件缺乏警惕，处理不当，就有可能酿成更大的社会动乱，影响社会主义的政局稳定和社会和谐。

第十二章

新时期我国工人阶级的重大变化

中华人民共和国成立，工人阶级成为国家的主人和领导阶级，成为推动先进生产力发展、建设中国特色社会主义事业的基本依靠力量。在我国社会主义发展的进程中，工人阶级队伍迅速扩大，文化水平普遍提高，新一代工人大批成长起来，工人阶级队伍的构成、素质、数量以及生产和生活方式等都发生了很大变化，作为工人阶级一部分的知识分子的数量和质量也显著增加。特别是随着我国社会主义改革开放进程的不断推进，工人阶级状况进一步发生了重大变化，队伍不断壮大、素质不断提高、先进性不断增强。从长远来看，工人阶级状况的变化有利于提高工人阶级的整体素质，有利于发挥工人阶级的整体优势，有利于巩固和加强工人阶级的地位和作用。科学地分析工人阶级的新变化，正确认识新形势下工人阶级的主人翁的地位和领导作用，对于加强工人阶级作为领导阶级的地位、巩固社会主义政权、发展社会主义生产力、不断巩固执政党的阶级基础和群众基础，构建社会主义和谐社会，具有十分重要的意义。

一 新时期工人阶级变化的主要特点

在新的历史条件下,工人阶级发生了重大变化,出现了许多新的特点。

1. 工人阶级数量增加、队伍壮大

自1978年改革开放以来,中国工人阶级的数量迅速扩大。全国职工总数在解放初期只有809万人,1978年全国职工总数已达9499万人,2004年已达到10575.9万人。① 他们分别由直接从事生产的工人队伍、知识分子队伍以及党和国家的干部队伍三部分组成。如果将城镇从业人员与乡镇从业人员加在一起,中国工人阶级总量应为42366万人,其在中国社会劳动人口的比例上升到56%。② 现在我国每年新增就业人口1000万人,将有更多的人加入到工人阶级队伍中来。我国工人阶级的分布呈多样化,主要是:(1)公有制企业的工人阶级数量不断增加。国有企业整体实力的提高、集体企业的发展,都使工人阶级队伍不断增添生力军。(2)知识分子队伍迅速增加,为工人阶级队伍增添了新鲜血液。(3)随着第三产业的崛起,在各类服务业工作的职工队伍显著增加。(4)农村乡镇企业的发展,出现了一个亦工亦农、离土不离乡、既是工人又是农民的新型农民—工人群体。到2004年底,乡镇企业从业人员13866万人,乡镇私营企业从业人员2024万人,乡镇个体企业从业人员2066万人。③ (5)农村中大量

---

① 参见《中国统计年鉴(2005)》,中国统计出版社2005年版,第127页。
② 同上书,第120—121页。
③ 同上书,第121页。

的富余劳动力加入到工人阶级的队伍中。改革开放以来,从农村流入城市的农民工,特别是近10年以来数量呈逐渐上升趋势。据统计,全国已有近2亿多农民转移到非农产业上。进城务工的农民工9900万人。就建筑业而言,从业人员3893万人,农民工占3137万人。① 目前我国有2.5亿农村富余劳动力,每年有9900万农民工进城务工,没有固定职业而又从事工业劳动的民工队伍,流动到各行各业工作。农民工从他们开始走出农村的第一天起,就预示着代表中国劳动力就业大军的未来。目前,我国建筑业的90%、煤矿采掘业的80%、纺织业的60%和城市一般服务业的50%的从业人员已是农民工。(6) 随着非公有制经济的发展,民营企业、合资企业、混合所有制企业等非公有制企业职工队伍迅速扩大,目前有1亿多职工在非公有制企业中就业。② (7) 党和国家各级机关中的干部队伍不断增添新鲜血液。

2. 工人阶级整体素质提高,整体优势增强

随着我国生产力现代化水平的不断提高、高科技的不断进入,各个产业中知识技术含量的不断增加,中国工人阶级的整体科学、技术、技能等素质有了极大的提高。现代化生产力的发展,从总体上锻炼、培养了现代化的中国工人阶级,提高了中国工人阶级的整体素养。中国工人阶级整体素质的提高主要表现在两个方面,一是受教育程度的提高;二是科技文化素质的提高。

随着我国教育事业的发展,中国工人阶级受教育的程度逐步提高。高中以上文化程度的占工人阶级总数的70%,小

---

① 参见《中国统计年鉴(2005)》,中国统计出版社2005年版,第125—126页。
② 同上书,第120—121页。

学以下文化程度的仅占3％。具体构成是：不识字或识字不多的职工只占0.5％，小学文化程度的占2.5％，初中文化程度的占25.9％，高中文化程度的占23.1％，中技、中专文化程度的占19.4％，大专以上文化程度的占19.4％，职工平均受教育年限为12.19年，比1992年增加了0.74年。① 随着受教育程度的提高，再加之其他综合因素的作用，工人阶级的文化素质、科技素质、道德素质、思想素质、政治素质等整体素养也有很大的提高。

专业技术人员在工人阶级中的比例愈来愈大，具有专业技术职称的职工比重有较大幅度增加。改革开放20年以来，平均每万名职工中专业技术人员从583.1人增加到1903.7人，增加了2.26倍。② 全国总共有4000万人左右的知识分子。同时，随着社会主义生产力的发展，工人阶级的生活条件、医疗条件等有了极大的改善，中国工人阶级的身体素质也得到了极大增强。原来意义上的工人阶级本身也在不断提高科学文化素质和思想道德素质，产业工人与知识分子越来越融合为一个共同的整体，构成了我国社会主义先进生产力的主体。

3. 工人阶级中知识分子的比重加大，增添了新鲜血液

作为工人阶级组成部分的知识分子，如党和国家机关中的各级干部、技术人员、研究人员、管理人员、医疗人员、教师等所占的比重越来越大，以脑力劳动为主的知识分子阶层成为工人阶级队伍的骨干力量，是先进生产力的主要代表和开拓者，给工人阶级注入了新鲜血液，提高了工人阶级队

---

① 参见赵子平《与时俱进，正确认识国内环境》，《瞭望新闻周刊》2001年第40期。
② 同上。

伍的整体素质。

4. 工人阶级的来源和构成更加多样，内部结构多元化

社会经济结构的变化引起工人阶级内部组成的多元化。1978年以来，随着我国由全民和集体的单一公有制结构向以公有制为主体、多种经济成分并存的所有制结构转变，工人开始从公有制企业向非公有制企业，如个体、私营、股份、混合经济等所有制企业流动和分化。同时，随着产业结构的调整等综合原因，工人阶级的构成成分和来源更加多样化。从产业结构来看，传统产业16920万人，占42.4%，第三产业23011万人，占57.6%，传统产业工人人数比重下降，第三产业工人人数比重有所上升；[①] 从企业性质来看，国有企业6710万人，占16.8%，乡镇集体企业13866万人，占34.7%，私营和个体企业9605万人，占24.1%，公有制企业工人人数比重下降，其他所有制特别是私营经济工人人数比重有所上升；[②] 从职业分工来看，直接从事工业生产的8865万人，占22.2%，直接从事交通运输业的2084万人，占5.2%，直接从事金融业的340万人，占0.85%，直接从事社会管理的2169万人，占5.4%，直接从事科教文卫的2221万人，占5.6%，等等。[③]

5. 工人阶级的收入水平提高，整体生活水平明显改善

改革开放以来，从总体上说，我国工人阶级的收入有了较大幅度的提高，改变了以往经济收入少的局面，家庭财产也得到了较大幅度的增加，生活水平、生活质量普遍持续提高。改革开放20多年来，扣除物价因素，职工平均工资每年

---

① 参见《中国统计年鉴（2005）》，中国统计出版社2005年版，第118页。
② 同上书，第120—121页。
③ 同上书，第125页。

增长4.4%,① 职工工资外收入平均每年增长23.5%,② 财产性收入、知识产权收入逐渐成为部分职工新的经济收入来源,拥有各种财产的工人人数逐渐增多,中国工人阶级已开始告别过去传统意义上的"无产"阶级。

6. 工人阶级在收入方面拉开了差距,发生了一定的分化,出现了失业和下岗的贫困群体

由于多种所有制经济和分配方式的存在,打破了平均主义大锅饭,工人阶级在收入方面拉开了差距,内部发生了一定的分化。工人阶级在收入方面的分化,可以表现为因不同地区、不同所有制企业、不同产业行业、不同职业分工等原因而分化为不同的收入群体,他们之间存在一定的收入差距。譬如,公有制中国有与集体企业工人群体之间存在收入差距,同一性质企业但不同行业的工人群体之间存在收入差距,非公有制企业中雇主群体和雇员群体之间、管理群体与生产群体之间存在收入差距等等。据统计:三资企业中中方管理人员的平均收入与中方普通员工的平均收入差是15倍左右。有直接从事体力劳动的工人群体,有从事脑力劳动的工人群体,有处于管理层的工人群体;有在不同所有制、不同企业条件下就业的工人群体,有处于不同收入层的工人群体,甚至有些工人群体开始拥有企业股份、乃至较大股份,形成了拥有较多资产或财产的工人群体,他们之间存在的收入差距也在逐步拉大。

在工人阶级中间,一方面拉开了收入差距,打破了平均主义,另一方面还存在着机会不均等,劳动投入与报酬不一

---

① 参见《中国统计年鉴(2005)》,中国统计出版社2005年版,第151页。
② 山东省邓小平理论研究中心:《正确认识新形势下工人阶级的主人翁地位》,《人民日报》2001年12月6日。

致的现象。失业与下岗现象是目前我国工人阶级面临的最为直接的问题。据有关专家统计,"十五"期间,全国城镇每年大约有1300万左右的人员失业与下岗。加之目前我国社会保障体系还不够健全,这部分人及其亲属的日常生活往往陷入窘迫状态,下岗和失业职工形成了相对贫困的工人群体。在社会主义改革过程中,一部分工人生活质量下降,处于贫困状态。一些困难企业的职工基本生活难以保障,社会保障进展缓慢,下岗后难以再就业。一些企业拖欠职工工资和医疗费严重,职工中患职业病和工伤比例较高,劳动合同制还不落实,职工权益受到侵害。这些问题直接影响工人阶级的创造性和积极性。改革意味着产业结构的调整、利益结构的调整,意味着一些工人受到不可避免的风险的挑战,这对于我国工人阶级构成巨大的压力。

7. 工人阶级内部竞争加剧,择业自主性增强,岗位流动加快,工人队伍更加年轻化

在社会主义市场经济条件下,工人阶级的整体竞争意识越来越强,内部竞争加剧。改革开放,打破了人员"单位所有制",随着竞争的加剧,职工就业岗位的流动性加大,工人职业自由选择的空间拉大。职工可以在不同所有制单位之间流动,也可以自谋职业。全民所有制企业职工比重下降,非公有制企业职工比重上升。1978年在国有、城镇集体经济单位就业的职工占全国总就业人口的23.7%,而非公有制经济近乎绝迹。2004年仅在非公有制企业就业的职工就占整个工人队伍的25.6%。[①] 自主择业、双向选择的就业方式使劳动者

[①] 根据《中国统计年鉴(2005)》(中国统计出版社2005年版,第120—121页)有关数据计算。

更切实地成为自身劳动力的所有者和支配者，更加显示了主人翁的地位。职工与企业的关系逐步契约化，通过劳动合同的建立和劳动关系的规范，职工参与经济活动的自主性、积极性、竞争性大大增强。据调查，有1/2的职工，主要是年轻职工调动过工作。全国职工平均年龄36岁，职工队伍更加年轻化。① 总之，工人阶级面临着越来越大的压力，他们越来越具有竞争的意识和竞争的能力，越来越充满活力。

8. 工人阶级的领导地位和合法权益得到国家法律的保护，主人翁地位有了进一步的巩固

我国宪法明确规定了我国的国家性质，明确了工人阶级在国家政治生活中的领导阶级地位。随着社会主义法制的健全和完善，初步形成了国家保护劳动者的有关法律法规。现代企业制度的建立，使工人在企业中有知情权、建议权、监督权和参与权。随着改革的深入，中国工人阶级的社会地位在整体上有了较大的提高。现代企业制度的改革、股份制的发展，使得职工代表大会的作用和职工权益在法律上得到明确。公有制企业产权"明晰化"，为职工的主人翁地位提供了更广阔的空间。在政治地位、政治优势方面，工人阶级中的党员人数从1956年的110多万人发展到2200多万人，②许多人被提拔到机关、企业、事业单位的领导岗位上。

9. 工人阶级分成不同的群体

从利益群体角度来划分，当前我国工人阶级队伍内部出

---

① 中宣部理论局编：《干部群众关心的25个理论问题》，学习出版社2003年版，第69页。

② 北京市邓小平理论研究中心课题组：《党员队伍社会成分的历史考察》，《北京日报》2002年10月21日。

现了五个不同的利益群体。

（1）普通工人群体。主要指各类所有制企业生产第一线的职工，包括普通技术人员、中下层管理人员，他们收入不高，属于只拥有劳动力资源的普通劳动者。

（2）以各类企业中的高级职员和高新技术人员为主体的职工群体。他们主要是高新技术企业科技人员，金融保险、证券行业和受聘于外资、港澳台投资企业的高级职员等，他们的收入较高，以技术要素参与生产过程和分配。

（3）党政机关的公务员和事业单位职工群体。

（4）贫困职工群体。主要是指生产经营困难的企业和破产企业中生活缺乏保障的职工群体，下岗失业职工中再就业困难的职工群体，被长期拖欠工资、医疗费的职工群体，等等。这部分人是社会转型期的特殊产物，他们的生活不同程度地遇到困难。

（5）农民工群体。他们是工人阶级的新成员。从农村涌入城市打工，一般从事重、脏、累、险的工作，能吃苦耐劳，但无任何资源优势，收入低，处于城市生活的下层。据全国总工会统计，我国进城务工人员约有9900万人，每年仍以500万人的速度增长。

总之，新时期我国工人阶级主人翁的地位没有改变：（1）从经济基础上看，以公有制为主体，工人阶级和生产资料相结合的主体地位没有改变；（2）在上层建筑中，工人阶级通过其政党中国共产党掌握国家政权，处于领导阶级地位；（3）在意识形态文化上，工人阶级的世界观、道德观和文化占据社会意识形态文化的主导地位。

二 新时期工人阶级存在的主要问题

在社会主义初级阶段,在改革开放过程中,工人阶级面临着新的挑战,存在一些不容忽视的问题。

第一,工人阶级中的一部分职工在企业的具体生产、经营、管理活动中的地位和作用有所变化,主人翁意识在某种程度上有所淡化,劳动的自觉性有所减弱。在国有企业和集体企业中,由于进行了现代企业制度改革,加重了厂长、经理的分量,明确了他们的法人地位,使工人阶级的地位和作用发生了一定的变化。一些一般职工在企业经营方式、分配方式方面,在企业经营决策、技术改造等方面,民主参与的积极性有所减弱,自我感觉仅仅是普通劳动者,主体意识出现弱化的趋势。在公有制企业改制过程中,工人阶级的领导作用和主人翁地位需要通过新的制度和体制来固定,并加以制度化。在混合所有制企业中,工人阶级的地位和作用同样发生了类似的变化。在私营企业中,工人处于雇员的位置,其地位和作用更是处于暂时受支配的地位。总之,由于职工监督企业的体制和机制还没有完全建立起来,使得职工在企业生产、经营和管理中的地位和作用有所下降,被动性较大,使他们感觉自己仅是一个普通劳动力而已,工人阶级主人翁意识有所下降。具体表现为:一是有些地区、有些企业职工付出的劳动支出加大,但收入没有明显增长;二是一部分经济不发达地区的职工以及乡镇企业职工和农民工的工资水平甚至达不到国家所规定的最低工资标准;三是一些职工所享受的退休、养老、医疗、住房等社会保障与救助水平尚不到位;四是出现了相当比例的下岗与失业职工;五是职工的政治地位、职业声望尚需进一步加强。例如，第五、六、七、八届全国人民代表大会的工人代表分别为 26.7%、14.9%、12.4%、11.2%。①

第二，阶级使命意识和集体意识有所淡薄，小团体意识有所增强。由于在社会主义市场经济条件下，突出厂长、经理、技术人员、经营人员的作用和地位，突出经营、管理、技术、资金的重要性，尽管党和国家一直对工人阶级整体给予很高的定位，但一些职工的确产生了主人翁失落感，一些职工的工人阶级的使命感和社会责任感发生某种弱化，先进阶级的责任感有某种程度的淡薄。还有，经营者、管理者与普通职工之间的区别，职工之间的竞争，都影响到工人阶级的整体阶级意识，相当一部分工人关心个人多于关心企业、关心国家。另外，劳动密集型的产业逐渐为现代化的信息产业、高科技产业所替代，工人阶级集体集中劳动的状态有些领域开始让位于注重个体技术、管理作用的生产协作，一方面突出了工人个体的地位和作用，另一方面却又增加了工人阶级的孤独感，减弱了工人阶级的集体意识。再有，由于不同所有制企业的存在、不同分配方式的存在、不同收入的存在以及改革开放以后经济生活的多样化，使工人阶级分化为不同的利益群体。还有，我国工人阶级中的一部分职工的经济社会地位也存在明显的下降趋势。中国社会科学院发布的《当代中国社会流动》研究报告认为，一些产业工人在生产中的境遇和生活中的待遇，值得党和国家高度重视。但是应当看到，以上这些问题都是暂时的，也是可以解决的，出现这些问题决不意味着要降低乃至否认工人阶级的地位和作用，

---

① 参见孙哲著《全国人大制度研究》，法律出版社 2004 年版，第 254—255 页。

决不能从根本上动摇工人阶级的地位和作用。随着目前暂时困难的解决，随着改革开放的逐步深化以及社会保障体系的健全，我国工人阶级肯定会更加适应现代社会生产力的发展，工人阶级的整体素质也会得到提高，在国家社会生活中的作用也会越来越强，其主人翁地位会得到巩固，作用会越来越大，其历史责任感、使命感也会不断增强。

三 对新时期工人阶级变化的正确认识

面对工人阶级队伍发生的新变化与受到的新挑战，需要澄清一些人对工人阶级的模糊认识。

第一，"大批职工下岗失业了，相当一部分工人已经不是领导阶级了"。

认为"大批职工下岗失业，工人阶级已经不是领导阶级了"，这种认识是错误的。首先，工人阶级在我国的领导地位是由我国社会主义制度的性质所决定的。从经济制度上看，我国的经济基础是以公有制为主体、多种所有制并存的经济体制，只要公有制为主体，工人阶级的主人翁地位就不会丧失；从政治制度上看，我国是以工人阶级为领导阶级的人民民主专政的国家，国体性质决定了工人阶级在国家政治生活中的领导地位是不可替代的。其次，工人阶级的领导地位是通过工人阶级的先锋队即共产党的领导而体现出来的。只要中国共产党始终保持其阶级性和先进性，只要中国共产党保持执政的地位，工人阶级的领导地位就是不可改变的。再有，目前我国下岗失业职工只是少数，是工人阶级队伍中的少数，既然是少数，就不会影响到工人阶级的整体地位和作用。不要把工人阶级等同于个别职工个人，也不要把工人阶级等同于某一部分职工群体。工人阶级是一个不断发展的、具体的、历史的范畴，其内涵和外延都具有时代特征，是变化发展的。工人阶级不等于、也不仅仅等于下岗失业的那部分职工，也不仅仅等于工厂中从事第一线物质生产的那部分职工。工人阶级的地位和作用，是相对一个阶级整体而言，是相对于阶级对阶级的关系而言，是相对于国家政权而言，而不是就单个职工或部分职工的地位而言的。工人阶级是集合性、整体性的概念，不是指单个人，单个具体的职工。还有，少数职工下岗失业主要是调整产业结构、发展生产过程中出现的，是发展生产力、发展经济的需要。在我国改革过程中，要用社会主义市场经济体制代替计划经济体制，要建立现代企业制度。在改革过程中，不适应先进生产力发展要求的产业逐步被淘汰，而符合先进生产力发展要求的产业会进一步发展，这种调整和转变是发展先进生产力的需要，是符合工人阶级整体利益和根本利益的。同时，一些不适应先进生产力需要的职工面临着转岗再就业问题，这就难免会出现下岗失业问题。实际上，顺应先进生产力需要的产业结构调整和经济体制改革，是符合工人阶级整体利益的，当然也符合包括暂时下岗职工的根本利益的。在整个社会主义市场经济发展过程中，一部分职工下岗失业是不可避免的，这不会影响工人阶级的整体领导地位。最后，我国党和政府在改革过程中，一直采取积极的政策，对下岗失业的职工采取关心、支持、帮助的措施，帮助他们克服困难，争取再就业。党和政府也正在建立社会主义劳动保障体系，从制度上保证下岗失业工人的生活和利益。

第二，"国有企业建立了现代企业制度，厂长、经理成为法人代表，私营企业的主人是老板，工人阶级不再是主人了"。

认为"改革开放，建立了现代企业制度，发展了非公有制企业，工人阶级不再是主人了，由主人变成仆人"，这个认识也是错误的。工人阶级作为领导阶级，作为主人，并不等于工人直接去管理国家事务，管理企业。工人阶级主人翁地位主要表现为：首先，在公有制经济中，工人阶级的领导地位是通过执政的中国共产党的路线、方针、政策，通过政治的上层建筑，通过政府依照市场经济规律，依据工人阶级的根本利益管理企业来体现，这也同样适用于私营企业和其他所有制企业；其次，工人阶级在企业和社会中的主人翁地位，主要表现为依法享有各种权益。在国有企业中，职工参与企业民主管理的基本渠道是职工代表大会，依据《公司法》，职工在企业中有知情权和建议权，有监督参与权，工会有维护工人群众合法权益的权利，也有履行职工的合法权益的义务。

第三，"私营企业职工是雇员，已不再是工人阶级的一部分了"。

伴随着经济成分的多样化，工人阶级的就业方式发生了很大变化，在非公有制企业就业的职工已超过在公有制经济企业就业的职工。非公有经济中就业的职工多了，是不是党的阶级基础削弱了，私营企业职工不再是工人阶级的一部分了？如果这样看问题，那就错了。工人阶级的先进性是由工人阶级所代表的先进生产力所决定的，并不取决于工人本人就业企业的所有制性质。马克思主义所论证的工人阶级的先进性是与资本主义私有制条件下的大工业生产相联系的阶级性。非公有制经济的职工同公有制经济的职工一样，都是具有阶级先进性的工人阶级。

第四，"新的社会阶层出现，将会削弱和取代工人阶级的地位"。

改革开放以来，我国社会阶级、阶层和利益群体构成发生了很大的变化，出现了民营科技企业的创业人员和技术人员，受聘于外资企业的管理技术人员、个体户、私营企业主、中介组织的从业人员、自由职业人员等社会阶层。这些新的社会阶层虽然也是中国特色社会主义事业的建设者，但是，他们并不构成完整意义上的新的阶级，这是其一。其二，这些新的社会阶层的性质是无法与中国工人阶级的阶级性相比的。中国工人阶级"具有严格的组织性纪律性、革命的坚定性和彻底性等品格"，"是推动我国先进生产力发展的基本力量"。而农民阶级和其他劳动群众同工人阶级紧密团结，是推动我国生产力发展的重要力量，"其他社会阶层是中国特色社会主义事业的建设者"，他们无法取代工人阶级的领导地位。

第五，与传统工业相联系的传统产业职工是落后生产力的代表，是工人阶级中的落后部分；"而知识分子是先进生产力的代表，是工人阶级中最先进的部分"。

该说法不完全符合马克思主义关于工人阶级阶级性的科学论述。首先，工人阶级是伴随着社会化大生产崛起的新的阶级，该阶级的先进性是与大工业生产密切相联系的，是先进生产力的代表。世界经济发展的进程正在由传统的工业产业向着现代化产业发展，在这个发展进程中，工人阶级作为随着社会生产力不断发展而不断进步的阶级，是与整个社会生产的现代化发展连在一起的，工人阶级作为阶级整体，始终是先进生产力的代表。其次，我国生产力的发展状况还是相对落后的，工业化与现代化同时进行，既要保持传统工业，又要大力推进高新技术现代化产业，走新型工业化的道路。因此，我国传统的产业工人作为工业化发展进程中的先进生产力的代表，仍然是工人阶级队伍中的骨干力量。在社会主义现代化建设中，传统产业的工人奋斗在第一线，也是社会主义领导阶级的骨干力量。与传统工业相结合的工人同与高新技术相结合的知识分子一样是我国先进生产力的代表。再次，随着高科技的发展，随着知识经济、信息社会的发展，在工人阶级队伍中的知识分子数量越来越多，作用越来越大。作为工人阶级的一部分，掌握更多知识的知识分子在社会中的地位和作用越来越大，这是社会生产力发展的必然。知识分子作为工人阶级的一部分，不仅不会削弱工人阶级的力量，而且会大大增强工人阶级的力量；知识分子地位的提高，意味着工人阶级地位作用的提高。

第六，"在知识经济和信息社会来临的时代，直接掌握高新技术的知识分子才是先进生产力的代表，其他工人阶级的组成部分不再是先进生产力的代表了"。

这种观点是极其不正确的。首先，工人阶级是一个整体，工人阶级是先进生产力的代表本身也是一个整体性概念。知识分子是工人阶级的一部分，他们掌握先进技术，本身就是工人阶级先进性的体现。其次，工人阶级包括从事直接物质性劳动的产业工人部分，其知识水平和现代科技素质也在不断提高。最后，高新技术与先进生产力还不是一个概念，高新技术要转化成现实的生产力，必须要渗透到现实生产力的各个要素中，这种转化与渗透，离不开生产第一线的产业工人。

第七，"农民工还不是工人阶级的一部分"，"农民工纳入到工人阶级队伍，会降低工人阶级的整体素质"。

"农民工"是我国社会转型的产物，也是向我国工人阶级过渡并纳入工人阶级整体的新的工人群体，壮大了我国工人阶级的队伍。"农民工"已经逐步成为我国工人阶级的一部分，要从宏观政策上提高其地位和待遇，推动其向工人阶级转化。所谓农民工，是有着农民身份的工人，从理论依据看，农民工从事着与工人一样的工作；从收入的形式上看，农民工的收入与原有工人都是工资收入；从生活方式和价值观念上看，农民工进入城市离开农村，生活方式和价值观念都发生了变化。农业部最新调查表明，目前全国外出就业的农村劳动力9900万人，约占农村劳动力的13%，① 成为我国建筑、纺织、采掘和一般服务业的劳动者主体，成为我国产业工人的重要组成部分，中国工人阶级的结构已发生显著变化。目前，在绝大部分传统和新兴行业中，都能看到农民工的身影。与社会化大生产相联系，无论是从数量上还是从属性上，农民工已经成为并继续成为补充中国工人阶级新鲜血液的力量。农民工的兴起，促进了农村产业结构的调整，加速了我国城市化的进程，有利于缩小工农差别、城乡差别、脑体差别，促进社会稳定和谐，促进社会和人的全面发展。

四　必须始终不渝地坚持全心全意依靠工人阶级的根本方针

社会主义改革开放以来，我国实行社会主义市场经济体制改革，所有制结构、分配结构、就业结构、利益结构乃至整体社会经济关系都发生了巨大变化，社会阶级、阶层和利益群体发生了分化、组合，从而也给工人阶级的地位和作用带来新的挑战。但不论如何变化，都没有从根本上改变工人阶级在我国社会生活中的主体地位和领导地位。

---

① 2003年1月16日《人民日报》。

由于我国实行公有制为主体、多种所有制经济共同发展的基本经济制度，虽然一些工人的工作岗位发生变化，但这并没有改变我国工人阶级的地位。发展社会主义市场经济，进行产业结构调整，从长远看，有利于提高工人阶级的整体素质，发挥工人阶级的整体优势。中国工人阶级始终是推动中国先进生产力发展的基本力量，是社会主义国家的领导阶级，是我国先进生产力和生产关系的代表。我国的国家性质、我国工人阶级的历史地位和作用，决定了我们必须始终不渝地坚持全心全意依靠工人阶级的根本指导方针。

工人阶级的地位和作用问题，实质是工人阶级在国家社会生活，特别是经济生活、政治生活、政权执掌过程中的地位和作用问题，是工人阶级在中国社会阶级、阶层和利益群体之间诸关系中的地位和作用问题。中国工人阶级在半殖民地半封建社会，处于被统治地位，受压迫受剥削，作为雇佣劳动者，他们是推翻旧政权的革命者，具有推翻旧社会的历史作用。1949年，中国共产党执政，中国工人阶级上升为统治阶级，成为新政权的领导阶级。1956年，生产资料的社会主义改造完成，建立了社会主义制度，工人阶级从旧的生产关系中解放出来，成为新的经济关系的主人，确立了他们在社会经济生活中的主体地位，在政治上和经济上取得了主人翁地位。

首先，中国工人阶级的地位和作用是由中国社会主义基本经济制度决定的。从经济制度、经济基础上来看，我国是以公有制为主体多种所有制并存的体制，公有制为主体，就从根本制度上保证了工人阶级的主导地位和作用。尽管我国实行了社会主义市场经济，但我国的根本经济制度仍然是以公有制为主体的社会主义经济制度，公有制经济、特别是国有经济在我国整个经济生活中占据着举足轻重的地位，尤其是事关国家经济命脉的领域，是由公有制国有经济占据着主导性的位置。随着现代企业制度的完善、职工大会监督职能的健全，工人阶级主人翁的地位会进一步得到加强。在这种情况下，非公有制经济作为社会主义市场经济制度的重要组成部分，也不可能引发工人阶级主人翁地位的改变。

其次，中国工人阶级的地位和作用是由我国社会主义基本政治制度决定的。从政治制度、上层建筑来看，我国的基本政治制度没有变，是以工人阶级为领导、工农联盟为基础的人民民主专政的社会主义国家，工人阶级依法享有管理国家和社会的各种权利，工人阶级是国家的主人。

还有，中国工人阶级的地位和作用是由工人阶级的先进性所决定的。中国工人阶级是社会化大生产的产物，它是中国先进生产力的代表，是发展先进生产力的基本力量。我们党要始终实践"三个代表"，必然要全心全意地依靠工人阶级。我国工人阶级的阶级性、先进性决定了这个阶级具有严格的组织性、纪律性和革命的坚定性、彻底性，具有优秀的思想道德素质和文化素质，具有较高的劳动技能和创造能力，开创中国特色社会主义事业，必须始终依靠工人阶级。

再有，中国工人阶级的地位和作用也是由工人阶级的构成成分所决定的。从工人阶级构成成分来看，知识分子作为工人阶级的一部分，壮大了工人阶级的队伍，作为工人阶级中代表先进生产力、先进文化、先进管理、先进技术的构成部分，更加提高了工人阶级的整体素质，特别是他们在科学技术领域、经营管理领域、经济生产领域、文化教育领域，发挥着越来越重要的、不可替代的作用，工人阶级的领导地位更不会改变。

最后，中国工人阶级的地位和作用，是由执政的中国共产党的阶级性质所决定的。作为在社会主义中国执政的中国共产党是中国工人阶级的先锋队，它是中国工人阶级的政党，是由中国工人阶级的先进分子组成的。中国工人阶级是中国共产党坚定的阶级基础，中国工人阶级作为领导阶级，其领导作用是通过中国共产党的执政而体现出来的，中国共产党永葆先进性，执政越加牢固，会使工人阶级的领导地位越来越巩固。

随着改革开放事业的深入，工人阶级的领导地位、主体地位、主人翁地位在形式上有所变化，可能在某些地方、某些时候有所削弱，但工人阶级的地位和作用的内涵和实质并没有发生变化。从总体上、主流上、本质上说，工人阶级的社会地位越来越高，社会作用越来越大。必须始终坚持工人阶级的领导地位，进一步发挥好工人阶级的作用。当前，我国进入全面建设小康社会、加快推进社会主义现代化建设的新的发展阶段，在推动经济发展和社会进步的同时，工人阶级自身也在不断发展壮大，不仅数量上有大幅度增加，而且在内部结构上、学历、经历、文化技术素质、思想观念、劳动方式等方面都发生了巨大变化。但这些变化，也都没有改变中国工人阶级的地位和作用。

五 一定要加强工人阶级的领导地位和作用

第一，一定要落实党的全心全意依靠工人阶级的根本方针，切实加强工人阶级的领导地位和作用。

中国工人阶级始终是推动中国先进生产力发展的基本力量，是中国共产党执政的阶级基础，是社会主义改革开放和现代化建设的依靠力量,是社会物质财富和精神财富的主要创造者,是社会主义国家政权的社会基础和核心力量。中国共产党必须始终坚持工人阶级先锋队的性质,始终全心全意地依靠工人阶级,充分发挥工人阶级的作用。

第二,一定要切实维护工人阶级的合法权益,尽可能满足工人阶级的合理需求,努力提高工人阶级的收入水平和生活水平。

在政治上,要切实尊重职工群众当家作主的政治权利,在立法和重大政策制定上广泛听取职工群众的意见,充分体现职工群众的意愿和要求;在制度上要通过制定和完善有关法律、法规和政策,建立健全职工代表制度、平等协商制度、集体合同制度、劳动争议仲裁机制等制度,保障职工的知情权、参与权、监督权,实现工人群众对党、政府、企业、事业工作的有效监督。维护工人阶级的利益,是加强工人阶级地位、发挥工人阶级作用、全心全意依靠工人阶级的关键所在。维护工人阶级的利益,首先必须努力创造更多的就业机会,不断提高工人阶级的收入水平。其次,一定要逐步完善社会保障体系,以协调劳动关系为重点,逐步构筑具有中国特色的社会化、制度化的社会保障体系,特别要帮助解决好工人中下岗失业者等贫困群体。还有,从制度上、法律上切实保障工人阶级在经济方面的合法权益,确保工人群众在国家和企业重大决策和管理中的发言权、监督权、知情权。最后,建立健全工会组织,积极发挥工会作用,通过工会组织团结工人群众、教育工人群众,维护工人群众的合法利益。

第三,一定要加强党的领导,全面提高工人阶级的整体素质。

列宁认为,工人阶级的先进意识靠从外部灌输。要加强党的领导，加强思想政治工作，加强教育培训工作，引导和帮助工人阶级努力学习掌握经济、法律知识和现代化技术，全面提高工人阶级的整体素质。认真学习党的三代领导核心关于工人阶级和工会工作的重要思想，深刻认识中国共产党领导的中国工运和工会工作的历程，加强党对工人运动的领导，保护、调动、发挥广大职工投身改革和建设的积极性和创造性。

第四，一定要发展社会主义民主政治，扩大工人群众参与政治、参与管理的渠道和途径，通过民主与法制的办法，强化工人阶级的地位和作用。

工人阶级是社会物质财富和精神财富的主要创造者，是我党执政的阶级基础，必须通过社会主义民主政治的建设，逐步建立起一整套工人阶级参与政治、管理的规章、制度、办法，靠民主和法制的办法解决和保障工人阶级的主体地位问题。

第五，一定要建立健全工会组织，发挥其积极作用。

"组织起来"是工人阶级实现自身利益的最有效的武器，是发挥工人阶级作用的基本途径。在新的历史条件下，进一步把工人群众组织起来。团结起来十分必要。因此在新的历史条件下，必须大力加强工会工作，建立健全工会组织，积极发挥工会作用，通过工会组织团结工人群众。要不断增强工会组织的吸引力和凝聚力，教育工人群众、维护工人群众的合法权益。注意发挥工会作用，要在非公有制企业中组建工会，把非公有制企业中的职工组织到工会中来，通过发挥工会的作用，与各种损害职工利益的思想和行为作斗争。总之，努力推动我国工运事业的新发展，更好地发挥工会组织作为党联系工人群众的桥梁纽带作用、国家政权的重要社会支柱作用和职工群众利益代表者和维护者等方面的作用。

第六，一定要加强党在工人群众中的工作，积极把工人阶级中的优秀分子吸收到党内来。

工人群众不可能自发地认识到自己的历史使命，不可能自发地接受马克思主义理论，党必须始终做好工人群众的工作，不断对工人群众进行历史使命、主人翁地位和责任感教育，引导工人群众不断提高政治素质。要在组织上重视从企业和生产第一线工人中培养和吸收积极分子加入中国共产党，重视从广大知识分子中培养积极分子入党，以壮大党的骨干力量。

第十三章

新时期我国农民阶级的新变化

中国农民作为我国人数最多的阶级,是中国工人阶级的天然同盟军,是中国社会主义初级阶段的基本劳动阶级,是建设中国特色社会主义,发展社会主义生产力的重要力量,是中国社会主义物质财富和精神财富的主要创建者。中国农民阶级为全国各族人民提供了基本生活资料,他们每年生产大量的粮食、水果、奶、肉类、蔬菜,基本满足人民生活,又为工业发展提供了大量原料,许多产品还支持了外贸。中国农民阶级是维护国家政权稳定的重要力量。中国社会主义现代化的过程就是农业经济向工业经济转变的过程。中国社会主义现代化的过程,离不开农民阶级的奋斗、参加,我国有13亿人口,60%是农民,农民的稳定、农村的稳定、农业的繁荣是国家政权巩固的基础。

在改革开放过程中,随着社会主义市场经济的发展,中国农民阶级发生了新的分化和组合。如何正确认识农民阶级的新变化、新分化、新组合,正确分析农民阶级的新的阶层和利益群体,处理好他们之间的利益关系,引导农民阶级走中国特色社会主义道路,对执政党来说是一个新的考验。

一 中国农民阶级变化的历史过程

在新中国成立之前,中国的农民阶级可以分为贫雇农、中农(上中农、下中农)等阶层,贫雇农是中国农民阶级的主体,中国工人阶级的同盟者主要是指贫雇农。关于中国农民阶级的经济地位、政治态度、阶层划分,毛泽东同志在《中国社会各阶级的分析》中已经作了科学的分析,指明中国农民阶级是中国工人阶级的天然盟友,是中国革命的同盟军。

新中国的成立、社会主义"三大改造"的完成、社会主义制度的建立,使中国农民阶级发生了极大的变化。在社会主义"三大改造"前,经过土地改革,广大贫雇农获得了土地,中国农民阶级由被压迫阶级转变成为自给自足的农业劳动者;中国农村实现社会主义集体化之后,中国农民阶级成为集体所有制条件下的农业劳动者,成为土地的主人、国家的主人;作为贫雇农的对立面,地主阶级作为剥削阶级已经被消灭了;中国农民阶级绝大多数都成为集体所有制的农业劳动者,原有的贫雇农、中农(上中农、下中农)的阶层分野不存在了。

十一届三中全会以来,农村改革,实行了联产承包制,中国农村发生了巨大的变化,这些变化引起了作为集体所有制条件下的农业劳动者的中国农民阶级发生巨大变化:由于实行联产承包制,集体所有制的农业劳动者变成了土地家庭承包的农业劳动者;由于发展乡镇企业,一部分农村富余劳动力转变成为亦工亦农、离土不离乡的乡镇企业劳动者;由于允许农村个体、私营企业以及股份合作制经济发展,一部分农业劳动者变成个体经营者或私营企业经营者或股份合作制企业经理人或股份持有者；由于在农村存在个体和私人企业以及其他非公有制企业，一部分农民受雇，形成了农村的雇员群体；在农村集体企业、个体和私营企业以及其他非公有制企业，还有一部分经营管理人员，形成了企业经营管理人员群体；在乡、镇、村及其相应的党政机构和组织中还有一部分管理人员，形成了农村社会管理者群体；在农村的学校、医院、农业技术推广站等，还有一部分农民知识分子；还有大量农村富余劳动力流入城市，形成农民工群体，作为新鲜血液补充到工人阶级队伍中，等等，所有这些阶层和利益群体都是在改革开放条件下农民阶级所发生的新的分化和组合。

二 新时期中国农民阶级的新的分化

总的看，在社会主义初级阶段，在改革开放和发展市场经济的条件下，中国农民阶级发生了新的分化与组合，形成了一些新的阶层和群体：

第一，农村承包土地的农业劳动者群体。这是指从原来的集体所有制条件下的农业劳动者演变而来的直接从事种植业和养殖业的、承包一定土地的农业劳动者。他们既不是传统意义上的农民，也不是计划经济体制下的农民。传统意义上的农民是自然经济条件下从事一家一户的、以手工劳动为主的个体农业劳动者；计划经济体制下的农民是实行集体所有制的、大寨式工分分配制度的农业劳动者。承包土地的农业劳动者是在土地集体所有制基础上，以家庭承包经营方式从事农业生产，以农业劳动收入为主要经济来源的利益群体。他们对长期不变的、个人承包经营的土地有一定的支配和使用权，有一定的生产自由权和出售农副产品的自主权。土地虽然还是国家的、集体的，但是他们对承包下来的土地，有一定的支配权，有一定的生产、经营的自由权利。在承包土地的农业劳动者中，有一部分人承包了较多的土地，成为农业种植和养殖的专业户，拥有相当的农业生产资料，如农业机器等，有相当可观的收入，有自己的房产和其他生产资料。在这部分农民中间，有一部分已经成为现代农业的经营者，他们既是经营者，又是生产者、劳动者，有一定文化、思想创新、掌握先进的农业技术和科学知识，是现代农业的劳动者和经营者。这部分农民是整个农民阶级具有创新精神、素质较高、代表未来农业先进生产力的群体，是实现农业现代化的主要推动力量。当然，在农业劳动者群体中，还有一部分是传统的农业劳动者，年龄较大、文化较低、女性较多，观念旧、能力弱、收入低。家庭承包土地的农业劳动者群体构成中国农民阶级的主体，是农村从事农、林、牧、渔业的主要从业人员，是农村中的主要劳动力，是农村生产力发展的基础力量，但这部分农民的人数总体上逐年减少。

第二，农村乡镇企业和其他各类农村工商企业中务工的农村职工群体。由于农村改革推动了农业生产力的发展，促进了农村市场的发育，崛起了一批农村企业，形成了一批农村富余劳动力，他们中间一部分转到农村企业，使农民阶级分化出一批亦工亦农的农村企业职工，分布在乡镇集体企业和农村其他各类工商企业之中。他们拥护社会主义，拥护党，拥护社会主义改革开放的一系列政策。随着农村集体性质的乡镇企业的发展、个体经营或私人经营的企业的发展以及其他形式如合营、合资、合股、合伙、合作企业的发展，在农村形成了在各类农村企业就业的职工群体，其中包括一部分私人企业和其他性质的工商业企业的职工群体。他们虽然还是农村户口、农民身份，但已经是从事工业或第三产业的劳动者，尽管他们与农民阶级还有着千丝万缕的联系，但他们已经不是原来意义的农业生产劳动者了。他们主要靠工资为生，以从事第二产业和第三产业为主。当然，还有一部分人的从业带有一定的自发性、季节性、回流性、流动性和临时性。比如，有的年轻女性，趁着年轻到乡镇工厂打工挣点钱，到结婚年龄就回农村出嫁，仍然当农民；有的是闲季出来打工，比如到乡镇企业建筑行业打工，忙季回乡务农等。但不管如何，农村已经形成了一批相对固定的农村各类企业的职工队伍。农村职工与现代化的生产力有一定联系，在长期生产过程中，他们的思想观念、行为方式、生活方式发生了很大变化，素质有很大提高，初步具备了工人阶级的许多优良品质，是从我国农民阶级中分化出的工人阶级的重要补充力量，是推进我国农村现代化的生力军，是我国发展农村企业、推进城镇化建设和农村现代化建设的主力军，是新的代表农村社会主义生产力的部分，他们在农村的作用和地位越来越重要。

第三，农村个体经营者、个体劳动者群体。由于农村改革推动农业生产力的发展，在土地承包经营户中逐步形成了一批个体经营的专业户，如养殖专业户、农副产品加工专业户、农业种植专业户等等，一部分农民成为农村个体经营者、劳动者。他们既是个体经营者，又是个体劳动者。他们有时还要雇工，有可能会逐步向规模经营发展。个体经营业的发展是农村经济的重要补充，有助于农村市场的发育，农村个体经营者、劳动者群体是农村社会主义建设的重要力量。

第四，农村私有经济、其他非公有制经济所有者、经营者群体。随着农村改革的推进、农村市场的发育，成长起一批农村非公有制企业，包括一批私人企业。农村非公有制企业是农村社会主义经济的重要组成部分，这些企业或是由农民合伙、合股、合作或独资办起来的，或是由个体工商户或个体劳动者经营的小型非公有制企业。农村非公有制企业是自行投资、自主管理、自负盈亏的企业，农村非公有制经济包括私人经济的经营者是中国农村社会主义的重要建设者，是发展农村社会主义市场经济的重要力量。

第五，农村知识分子群体。是指在农村从事乡村教育、医疗卫生、文化艺术、体育、科学技术等职业的知识分子，如民办教师、乡村医生、农民文艺工作者、兽医、农业技术员等等。他们本身就是农民，家里有承包的农田，有些还从事农业生产劳动，同时又掌握先进的文化知识，主要从事农村的教育文化科技等脑力劳动，他们是农民阶级当中具有先进文化的部分，是农村先进生产力的代表力量。

第六，农村党政社会管理者群体。这是指乡、镇、村三级基层党组织和政权管理者，如乡镇干部、村干部。他们当中的一部分人完全挣国家工资，属于国家干部，一部分只拿国家部分补贴，属于半脱产干部，一部分享受常年固定补贴和误工补贴。他们本身就是农民阶级的组成部分，是农民群众与党和政府的联系纽带，他们与农民群众有着天然的联系。

第七，农村乡镇集体企业的管理者群体。在改革开放过程中，涌现出一大批集体所有制的乡镇企业，有些企业是集体独资企业，有些企业在改制过程中已经成为股份制企业或混合所有制企业。在这些企业中有一部分管理者群体，他们有的是原来的农村基层干部，有的是以农民身份带头办企业而成为企业管理者的。他们主要依靠企业工资收入，可能还有人有一定的企业股份，其中不乏有一些农民阶级的先进分子。

第八，农村其他从业人员群体。在我国农村还有一批从事农村一家一户的家庭劳动的个体从业者，或其他行业的个体从业者，如泥瓦匠、木匠、铁匠等小手工艺者，还有小商店店员、小货郎等小工商业者，这些人也是农民阶级的一部分，他们所从事的产业对于补充农村社会主义经济也是必要的。

三 中国农民阶级新变化的原因

改革开放以来，中国社会主义初级阶段各阶级当中变化最快、分化最大的阶级就是农民阶级。其原因主要有：其一，体制因素。我国农村原来在计划经济体制下，实行的是单一的集体所有制，农民阶级都是实行集体所有制和大寨式评工记分分配办法的集体农业劳动者。农村政治体制是"党政经"合一的人民公社制度，在这种经济政治体制条件下，中国农民阶级分化、组合、变化都不大。农村改革以后，实行了土地联产承包责任制，打破了计划经济的原有体制，"党政经"合一的人民公社制度被取消了。农民个人在土地集体所有制的大前提下，对土地拥有了一定的使用权和支配权，再加上允许农村多种所有制的发展、多种分配形式的存在，使得中国农民阶级开始发生分化。其二，生产力因素。改革开放极大地调动了农民的积极性，促进了中国农村生产力的发展。农村生产力的发展，使得农村出现了大批富余劳动力，这批富余劳动力流向乡镇企业、商业和农村其他产业，流向城镇，这又是农民阶级发生分化组合的重要原因。其三，市场发育因素。农村体制的改革、生产力的发展、乡镇企业的发展、农村富余劳动力的出现和剩余产品的增加，促使农村市场发展很快，市场化、商品化发展也很快。市场的不断发育使得农村生产资料的配置、资源的配置和劳动力的配置都按照市场经济规律进行，这也是农民阶级分化组合的重要原因。其四，城镇发展因素。小城镇的发展，为农民的职业分化、农民原有身份的改变提供了新的机遇和条件。其五，进取思富思想因素。农民阶级思想观念的变化也是农民分化组合的主观因素。市场观念、竞争意识、致富奔小康的进取心，是农村农民阶级分化的重要思想动机。

四 中国当前农村贫困问题

改革开放以来，中国经济迅猛发展，农村经济发展成绩很大。1985 年全国农业总产值为 2541.6 亿元，1999 年为 14472 亿元，2004 年为 20768.1 亿元，按可比价格计算农业总产值指数为 319.3%。[①] 但在农村经济发展的同时，始终存在农村的贫困问题。

1. 农村绝对贫困与相对贫困并存

所谓绝对贫困是指生活水平处于社会所确定的最低生活线以下，物质来源和各种发展机会奇缺的状况。在我国农村，2003 年按人均年纯收入 882 元的"低收入人口"标准，农村为 5617 万人。这还不包括大量存在的隐性贫困。农村贫困主要表现在两个方面：一是农村居民的贫富差距拉开，一部分农民处于贫困状态；二是农村区域居民收入差距拉开，处于贫困状态的农民大多集中在中西部地区。农村的绝对贫困人口与相对贫困人口并存。

---

① 参见《中国统计年鉴（2005）》，中国统计出版社 2005 年版，第 51、54 页。

2. 农村抗风险能力差，农业经济基础薄弱

我国农村基本上处于靠天吃饭、手工劳动、分散经营的状况，农村生产力较为落后，经济基础薄弱，生产基础设施较差，科技和现代化生产力低下，农村经济比较效益低，再加上农村缺乏完善有效的社会保障体系，农民抵御来自外界的风险较差，进一步加重了农民的贫困。

3. 教育和人文环境较差

农村的思想、道德、价值取向等人文环境较差，社会道德规范的约束力量减弱，农村教育落后，各项社会事业发展滞后，这也是农村贫困的一个重要表现。

4. 农民收入增长趋缓，而支出日益增加，农民负担过重

从1996年农民人均纯收入增长9%以后，从1997年到2003年，全国农民纯收入增幅连续七年没有一年超过5%。2000年最低2.1%，跌至谷底。2001年出现恢复性增长4.2%，2002年达到4.8%，2003年遇到"非典"，实现4.2%，仅相当于同期居民收入增长幅度的一半。2004年，党和国家采取一系列措施，农民人均纯收入增幅达6.8%。[①] 但农民增收难的问题尚没有从根本解决。

5. 农村群体性事件呈上升趋势

近年来，农民上访和骚乱已有相当数量，群体性事件呈上升趋势，规模越来越大，个别地区曾出现过大规模农民反抗事件，农村稳定关乎全国和谐大局。

农村贫困的主要原因是，农村生产力发展缓慢，科技投入少，教育落后，卫生、文化等社会事业建设缓慢，农村基层党组织建设和基层政权建设亟待加强。解决农村贫困，必

---

① 参见《中国统计年鉴（2005）》，中国统计出版社2005年版，第359页。

须重视农业,加大对农业的投入,发展农村生产力和市场经济;加大对农村教育、科技、文化、卫生事业的投入,建立完善有效的农村社会保障体系和公共卫生体系;加快农村经济发展、增加农村收入;减轻农民负担,减免不合理的税费;加强农村基层党组织和政权的建设;实现农村扶贫方式的转变;建设社会主义和谐农村和社会主义新农村。

五 逐步缩小城乡差距,统筹城乡发展,建设社会主义新农村

改革与发展,不仅要着眼于城市,更要着眼于城乡协调,更多地关注农业,更多地关注农村的发展和农民利益的维护和提高。能否实现城乡统筹发展,既关系到社会稳定和整个国民经济的协调发展,也关系到实现全面建设小康社会和社会主义现代化目标的问题。实现全面小康的关键在农村,关键在农民,关键在农业。现在城乡发展不平衡很突出,"三农"问题是制约我国经济社会发展的瓶颈,我国经济社会发展就好比一个大瓶子,"三农"问题就是瓶子口,必须解决好这个瓶子口,才能解决好经济社会全面发展的问题。

我国城乡发展的各项指标差距越拉越大。例如,城乡居民总收入差距持续拉大。城市和农村的收入之比,1978年为2.47∶1,1984年为1.7∶1,1994年为2.6∶1,到了1997年扩大到2.74∶1,2003年扩大到3.24∶1,2004年为3.21∶1。[①] 如果除去福利、实物、成本等因素,只算纯收入,实际收入相差5—6倍。城乡差距拉大,严重影响了农村经济社会全面发展。

---

① 参见《中国统计年鉴(2005)》,中国统计出版社2005年版,第335页。

特别是这几年土地锐减、粮食产量下降，农村社会问题突出。城乡差别拉大的一个重要原因有一个体制问题，是城乡二元结构造成的。所谓城乡二元结构，就是城乡发展存在的一种不对称的组织形式和生产形式，也就是落后的传统农业部门和现代化的经济部门并存，落后的生产和生活方式同现代化的生产和生活方式并存，这种经济社会状态叫城乡二元结构。城市户口与农业户口的刚性规定是城乡二元结构的典型化。解决"三农"问题，从根本上说，必须解决城乡二元结构问题。出路在哪里？就是根据中国的国情特点，逐步实现工业化和城镇化。我们国家现在工业化和城镇化的程度还是比较低的，2002年城市化水平由18%上升到39.1%，比世界平均水平还低10%，更低于发达国家的水平。19世纪初世界城市人口占总人口的2%—3%，20世纪初占13%—14%，目前占50%左右。1850年英国城市化水平达到37%，北美1910年达到41%，日本1938年达到38%，现在发达国家城市化水平达到50%以上。到2020年我国城市化水平可能达到55%，但是到那个时候我国农业人口仍然占全国人口的将近一半。现在我国农业比重比较高，从1978年到2004年由在国民生产总值比重中的28.1%降到15.2%，[1]但总的来讲比重还是过高。当然在城镇化和工业化的过程中，一定要按照比例来推进发展，不能不尊重客观规律地推进发展。解决"三农"问题和城乡差别问题，要走中国特色的新型工业化道路和中国特色的农业现代化道路，必须逐步加大对农业的投入、对农村的投入、对农民的投入，逐步缩小城乡差别，加大社会主义和谐农村建设，建设社会主义现代化的新农村。

---

[1] 参见《中国统计年鉴（2005）》，中国统计出版社2005年版，第51页。

第十四章

一些新的社会阶层和利益群体的新情况、新特点

随着社会主义改革开放的发展,随着社会主义市场经济体制的发展,在我国出现了民营科技企业的创业人员和技术人员、受聘于外资企业的管理技术人员、个体户、私营企业主、中介组织的从业人员、自由职业人员等新的社会阶层(个体户、私营企业主在第十五章专门分析)。新的社会阶层生长于改革开放的年代,顺应生产力发展的要求,服务于中国特色社会主义事业,是我国社会主义初级阶段基本经济制度的产物。社会主义初级阶段是一个相当长的历史进程,公有制为主体、多种所有制经济共同发展是我国社会主义初级阶段的一项基本经济制度,社会主义市场经济体制是我国社会主义发展进程中资源配置的基本形式,这些基本社会条件决定了这些新的社会阶层的产生,决定了他们会长期存在。新的社会阶层是一个特定的阶层,不是一个特定的阶级。他们同"资产阶级"相比,无论是成分构成,还是经济基础、政治态度,都有着本质的区别,他们中的绝大多数是拥护党的路线、方针、政策和社会主义制度的,积极投身改革开放和社会主义现代化建设事业,爱国、敬业、守法,得到了社

会的认可，是社会主义事业的建设者，但是，也需要对他们进行团结教育和引导。

一　民营科技企业创业人员和技术人员

民营科技企业是发展我国高新技术的一支新生力量，它采用灵活多样的产权结构形式，从事科技经济一体化、科技成果市场化、高新技术产业化的开发、生产与经营，在我国社会主义市场经济发展中分量越来越重。民营科技企业的创业人员和技术人员是企业的骨干，他们拥有一定数量的企业股份期权，掌握企业的核心技术和经营管理的专门知识，具有研究、开发和营销的创新能力。民营科技企业的创业人员和技术人员群体是属于知识分子的一部分，但又是从原有知识分子队伍中分化和转化过来的新的知识分子群体，他们是通过利用自身创造的科技成果，加上他们的经营劳动、管理劳动以及个人的一些资本金投入，创办了民营科技企业（有股份制的，有私人合伙制的，也有集体性质的，等等）。在民营科技企业的创业人员、技术人员中，绝大多数是来自教育、科研单位和生产单位的知识分子，掌握相当先进的知识和技术，受到良好的教育，道德水准、文化水准都比较高，具有较强的事业心和开拓精神，是发展高科技产业、发展先进生产力的重要力量。他们中间的核心力量是人力资本、科技创新和经营管理的主要承担者。他们的收入较高，具有一定的财产，拥有高科技产权和生产资料。他们或是民营企业的所有者，或是主要股东、股权持有者，他们在高风险与高利润并存的领域工作，是科学技术转化为生产力的转化者，按照按劳分配和按生产要素分配的原则，他们享有较高的回报和收入。民营高科技企业的创办人员、技术人员、经营管理人员，是体现我国先进生产力的重要社会阶层，是高科技企业的主要从业者，是建设中国特色社会主义的重要力量。

二　受聘于外资企业的中方管理人员和技术人员

外资企业是外国投资者在我国境内依据我国法律而设立的，部分或全部资金是由外国投资者投入的，外国投资者对企业具有相应的所有权、支配权和控制权。受聘于外资企业的中方管理人员和技术人员，各有专长、收入较高，在受雇于外资、为外资服务的同时，对我国吸引国外资金、技术和管理起着重要作用。他们主要来自于：（1）国有企业和事业单位的专业管理人员和技术人才；（2）党和国家机关的管理人才和经营人才；（3）从学校毕业的本科生和研究生、出国留学的归国人员；（4）解放军转业复员的专业技术人员，等等。其一，他们一般年纪较轻，有较高的管理水平、知识水平、专业技术水平，职业道德和整体素质较高；其二，他们是经过激烈的人才市场竞争而应聘进入外资企业的，付出的比较多，工作压力比较大，是从事脑力劳动以出卖知识为主的劳动者；其三，他们的收入比较高，生活水平比较高，拥有自己的房子、车子，子女可以受到良好的教育，他们经常出入高级服务场所；其四，他们在外资企业中率先接受国际先进的管理、经营和技术；其五，他们在与外国人的接触过程中，受外来思潮和文化影响较多，可能会受到西方生活方式的影响，受到外国政治思想的影响，这是消极的一面。

但是他们不同于中国封建社会的买办资产阶级。首先，所处的社会环境不同，中国封建社会的买办阶级，是处于半封建半殖民地的社会制度下，是受帝国主义控制的中国半封建半殖民地社会的产物，而他们是社会主义制度下的劳动者；其次，阶级来源和基础不同，封建社会的买办阶级来源于封建地主阶级、封建官僚，而他们则是从劳动阶级中产生出来的，其本身就是劳动阶级的一员。

三　中介组织的从业人员

社会主义市场经济中的中介组织是改革开放以来逐步恢复和发展起来的，比如公证、质检、计量、会展、会计、审计、咨询等各种服务组织；证券、期货、房地产等交易服务组织；演出、文艺、艺术、职介、婚介等经纪服务组织；商会、协会、联谊会等社会活动和经济活动的社会团体组织，等等。这些组织是市场经济中政府与企业之间、企业与企业之间、企业与消费者之间连接与交往的纽带，起着服务、沟通、公证、监督等多方面的作用。这些组织具有一定的民间性质和商业性质，是社会主义市场经济发展的必然产物。这些组织的从业人员构成了一个特殊的群体，主要包括机关、政府、国有企业单位的转岗人员，大中专毕业生，国外留学归国人员，等等。这些从业人员的收入主要靠中介服务来源或管理费、商贸中介费之类，收入来源既有本人工作技术的因素，也有市场供求的因素，他们的收入在普遍较高的同时也存在一定的差别；再者，他们的个人素质、个人能力、专业技能、职业道德较为优良。当然，他们之间的个人差别也较大，存在有些人素质不高，达不到服务要求，却高收费甚至有违法乱纪的情况。

总体来说,中介组织的从业人员靠提供中介服务劳动获取收入,是社会主义事业的劳动者,是推动社会主义市场经济完善和生产力发展的建设力量。

四 自由职业人员

自由职业人员既不是无职业人士或业余职业者,也不同于个体户,主要是指不供职于任何党政机构、任何经济组织、以个人身份直接在市场交换劳动产品或服务,以此谋生的知识分子和其他劳动者。他们大部分是从原有的知识分子队伍中分化出来的社会群体,是建设中国特色社会主义的特殊劳动者。构成这一群体的人员成分主要是党政机关、部队、企事业单位的转岗知识分子,大中专毕业生、研究生、留学归国人员和自学成才人员。这些人受过良好的高等教育,有的曾经在国外深造过,有稳定的工资收入,在所从事的领域和岗位上是佼佼者。

自由职业人员往往是在市场经济中想通过自由选择职业来证实自己价值存在的人。他们所从事的职业主要有:律师、演员、艺术家、自由撰稿人、独立开业的医生、保健师、运动员、教练等等。他们是通过发挥自己的专长、运用自己的知识,来满足人们的物质文化消费需求,同时获得较高的收入。他们是在国家法律、法规、政策允许的范围内从事自由职业活动,接受政府管理、照章纳税的自由职业者,是受国家认可、鼓励和保护的。自由职业人员是建设中国特色社会主义的特殊劳动者。当然,由于他们是自由职业者,且收入较高,受市场经济体制的利益驱动,可能会产生一些消极的东西,但这只是支流。

五 这些新的社会阶层和利益群体对社会主义建设事业的主要贡献

这些新的社会阶层和利益群体是中国特色社会主义事业的建设者，他们的主要贡献是：

第一，创造社会财富。新的社会阶层和利益群体运用自己所拥有的生产要素，运用自己的知识和能力，直接参与或服务于经济建设，直接参与社会物质财富和精神财富的创造，他们所创造的物质财产和精神财富，构成社会总财富的组成部分。他们既是我国改革开放的实践者，也是解放思想的探索者，他们所从事的行业和企业许多是文化产业和企业，是社会主义思想文化的创造者。他们是重要的纳税人，是国家和地方税收的来源之一，为社会主义建设作出了一定的贡献。

第二，推动生产力发展。新的社会阶层和利益群体，首先是社会主义的劳动者，是以脑力劳动为主、以知识参与为主的劳动者，构成了生产力中劳动者的新成分；其次，在推进生产、从事劳动活动中，将自己所掌握的技术、知识充实到生产过程中，转化成为现实生产力，成为生产力的科技知识部分，增添了生产力的新内容。他们是新的生产力发展的推动者之一。

第三，促进社会稳定进步。新的社会阶层和利益群体通过自己创业的行业和开办的企业，吸引了我国社会上很大一部分劳动力，吸纳了公有制部门和其他所有制部门的一部分富余人员，吸纳了农业和其他产业转型过程中的富余人员，有效地缓解了我国面临的就业压力。

六 关于这些新的社会阶层和利益群体的阶级属性问题

改革开放以来,在我国上述形成的这些新的社会阶层和利益群体,既不是新生的资产阶级,也不是隶属于资产阶级的某个阶层,而是社会主义劳动人民群众的一部分,是社会主义人民群众中形成的新的社会阶层和利益群体。

为什么这么说,理由主要是:

第一,同资产阶级和其他剥削阶级赖以生存的经济基础不一样。新的社会阶层和利益群体是社会主义初级阶段在以公有制为主体、多种经济成分共同发展的经济制度的基础上形成和发展起来的,他们的存在和发展是在"公有制为主体"、"多种经济共同发展"的框架内进行,是有利于社会主义生产力发展的。同私有制条件下的与阶级剥削相联系的资产阶级和其他剥削阶级相比,新生的社会阶层和利益群体赖以存在的经济基础是不同的。

第二,同资产阶级和其他剥削阶级赖以存在的政治制度不一样。新的社会阶层是在人民民主专政的制度下形成和发展起来的,是在社会主义政治制度的框架内从事经营活动的,同资产阶级和其他剥削阶级所赖以存在的剥削阶级的政治制度不同。

第三,同资产阶级和其他剥削阶级赖以产生的阶级来源不一样。新生社会阶层是从我国社会原有的工人阶级、农民阶级、知识分子中产生出来的,他们同旧社会的剥削阶级在阶级来源和组成上是不同的。

第四,同资产阶级和其他剥削阶级的政治态度不一样。

我国社会现阶段的新生的社会阶层是为社会主义制度服务、为社会主义生产力服务的。在我国既不存在支撑新生的社会阶层在政治上单独存在的某种生产方式，也没有形成任何代表他们单独利益的政治组织，他们在政治上的唯一选择只能同广大人民群众站在一起，积极投身中国特色社会主义建设事业中，这既是他们的谋生之道，也是他们唯一的政治选择，同旧社会的资产阶级和其他剥削阶级的政治态度不同。

第五，同资产阶级和其他剥削阶级不同，他们都是社会主义条件下的劳动者。新的社会阶层和利益群体，绝不是资本主义条件下不劳而获的寄生虫，他们虽然有非劳动行为，但更有劳动行为，他们获取的利润中有一部分来自其他劳动者的剩余劳动，但同时，他们又是实实在在的劳动者，更有自己劳动创造的价值。他们的经营劳动、科技开发和创新都是构成社会财富的重要来源。总之，他们同私有制社会的资产阶级和其他剥削阶级所处的社会环境不同，因而他们不是新生的资产阶级，也不是隶属于资产阶级的新的社会阶层。

当然对新的社会阶层和利益群体要加强社会主义教育、引导和批评。

第十五章

非公有制经济人士阶层的形成及特点

社会主义改革开放以来，随着以公有制为主体、多种所有制并存的经济体制格局的形成，非公有制经济也得到了迅速发展，形成了非公有制经济人士这样新的社会阶层，其作用和地位迅速上升，该社会阶层大体包括三部分：一部分是私营企业主；一部分是股份制企业或其他形式民营企业的重要股份持有者和经营者；一部分是个体经营者和劳动者。

一 正确看待非公有制经济人士，是对当前中国社会阶级、阶层和利益群体正确认识的重要课题

如何正确看待新的历史条件下出现的非公有制经济和非公有制经济人士，是建设中国特色社会主义必须解决的一个重大理论和实际问题。如何看待非公有制人士，首先必须解决正确看待非公有制经济。

非公有制经济是中国社会主义改革开放的产物。20世纪80年代前期，由于家庭联产承包制的推行，出现了专业户和个体户，随着资产的积累和农村剩余劳动力的大量涌现，较

大规模的雇工经营也开始运作起来。城市个体工商户也开始出现。20世纪90年代私营经济开始迅速发展。1992年，邓小平南方谈话发表后，大批文化水平较高的原党政机关干部、专业技术人员、国营企业的管理者开办私人企业，私营企业有了更大发展。在如何看待非公有制经济问题上，党内和社会上存在着严重分歧，焦点集中在非公有制经济是姓"社"还是姓"资"的争论上。我们党解放思想、实事求是，一切从实际出发，逐步深化了对非公有制经济的性质、地位和作用的认识，充分肯定非公有制经济在发展社会主义市场经济、推进社会主义生产力发展中所作出的积极贡献。1982年，党的十二大提出，"个体经济是公有制经济必要的、有益的补充"。1987年，党的十三大指出，"私营经济也是公有制经济的必要的，有益的补充"。1992年，党的十四大指出，"以公有制包括全民所有制和集体所有制经济为主体，个体经济、私营经济、外资经济为补充，多种经济成分长期共同发展"。1997年，党的十五大指出，"公有制为主体、多种所有制经济共同发展，是我国社会主义初级阶段的一项基本经济制度"，"非公有制经济是社会主义市场经济的重要组成部分"。2002年，党的十六大指出，"必须毫不动摇地巩固和发展公有制经济"，"必须毫不动摇地鼓励、支持和引导非公有制经济发展"。从"必要的、有益的补充"到"重要组成部分"，再到"毫不动摇地鼓励、支持和引导"，体现了我们党对非公有制经济的地位和作用的长期探索认识过程，也标志着党对非公有制经济认识的成熟。

在如何看待非公有制经济人士特别是私营企业主的社会性质和政治属性问题上，党内和社会上更是看法不一。有的说是劳动者，有的说是爱国者，也有的说是剥削者，还有的说是新生的资产阶级。我们党在对非公有制经济人士的社会性质和政治属性问题认识上，既坚持马克思主义基本观点，又采取解放思想、实事求是、与时俱进的态度，具体问题具体分析，逐步形成了对非公有制经济人士的科学认识。在20世纪80年代，党就注意将我国大陆范围内的非公有制经济人士，区分为个体工商户和私营企业主两个利益群体，并明确个体工商户属于社会主义劳动者。而对私营企业主群体的社会性质和政治属性的判断则采取了十分审慎的态度。1985年，邓小平同志指出，在改革开放条件下，个别资产阶级分子可能会出现，但不会形成一个资产阶级。[①] 1988年4月通过的宪法第一个修正案规定："私营经济是社会主义公有制经济的补充。国家保护私营经济的合法的权利和利益，对私营经济实行引导、监督和管理。"[②] 1991年，中央在批转中央统战部《关于工商联若干问题的请示》的通知中指出，对现在的私营企业主，不应和过去的工商业者简单类比和等同，更不要像50年代那样对他们进行社会主义改造。1999年3月通过的宪法第三个修正案规定，国家保护个体经济、私营经济等非公有制经济的合法的权利和利益。国家鼓励支持和引导非公有制经济的发展，对非公有制经济依法实行监督和管理。[③] 2000年，江泽民同志在全国统战工作会议上的讲话和中央下发的《关于加强统一战线工作的决定》指出，私营企业主等非公有制经济人士"是有中国特色社会主义事业的建设力量"。[④] 在2000年12月31日下发的《中共中央关于加强统一战线工作

[①] 参见《邓小平文选》第3卷，人民出版社1993年版，第111页。
[②] 《十三大以来重要文献选编》（上），人民出版社1991年版，第216页。
[③] 《十五大以来重要文献选编》（上），人民出版社2000年版，第809页。
[④] 2000年12月5日《人民日报》。

的决定》指出,非公有制经济人士"是有中国特色社会主义事业的建设力量"。在2001年7月1日的"七一"讲话中,江泽民同志进一步明确指出:"改革开放以来,我国的社会阶层构成发生了新的变化,出现了民营科技企业的创业人员和技术人员、受聘于外资企业的管理技术人员、个体户、私营企业主、中介组织的从业人员、自由职业人员等社会阶层。""在党的路线政策指引下,这些新的社会阶层中的广大人员,通过诚实劳动和工作,通过合法经营,为发展社会主义社会的生产力和其他事业作出了贡献。""他们与工人、农民、知识分子、干部和解放军指战员团结在一起,他们也是中国特色社会主义事业的建设者。"2002年,江泽民同志在党的十六大上进一步明确指出,私营企业主等新的社会阶层"都是中国特色社会主义事业的建设者",这个说法标志着私营企业主等新的社会阶层是中国特色社会主义事业建设者的科学论断正式形成。

我们党关于私营企业主等新的社会阶层是中国特色社会主义事业建设者的论断,鲜明体现了时代特征,准确反映了私营企业主等新的社会阶层的客观实际,已经并将继续被实践证明是马克思主义的科学论断。

我们党在新民主主义革命时期,主要任务是革命,无论以什么方式投身革命事业的人,都可以称之为革命者。在社会主义建设时期,主要任务是建设,凡是积极投身社会主义祖国建设事业的人,都可以称之为建设者。改革开放以来,我国非公有制经济快速发展,非公有制经济人士队伍不断扩大,到2003年底,全国个体工商户达到2353.19万户,年创产值8740.88亿元,私营企业达到300.55万户,年创产值

18964.5亿元。[①] 他们在党的路线方针政策指引下，积极参加中国特色社会主义事业伟大实践，为建设中国特色社会主义事业作出了重要贡献，以实际行动证明自己是中国特色社会主义事业的建设者。

第一，为社会经济增长作出了贡献。个体私营经济对GDP的贡献率，从1989年的0.57%增长到2002年的22.76%，成为国民经济新的增长点。个体私营经济实现的社会消费品零销总额2002年达到2.8万亿元，占全社会消费品零售总额的70%，极大地活跃了市场，方便了人民生活，满足了人民的多样化需求。个体私营经济2002年纳税额达1900多亿元，约占全国税收总量的10%。[②] 非公有制经济为繁荣经济作出了越来越大的贡献。私营个体生产总值占20%，且以每年50%的速度增长。沿海地区私营企业纳税占50%，浙江、广东高达80%，同时以70%的速度递增。

第二，为社会进步作出了贡献。随着改革开放的深入和非公有制经济的发展，私营企业主等非公有制经济人士直接参与了科技、教育、文化、卫生等方面的建设，他们当中也有许多人致富后，通过捐资捐助等多种形式支持社会福利和公益事业的发展，推动了社会进步。到目前为止，全国共实施主要由非公有制经济人士参与推动的光彩事业项目9765个，到位资金523亿元，培训人员200万人，安排就业210多万人，帮助459万多人摆脱了贫困，被联合国有关组织作为一种新型的扶贫开发模式向国际社会推广。

---

① 参见黄孟复主编《中国民营经济发展报告（2004）》，社会科学文献出版社2005年版，第396页。

② 参见张厚义、明立志、梁传运主编《中国私营企业发展报告（2003）》，社会科学文献出版社2004年版，第6、24页。

第三，为社会稳定作出了贡献。个体私营经济以其独特的优势，不仅成为国民经济发展的新的增长点，而且成为安置国有企业下岗职工、农村剩余劳动力和吸纳社会新增劳动力的重要渠道。据统计，到 2004 年底，全国个体私营企业就业人员达到 9604.4 万人，平均每位私营企业主除自己外，创 12.7 个就业岗位。① 成为我国劳动力就业的重要渠道，有助于社会稳定和进步，为维护社会稳定作出了贡献。

第四，为社会团结作出贡献。关于私营企业主等新的社会阶层是中国特色社会主义事业建设者的科学论断，是对马克思主义科学社会主义理论的重大创新和发展，对党和国家各项事业都将产生广泛而深刻的影响。特别是，对于我们党巩固发展最广泛的爱国统一战线，为中华民族伟大复兴增添了新的力量。这几年已安排私营企业主担任各级人大代表 9000 多名，各级政协委员 3 万多人。②

总之，新的社会阶层是中国特色社会主义事业的建设者，为社会主义建设事业作出了重要贡献。当然，另一方面，私营企业主等非公有制经济人士队伍构成比较复杂，素质参差不齐，有的还存在着某些缺点、弱点，甚至不法行为。我们还应当看到他们不足的一面。江泽民指出："非公有制经济人士中也存在着缺点、弱点和某些不法行为"，必须加强"团结、帮助、引导、教育"。这些也是我党对待非公有制人士的基本态度。因此，必须按照"团结、帮助、引导、教育"的方针，切实加强对私营企业主等非公有制经济人士的思想政

---

① 参见《中国统计年鉴（2005）》，中国统计出版社 2005 年版，第 146、148—149 页。

② 参见陈喜庆《新的社会阶层理论的提出及现实意义》，《天津日报》2004 年 1 月 12 日。

治工作，引导他们爱国、敬业、诚信、守法，做合格的中国特色社会主义事业建设者。

二 私营企业主也是社会主义的建设者

私营企业是社会主义市场经济的重要组成部分。随着我国改革开放事业的进展、社会主义市场经济的发展，私营经济有很大的发展，新生长出一个私人企业主阶层。据国家工商行政管理局统计，2004年底，全国登记的私营企业主户数300.6万户，私营企业主人数772.8万人，雇佣员工3315.8万人，注册资本总额35304.9亿元。他们是建设中国特色社会主义事业的特殊阶层，在社会主义经济、政治生活中的地位、作用和影响不断扩大。

在我国现阶段，私营企业主还没有形成一个独立的阶级，不是"中产阶级"，更不是新生的资产阶级。纵观历史，每个社会都有最基本的生产方式，也存在非基本的生产方式。基本生产方式产生基本阶级，但非基本生产方式也会形成一些过渡性的阶层和利益群体。马克思在研究资本主义社会时指出："在英国，现代社会的经济结构无疑已经有了最高度的、最典型的发展。但甚至在这里，这种阶级结构也还没有以纯粹的形式出现。在这里，也还有各种中间的和过渡的阶层到处使界限规定模糊起来。"[①] 在我国社会现阶段，"公有制为主体"决定了我国社会工人阶级和农民阶级两大基本阶级客观存在，"多种所有制并存"决定了在这两大阶级之间还会产生一些中间或过渡性的阶层和利益群体。

---

① 《马克思恩格斯选集》第2卷，人民出版社1995年版，第587页。

私营企业主在我国已构成一个相对独立的社会阶层。我国私营企业自20世纪80年代以来有了高速发展并呈加速发展的趋势，私营企业主人数已在数量上积累了一定规模，构成整个社会结构中一个特定的社会阶层了。见下表：

私营企业的基本情况[①]

年份	户数（万户）	投资者人数（万人）	雇佣人数（万人）	注册资金（亿元）	工业产值（亿元）	社会商品零售额（亿元）
1989	9.1	21.4	174.6	84.5	89.2	33.7
1992	14.0	30.3	201.5	221.2	189.4	90.7
1995	65.5	134.0	822.0	2621.7	2036.1	1006.4
1998	120.1	263.8	1445.3	7198.0	5018.7	3059.3
1999	150.9	322.4	1699.2	10287.3	6521.7	4191.4

第一，私营企业主是私人资本的所有者、投资者，他们所投入的资本金与劳动力相结合，会产生剩余价值，因此他们又是或多或少的剩余价值的占有者。

第二，在公有制占主体地位的条件下，随着社会保障制度的建立和完善，在人民民主专政的政治制度下，任何人单凭对生产资料的私人占有或所有，是不能构成对他人劳动的强制性、奴役性和剥夺性的。雇主与雇工之间的合作与共同利益是他们之间关系的主流。

第三，在社会主义条件下，多数私营企业主不仅是企业的所有者，还是企业的经营者、管理者。随着生产力的现代

---

① 参见张厚义、明立志主编《中国私营企业发展报告（1978—1998）》，社会科学文献出版社1999年版，第60页；木志荣著《中国私营经济发展研究》，厦门大学出版社2004年版，第56页。

化发展，经营、管理也是生产力中的一部分，经营活动、管理活动也是重要的、不可或缺的劳动活动，是社会总劳动的一个组成部分，从这个意义上说，他们和雇员一样付出心血、体力、智力，或付出劳动。且多数私营企业是通过艰难的创业历程逐渐发展起来的，多数企业主兼投资者、经营者、管理者乃至具体员工于一身，承担着创业、经营风险，不是传统意义上的剥削者、食利者。

第四，就总体来说，我国私营企业主的收入主要来源是管理劳动收入、经营收入、风险收入和资本收入，资本收入是其组成部分。且他们中间的一部分人热衷于公益事业、捐助社会，如助学、助残、扶贫等等。1999年共有3508位企业家投资105亿元，捐资办学及其他社会公益事业12亿元，扶助192万贫困人口解决温饱问题。①

第五，私营企业主中还有一些政治上先进的优秀分子。广大私营企业主与工人阶级和广大劳动人民一道为建设中国特色社会主义事业作出了贡献，他们中间有相当数量的党员，有原农村党员和党员干部、原公有制企业中的党员和党员干部，还有原党政机关、文教事业、解放军、科研机构中的党员和党员干部。私营企业主中19.8%是党员，承认党章，交纳党费，参加党的活动，执行党的决议。其中相当多的人不忘自己是共产党员的身份，忠实于党的理论和路线，积极支持党的组织在私营企业中建立组织开展活动，在一定范围内起到了模范作用；他们同旧社会的资本家阶级不同，既不是从旧社会资产阶级转过来的，亦不是国外资产阶级转过来的，

---

① 参见木志荣著《中国私营经济发展研究》，厦门大学出版社2004年版，第71页。

也不是帝国主义和平演变的产物；他们中的一些人比较关心政治、国家大事，对参政议政有一定的积极性和热情，通过各种渠道参与社会活动，并在一定范围内发挥作用。他们有些人热心公益事业，乐善好施，为群众做一些好事，有的不仅是遵纪守法的好公民、经营得法的企业家，而且有的还提出入党要求。

第六，从资本来源、阶级来源来看，私营企业家主要来自于合法收入，来自于劳动人民群众。从资本来源来看，他们的大多数资金是由合法经营、合法劳动积累起来的。据浙江省委党校课题组对浙江私营企业的调查（2002年第13期《社会科学报》），90%以上的私营企业主曾是社会主义劳动者；51%的私营企业是从国有企业、城镇集体企业、股份制企业、股份合作制企业和联营企业等企业演化而来的；56%的原始资本来源于劳动经营所得，20.6%的原始资本来源于亲朋好友，16.5%的原始资本来源于向银行、集体、信用社、私营企业的借贷。从阶级来源看，他们是从工人、农民、转业退休军人、机关干部等中分化出来的。在改革开放的过程中，他们下海经商，适应市场的变化，发展起来了。

第七，一部分私营经济发展形成混合所有制经济或股份制经济，成为上市公司，吸引社会公众股，从而使员工、业主、社会公众与企业形成共同体，使私人资本和公有资本结合，发展成为社会资本，一些私营企业主成为社会资本的股份拥有者和经营者。

第八，他们对发展社会主义市场经济，发展社会主义生产力作出一定贡献。

在现阶段，私营企业主不是"中产阶级"，也不是独立的、新生的资产阶级，只是一个新的社会阶层，当然不排除个别资产阶级分子的产生。在整个社会主义初级阶段，私营经济会长期存在并会快速发展，私营企业主也会长期存在。社会主义国家掌握着国家经济命脉，掌握阶级关系的主动权，只要社会主义制度不改变，利用社会主义制度的优势，处理好效率与公平的关系，保证社会公平，防止两极分化，私营企业主就不可能发展成一个独立的阶级。这是因为，首先，他们是同占主体的基本的生产方式相联系的。我国现阶段，占主体的是公有制经济，公有制经济制度是我国现有的基本生产方式，私营企业主所经营的私营企业是在基本生产方式框架下从事经济活动的。其次，他们没有占主体地位的经济基础。资产阶级是同资本主义私有制相联系，并以资本主义私有制为基础的。与占主体地位的公有制经济相比，私营企业主没占主体的经济基础。再次，他们同剥削阶级原有的社会联系纽带没有天然的联系。我国的私营企业主同旧社会的剥削阶级和世界上的剥削阶级并没有天然的联系，他们多数来源于我国原有的劳动人民群众。最后，他们没有形成自己独立的阶级意识和阶级主张。在现阶段，我国私营企业主并不是一个独立的阶级、没有自己独立的阶级要求和阶级意识。

三　私营企业主具有二重性

当然，在私营企业主中也有一些人表现不好，给社会主义建设带来一些消极影响。例如，私营企业主利用私人占有的生产资料进行以赢利为目的的雇工经营，占有一定的他人的剩余劳动，在这种利益驱动下，可能会出现唯利是图、违法违规经营、掺杂使假、欺行霸市、扰乱市场的现象；可能会出现用重金、美色等手段行贿拉拢腐蚀干部，甚至争夺政治权力的现象；可能会出现违反国家法律，欺压雇员的现象；可能会产生生活侈靡，包养"二奶"，把腐朽的生活方式和思想方式带到社会上，带坏社会风气的现象；可能会出现为了利润，而经营"黄"、"毒"、"赌"，毒化社会环境的现象；还可能出现勾结黑社会势力，横行乡里等等现象。尽管这些人和现象是少数，尽管这些现象不仅仅发生在私营企业主身上，但这些现象毕竟反映了私营企业主阶层消极的另一面。

私营企业主阶层具有二重性。一方面，他们的经营管理劳动具有创造价值的属性，他们的管理、经营劳动是社会化大生产中"总劳动"的一部分，是他们的创新能力、管理能力、技术能力、知识能力的体现，因而他们收入的一部分是劳动收入。再有，他们所有的要素收入、资本收入，也有一部分是他们原有的劳动收入带来的。另一方面，他们的收入中也有一部分是占有别人剩余劳动的收入，这就具有剩余价值的性质了。应当看到在人民当家作主的社会主义社会，从整体上讲，不存在一个无偿占有劳动者剩余价值的资产阶级。在社会主义制度下，国家控制着经济命脉，工人阶级与私营企业主之间的矛盾不是根本对立的敌我矛盾，而是在根本利益一致条件下的人民内部的利益关系。

关于对剩余价值问题的认识，既要坚持马克思劳动价值论的基本原理，又要结合新的实际深化对劳动和劳动价值论的研究和认识，有所创新。马克思认为商品价值是人类一般的无差别的抽象劳动创造的，活劳动是价值的唯一源泉。深化对劳动价值论的认识，并不是否定劳动价值论，用要素价值论取代劳动价值论。

深化对劳动价值论的认识，首先必须深化对劳动范畴的认识。由于高科技的迅猛发展，劳动本身已发生了新的变化。从体力劳动为主转向脑力劳动的成分越来越大，从一般的重复性劳动为主转向创新劳动的成分越来越大，管理、经营日益成为劳动的一部分。即使在资本主义制度下，管理、指挥、监督等形式的劳动也具有二重性，一方面它和社会化大生产相联系；另一方面，作为资本家对工人的监督管理，又具有剥削性。在我国社会主义条件下，私人企业主阶层产生的社会背景与资本主义原始积累时期的资产阶级不同，资本主义是在暴力掠夺的原始积累的基础上靠残酷榨取工人剩余价值而积累起来的。

私营企业主的生产资料所有权具有二重性：一方面，占有和支配权属于私人；另一方面，生产资料的实际运作结果又直接贡献于社会，有利社会的发展。我国现阶段的私营企业的确存在雇佣关系，但是一种特殊的雇佣关系。雇主和雇员在政治上是平等的。

一般地说，我国社会现阶段的私营企业主的二重性首先表现在劳动及其收入上。一方面，他们有参加劳动的一面，不少私营企业主运用他们掌握的知识与技术，参与科学的经营管理，使企业得到发展，获得利润，为社会创造了财富，可以说，他们付出了劳动，甚至是复杂的、创造性的劳动。这部分收入，可以视为劳动收入，这是他们作为建设者的一重性。另一方面，他们还有占有他人剩余劳动的一面。我国私营企业主的收入可以分三部分：第一部分是经营管理劳动和科技创新的收入；第二部分是风险收入；第三部分是非劳动收入。非劳动收入概念很宽泛，一切不是直接劳动收入，包括利息、股息、受赠、继承以及占有他人劳动的收入等等，都可以算作非劳动收入。不能片面地、静止地看待企业主的非劳动收入。当然也不可否认，非劳动收入中也有一部分是占有剩余价值的收入。非劳动收入不等于剥削收入，剥削收入只是非劳动收入的一部分，非劳动收入还包括生产要素投入方面的收入、储蓄利息收入、股票收入、遗产收入、彩票收入、赠与收入等等。当然，私营企业主还有部分占有他人剩余劳动的收入。

其次，私营企业主的二重性，不仅表现在他们的劳动及其收入上，还表现在其他一些方面。

其一，私营企业存在税收漏洞。

目前私营企业主纳税比例较低。随着私营经济在整个经济活动中所占比例越来越高，但事实上所交纳工商税的增加速度远远被甩在了后面，实缴额与应缴额客观上越差越远。十年之中，二者差额之和在3000亿元水平上，相当于1998年私营企业全部注册资金的40%（参见下页表）。①

其二，私营企业的劳资矛盾。

分析私营企业的劳资关系，首先要分析私营企业的利益分割。据2000年对191家私营企业的调查表明，1999年全体工人从该191家企业领取工资总额65.2万元。而据对企业主的利润分红统计，企业主与工人收入差为19.7倍。私营企业的雇工来源主要为农民工和城市下岗工人、大中专毕业生、城市居民、党政机关中自愿下海者等等。雇工的总体待遇低于国营企业，譬如在医疗养老保险、住房基金方面；在劳动保护方面措施也不尽到位；一些产业工资低、劳动时间过长、拖欠工资，甚至出现体罚、打骂、限制人身自由、侮辱人格等现象，这往往成为导致劳资公开冲突的导火线。

---

① 参见木志荣著《中国私营经济发展研究》，厦门大学出版社2004年版，第67页。

私营企业纳税情况估算

年份	占工业总产值比例（%）		占社会消费品零售额比例（%）		占工商税收比例（%）		私营企业实际纳税（亿元）	估算私营企业应缴税额（亿元）	应缴税额是实纳税额的倍数
	国有企业①	私有企业②	国有企业①	私有企业②	国有企业①	私有企业②			
1989	56.06	0.41	39.10	0.42	67.95	0.06	1.1	10.4	
1990	54.61	0.47	39.59	0.52	68.59	0.10	2.0	14.3	7.2
1991	52.94	0.48	40.19	0.61	68.29	0.16	3.4	15.8	4.6
1992	48.09	0.51	41.29	0.83	66.97	0.20	4.6	21.5	4.7
1993	43.13	0.72	37.52	1.53	63.56	0.26	10.5	64.8	6.2
1994	37.34	1053	31.93	3015	63.04	0.37	17.5	183.7	10.5
1995	33.97	2.22	29.85	4.88	59.74	0.65	35.6	342.9	9.6
1996	36.32	2.86	27.23	5.89	54.69	1.11	60.2	383.4	6.3
1997	31.62	3.03	23.28	6079	56.33	1.32	90.5	658.3	7.3
1998	28.24	4.22	20.65	10.49	54.05	1.89	163.8	1362.9	8.3
合计							388.2	3058.0	7.8

要注意私营企业主的二重性，加强对他们的教育和引导，使他们不仅成为社会主义物质文明的建设者，而且成为社会主义精神文明的建设者。

四 城乡个体经济经营者和劳动者的特点

城乡个体经济经营者和劳动者是改革开放以来最先出现的、人数较多的社会阶层。他们主要从事第三产业，服务于人们日常生活以及社会生产的需要，靠自身经营、自身劳动获得报酬，是建设中国特色社会主义事业的特殊的劳动者。

随着社会主义市场经济的发展,从事个体经营和劳动的人员队伍越来越庞大,成分也越来越复杂。从行业分布来看,主要从事小型制造业、建筑业、运输业、饮食业、修理业、商业、服务业等传统产业,以及电脑维修、人才培训等新型产业;从规模上来看,以小型规模、小本经营为主;从人员构成来看,主要有农村剩余劳动力、城市下岗工人、各类专业人员以及机关、国营企业、教科文卫事业单位的转岗工作人员。城乡个体经济经营者和劳动者主要分为城市个体户和农村个体户两大类。多数是以个人合法经营、辛勤劳动为生,他们既是经营者,又是劳动者,在收入、观念上与普通劳动者相近,属于普通劳动群众。但他们又不是普通劳动者,有一定资金和生产资料,个人收入又较一般普通劳动者高,但又由于规模小、本金少、技术含量低,直接承担社会风险,职业压力比较大。改革开放以来,城乡个体经营者和劳动者队伍不断扩大,对活跃人民生活,促进经济、社会的稳定发展起着十分重要的作用。当然在个体户发展中也存在一些问题,比如逃税、漏税、生产销售假冒伪劣产品、欺行霸市、欺骗顾客、违法经营等等,需要加以引导和教育。

第十六章

我国社会现阶段中等收入者的状况与特点

党的十六大从构建社会主义和谐社会的高度,提出以共同富裕为目标,扩大中等收入者比重,提高低收入者收入水平的重要治国方略。扩大中等收入者的比重,是第一次写入党的文件,在党的文献中也是第一次这样阐述的。扩大中等收入者比重是全面建设小康社会的重要内容,这将对我国社会稳定和谐发展产生深远的意义。

一 西方学术界的"中产阶级"概念

早在2000多年前,亚里士多德在对古希腊城邦社会进行分析时,就曾指出,一个两头小、中间大的社会结构是最具稳定性的社会结构。他认为,富人和穷人建立的政治制度往往具有不稳定性。由在社会上占人口极少数比例的富人建立起来的必然是寡头政治,这种政治体制所维护的只是极少数人的利益。而穷人建立起来的必然是极端的民主制,其结果往往由于对某个独具魅力的领导者的极端崇拜而滑向专制统治。他认为,大量的中产阶级的存在,是富人与穷人之间激烈矛盾的缓冲地带，是政治民主和社会稳定的重要因素。

伯恩斯坦（Eduord Bernstein，1850—1932）较早提出"中产阶级"一说。针对19世纪末20世纪初西欧、北美雇佣脑力劳动者增多的情况，伯恩斯坦提出，资本主义社会的发展使得工人阶级和资产阶级之间的阶层逐步扩大，中等收入的人增加，资本主义的对抗趋于缓和。

西方学术界把一般社会上拥有中等收入的人称为中产阶级，主要由从事脑力劳动的行政管理人员、专业技术人员、商业营销人员、职员、秘书等构成。西方学术界认为，整个西方世界已经形成并正在产生一个巨大的中产阶级。

英国社会学家阿伯克隆比和希尔对资本主义社会的中产阶级进行了深入分析，[①] 他们把中产阶级分成三等：一是上层中产阶级。有较高的知识技能，工作有相对独立性，劳动强度不大，用脑较多，报酬优厚，可以计划自己的前程和事业，并有可能转成为高级专业人士和高级管理人士。二是中层中产阶级，有一定技能，但受上层管理层的控制。三是下层中产阶级，主要是广大职员、店员、秘书以及部分熟练工人，他们的工作比较繁重，报酬较低。阿伯克隆比和希尔认为只有中层中产阶级才是真正的中产阶级。根据西方社会学的标准，判断中产阶级是三个标准：经济标准，政治标准，社会标准。

西方学者认为，在西方社会发展的历程中，中产阶级的形成是资本主义社会生产力发展的客观结果。举英国为例，英国中产阶级的形成大致经历了300多年的时间。在英国资产

---

① 参见秦连斌《我国社会是否存在一个中产阶级》，《中国党政干部论坛》2001年第3期。

阶级工业革命早期，随着"圈地运动"而失去土地的大批农村贫民流入城市，形成庞大的失业大军。当时的都铎王朝为了维系社会稳定，开始征收济贫税，1601年又出台了针对城市贫民的《济贫法》，通过法律的形式调节贫富差距，解决城市贫民的生活困难。随着英国资本主义工业化进程的推进，为了调和工人阶级和资产阶级的尖锐冲突，英国政府陆续出台了一系列针对贫民和下层阶级的社会保障法规。到20世纪中期，推行贝弗里奇计划，英国逐渐形成了社会福利体系。在资本主义工业化进程中，德国、法国、日本等国家也先后出台和实施了社会保障方案。中产阶级的出现与资本主义工业进程的推进，以及社会保障制度的建立和完善是密不可分的。

据有关资料统计，目前在西方资本主义发达国家，中产阶级人数一般占总人口比重的40%以上，形成"橄榄型"社会结构。例如，美国以年收入在2.5万美元到10万美元之间为中产阶级的经济界限；在欧洲许多国家，中产阶级主要包括政府部门的中级行政人员、国营和私营垄断企业中的中级管理人员和工作人员以及其他领域中的专业技术人员，等等。一般来说，这部分人占到整个社会成员的40%以上，他们构成社会的主体。中产阶级包括两层含义：其一，从个体角度看，中产阶级意味着个人物质财富和社会地位的中等化；其二，从社会结构的角度看，庞大的中产阶级的形成意味着社会结构的优化，是社会稳定的基础力量。

近几年来，西方学术界提出了"新中间阶级"的概念，认为战后西方发达国家传统的城市小业主、农村农场主和其他介乎资产阶级与无产阶级之间的"中产阶级"正在萎缩，以"高文化层次、高科技能力和现代管理能力的工薪阶层

（主要是科学家、工程师、专业人员、管理人员）为主的新中间阶级"正在兴起，他们大部分仍属于雇佣劳动者，成为发达国家占总人口比重最大的社会群体，也是西方国家社会稳定与发展的主体。

以上是西方学者关于"中产阶级"概念的形成及其内涵，对此，马克思主义应有科学的分析与取舍。

二 马克思主义经典作家所使用的"中间阶级"、"中间阶层"等概念

马克思主义经典作家曾经使用过"中产阶级"、"中间阶级"和"中间阶层"等概念，这与西方资产阶级学者使用的"中产阶级"概念又有一定的区别。马克思认为，资本主义"整个社会日益分裂为两大敌对的阵营，分裂为两大相互直接对立的阶级：资产阶级和无产阶级"。① 此外，他还看到资本主义社会中间阶级的存在，"介于工人为一方和资本家、土地所有者为另一方之间的中间阶级不断增加，中间阶级的大部分在越来越大的范围内直接依靠收入过活，成了作为社会基础的工人身上的沉重负担，同时也增加了上流社会的社会安全和力量"。② 马克思主义经典作家的"中产阶级"、"中间阶级"、"中等阶层"和"中间阶层"等概念是指处于对抗状态的基本阶级之间的阶层或社会利益群体。在资本主义社会，两个基本的阶级是资产阶级和无产阶级，中间阶级则包括农民、手工业者、小商人、小食利者等小资产阶级，这是一个

---

① 《马克思恩格斯选集》第 1 卷，人民出版社 1995 年版，第 273 页。
② 《马克思恩格斯全集》第 26 卷 II，人民出版社 1973 年版，第 653 页。

不断分化的社会阶级阶层。进入垄断资本主义时期，城乡小资产阶级（主要是农民）比例越来越小，日趋破产，知识分子和职员的人数及比重越来越高。

三 关于中间阶层和中等收入者的概念

中间阶层（middle class），有的称中产阶级、中产阶层、中等收入阶层等，这一概念是西方学术界研究社会结构通常所使用的概念。西方发达国家进入现代资本主义时代的一个突出变化是，在传统的体力劳动者队伍（西方称为蓝领工人队伍）萎缩的同时，中间阶层崛起。这个阶层主要是由知识分子（西方社会学界称白领工人、脑力劳动者）、中高级管理人员和中小企业主组成。比如法国，1982—2000年，中间阶层人数从767.3万人猛增到1017.3万人，占就业人口40%以上。我国学术界对这个概念，历来存在两种看法：一种认为应当引进中间阶层或中等收入阶层这一概念，用于对我国社会现阶段社会成员构成结构的分析，理由是社会主义初级阶段剥削阶级不存在了，不能再沿用阶级分析方法了。另一种观点认为，中间阶层的分析方法抹杀阶级关系，抹杀阶级区别，否定阶级观点，违背马克思主义阶级和阶级斗争原理，不能用于我国社会主义初级阶段社会成员构成结构的分析。

笔者认为，这两种观点都失之偏颇。在坚持马克思主义阶级分析的前提下，可以适当地运用中等收入者（不必使用中间阶级或中间阶层等概念，而用中等收入者）的概念，用于对我国社会成员构成结构进行收入层面的分析。这是因为，我国社会主义初级阶段虽然消灭了阶级对抗与阶级剥削，但阶级、阶级差别和一定范围内的阶级斗争仍然存在，阶级分析仍然适用；另外，在我国社会主义现阶段，阶级剥削、阶级对立和新的阶级分化的经济基础不占主导，在承认阶级划分的大前提下，怎么划分非阶级性的阶层和利益群体呢？如何从社会学角度和其他角度对社会主义现阶段的社会成员构成结构进行分析呢？比如从社会统计学角度，从收入方面的差别来看，可以划分出一个大体居中的中等收入者群体。当然，还可以从社会学角度，按照职业、分工标准和对社会资源的占有状况对社会阶层和利益群体进行划分。从不同角度对社会成员构成结构的划分，可以有助于更清楚、更全面、多层次、多视角地认识当前中国社会的阶级、阶层和利益群体结构，以便制定正确地认识和处理社会主义初级阶段阶级、阶层和利益群体关系的政策和措施。

严格来讲，中等收入者不是一个阶级概念。其一，它是一个生活质量的概念。当然一个家庭的生活质量，并不仅仅取决于他们的收入，还有很多其他的影响因素，比如购买力水平、其享受社会保障和福利的水平、家庭的各种负担、生活的社会环境和自然环境状况等等。其二，中等收入者还是一个收入分配的概念。中等收入者是处于收入统计上的平均收入水平和中位收入线的社会阶层和利益群体。中等收入者的规模大小，不仅与经济增长状况和社会平均收入水平有关，更重要的是与收入分配的状况有关。中等收入者的数量和质量状况，是反映一个国家的社会成员构成结构和分配结构的概念。其三，中等收入者是一个反映城乡结构的概念。中等收入者的数量和质量状况，体现了城乡差别的状况，是一个国家城乡结构的必然反映。其四，中等收入者还是一个反映社会职业结构的概念。从产业结构上来说，以中等收入者为主的社会，就业人数一般在第三产业所占的就业比重超过

50%。其五，中等收入者是一个反映具体国情的概念。在不同的国家里，甚至在同一国家的不同地区，中等收入者的标准是不同的。在美国，可以具体地指年收入在2.5万—10万美元的家庭。该层面占美国总人口的80%左右，是美国社会的主体。一般来说，中等收入者的标准同国家的发达富裕程度是成正比的。其六，中等收入者是一个变动的概念。譬如，随着我国经济社会的发展，中等收入者的标准是不断变化的。未来5年内，我国将有2亿人口进入中等收入者群体。其七，中等收入者是一个相对的、而不是绝对的概念。直观地看，中等收入者是指收入水平、生活水平、财产状况、社会地位、职业分布处于中等层次的社会阶层和利益群体。当我们使用这一概念时，就意味着从高、中、低三个层次的角度对社会阶层和利益群体进行划分。但在实际生活中，这三个层次是没有绝对不变的界限的。首先，中等收入者只有相对的标准，没有一个固定的标准。不同国家不同地区的中等收入者标准不同，它是相对于一个国家一个地区的高收入者和低收入者而言的。其次，中等收入者是一个动态标准而不是静态标准。随着生产力的发展和人们收入的普遍提高，中等收入标准也会上升；同时，随着生产的下降和人们收入的下降，中等收入标准也会降低。再有，中等收入者本身的数量也是变动的。随着社会的变化，中等收入者本身的数量也在不断变化。

一般而言，中等收入者不是某个社会阶层的代称，而是几个具有相近或近似特征，特别是收入处于中等或接近中等以上水平的社会成员的统称。总之，所谓中等收入者是一个包括收入水平、生活质量、职业等多项内容的综合指标概念。在使用中等收入者概念时，切忌用阶层划分来代替阶级的划分，有些资产阶级学者的确有用阶层概念取代阶级概念的理论企图。在使用中等收入者概念时，应严格界定在阶级划分的大前提之下。中等收入者是从人们的收入角度对社会不同阶层和利益群体进行社会成员构成结构分析的概念，把收入和财富多寡作为划分的标准，把处于中等收入水平的人群定义为中等收入者。

扩大中等收入者比重是有利于社会稳定、和谐、发展和进步的。第一，扩大中等收入者比重可以有利于社会稳定。从社会稳定角度看，在一个社会中，只有大多数人过上比较宽裕的中等收入水平的生活，整个社会才能进入相对稳定的状态。中等收入者占据社会主体，这是社会保持相对稳定的重要因素，因为中等收入者层处于社会高收入者层和低收入者层之间的缓冲层，可以缓解高收入者层和低收入者层的社会矛盾和冲突。一定规模中等收入者的存在让低收入者看到希望，减轻他们的压力。一定中等收入者层的存在是高低收入者层之间矛盾的缓冲器，是社会保持稳定的稳定器。从某种意义上说，中等收入者是一个既得利益群体，不希望社会动荡，希望保持良好的社会秩序。中等收入者在社会上代表温和居中的意识形态，对极端思想有抵制作用，这也是保证社会稳定的重要因素。如果一个社会结构呈葫芦状，高收入者层和低收入者层的矛盾就可能激化，严重的两极分化会导致社会矛盾激化，导致社会动荡。历史上剥削阶级社会人民起义连续不断，同两极分化严重是分不开的。国外一些学者认为，如果一个社会中的贫困人口和中下层社会成员占全体社会成员的比例超过1/3甚至半数以上，社会矛盾就会激化。

第二，扩大中等收入者比重有助于社会经济繁荣。中等收入者占社会多数时，可以保持庞大而稳定的消费市场，是拉动社会经济发展的重要内需因素，是促使社会经济发展的经济原因。

第三，扩大中等收入者比重可以有利于减少贫困人口，有利于加快实现全面建设小康社会的目标。尽管我们现在已经达到了小康水平，但目前我们所达到的小康还是低水平的、不全面的和发展不平衡的小康，在城乡之间、地区之间、行业之间、不同社会成员之间还存在相当的收入差距，而且这个收入差距还有扩大的危险。扩大中等收入者比重有助于缩小差距，有利于全面实现小康社会。

四 我国中等收入者的状况和特点

我国中等收入者是指在经济收入、社会地位、生活水平、思想意识上都处于中间状态的社会群体。中等收入者层只是一个按收入、待遇和职业等划分的社会学概念，并不是一个阶级的概念。在我国，所谓中等收入者，一般是指拥有稳定的收入，有能力自己买车买房，有足够的资金用于子女教育、旅游、体育等现代消费的社会阶层或利益群体。

1. 我国中等收入者的现实状况

（1）个体经济迅速发展，致使个体经济中的中等收入者迅速增加。1979年为31万人，1980年为80.6万人，1985年为1766.2万人，1998年为6114万人，[1] 已成为我国现阶段中等收入者群体中的一部分。

（2）私营企业发展很快，致使私营经济中的中等收入者迅速增加。1998年底注册的私营企业共120.1万户，从业人员1710万人，其中城镇75.5万人，投资者176万人，从业人

---

[1] 参见《中国统计年鉴（2005）》，中国统计出版社2005年版，第121页。

员972.6万人;① 2004年,365.1万户,从业人员5017.3② 万人,逐步成为中等收入者的重要组成部分。

(3) 三资、独资等其他经济成分的出现,为管理者、代理人利益群体的形成提供了必要的条件,他们构成中等收入者层的一部分。

(4) 公有制经济多种形式,如承包制、股份制、租赁制及其他民营形式的发展,为中等收入者提供了发展、扩展的机会。

(5) 大批掌握高新技术和高新知识的知识分子、技术人员迅速成为中等收入者的重要部分。

(6) 第二、第三产业的发展,如金融、保险、房地产、旅游及各种服务业的发展,造就了一批中等收入者,加大了中等收入者的分量。

2. 我国中等收入者的特点

(1) 他们以薪金为主要谋生来源、收入较高,具有中等收入水平。

(2) 他们绝大多数人不直接参加体力劳动,以脑力劳动为主,所从事的职业要求有较高的文化素养,高新技术知识、复杂的职业专业要求,职业声誉评价等级较高。如:需要具有较高科学知识的职业,如自然科学家、社会科学家、大学和各类学校的教师等;需要具有较高科技素质的职业,如网络工程师、软件设计者、高科技企事业技术人员;需要具有专业技能的职业,如律师、医生、作家、翻译、记者、节目

---

① 参见张厚义等主编《中国私营企业发展报告(1999)》,社会科学文献出版社2000年版,第33、37页。

② 参见《中国统计年鉴(2005)》,中国统计出版社2005年版,第148页。

主持人、运动员、设计师等；需要具有现代的管理技能的职业，如各类企业、金融证券、保险、房地产等行业的经营管理人员等。

（3）收入合法而稳定，生活水平已达小康并保持稳定向上的生活状况，从消费水平来看，处于小康之家的状况。

（4）在文化观念、思想意识上对社会生活起一定的主导作用。因为这部分人具有较高的文化知识、道德素质和理论水平，在社会生活中居于主导地位。

（5）形成的时间比较短。我国中等收入者层只是随着改革开放的深入，逐步形成的，因此形成的时间较短。

（6）中等收入者所占比例小，低于国外。从目前我国现阶段的社会成员构成结构来看，我国社会中间层规模过小，所占比例最高估计也不过20%，远远低于国外。我国目前社会成员构成结构以中等收入者层严重欠缺为特征。目前我国社会成员构成结构仍然是一种下层偏大，中间层较小的"金字塔型"结构，而不是处于有利于社会稳定的"菱型"、"橄榄型"、"枣核型"或"纺锤型"结构状况。这是因为：我国社会农村人口庞大，收入较低，而在市场竞争中，资本在利润率的驱动下向城市集中，在一段时间内加大了农村落后的差距；一些国企职工由于国企处于改革期而造成收入并不高；在改革过程中新产生的中等收入者数量还不多。

五 扩大中等收入者比重的对策和可能的途径

扩大中等收入者的比重有一个过程，要随着生产力的发展才能逐步形成稳定的、比重大的中等收入者层。只有经济社会发展到一定阶段,才能真正形成稳定的中等收入者层。从根本上来说,大力发展经济,把蛋糕做大,是扩大中等收入者比重的根本对策。当然,也不可忽视实施一定的配套措施和政策。

第一,要落实以按劳分配为主的多种分配方式并存的分配体制,特别要落实按生产要素参与分配的分配原则。目前国外的所谓中等收入者,许多是由资本、技术、管理、经营等生产要素的所有者、管理者和经营者所构成的。我国处于中等收入者层的大部分人也是管理人员、经营人员、技术人员等等。确立按生产要素参与分配的分配原则,有助于调动这部分人的积极性。另外,我国目前中等收入者大多是知识分子,如机关干部、教师、专家学者等,全面落实按劳分配的原则,特别是重视复杂劳动、脑力劳动的贡献,也有利于调动知识分子的积极性,扩大中等收入者的队伍。

第二,要加强对收入分配的调节。扩大中等收入者,必须缩小高收入者和低收入者的比重,这样就要在二次分配领域注重实施公平原则,防止收入差距过大。高收入者和低收入者少了,中等收入者的比重就扩大了。

第三,加大对农业的支持力度,努力提高农民的收入。农民阶级是我国人数最多的社会群体,努力加大对农民的支持力度,采取多种措施提高农民收入,是扩大中等收入者的重要措施。

第四,通过完善最低工资制度改革,减少低收入层的数量,中等收入者的人数就增加了。

第五,强化社会保障,关注社会贫困群体,逐步提高社会贫困群体的收入,逐步消灭贫困问题。

第十七章

正确处理人民内部矛盾
构建社会主义和谐社会

构建社会主义和谐社会,一定要妥善协调各方面利益关系,正确处理人民内部矛盾。

一 当前我国人民内部矛盾出现一些值得高度警惕的新问题

当前我国各种关系基本协调,政局基本稳定,社会基本和谐。但是,应当清醒地看到,在基本协调、稳定、和谐的前提下,人民内部的各类关系和矛盾出现了一些值得高度警惕的新问题,集中到一点就是,在我国经济持续增长、人民生活普遍提高、不同程度地普遍得到实惠的前提下,人民内部的各类关系与矛盾趋向复杂与紧张,存在一些不安定、不和谐的社会隐患,严重影响了社会的安全运行和协调健康发展,影响了党的执政安全和国家政权安全。这是绝不可小视之、轻待之的严峻问题。

1. 社会差别问题

部分社会成员收入分配差别,以及城乡差别、区域差别等社会差别，呈继续扩大的趋势，既是各类人民内部矛盾趋于复杂与紧张的一个表现，又是各类人民内部矛盾趋于复杂与紧张的深层原因。

首先，部分社会成员收入分配差别持续拉大。

从长远的角度来看，要有两个原则结合在一起，才标志着社会进步与和谐。一个原则是追求财富增长的最大化，即把蛋糕做大；一个原则是追求分配的公平化，即把蛋糕分好。只有实现财富增长的最大化和分配的公平化相统一，才能推进社会进步与和谐，两者结合是衡量社会进步与和谐的基本标准。蛋糕做大是前提，蛋糕分好是基础，这是一件事情的两个方面，缺一不可。中国历史上就有"不患寡，而患不均"之说。在中国历史上，有文字记载的因分配不公、两极分化而引起的农民起义达几百起，到了吃不上饭时，与其饿死，不如揭竿而起，大规模的农民起义可以推翻封建政权。比如，明末的李自成打着"均贫富"的旗号，集合千千万万农民起义，推翻了明朝政权。收入分配差别拉大问题是影响社会稳定与和谐的一个重大问题。

改革开放之前，我国分配上的主要弊端是平均主义大锅饭。改革开放，打破了大锅饭，拉开了差距，激发了人的积极性，这是好事。有了差距，才有了竞争；有了竞争，才有了动力；有了动力，才有了发展。不要差距，"一平二调"，是万万要不得的。但是在打破平均主义大锅饭的同时，又出现了部分社会成员的收入分配差别持续拉大的问题。当前人民内部矛盾突出反映在收入分配领域，集中在群众收入差别问题上。差别即是矛盾，差别拉大使人们之间的利益矛盾加剧。特别是城镇和农村居民收入分配差别持续扩大。除了城乡居民收入分配差别以外，城镇居民收入分配差别持续扩大；农村居民收入分配差别持续扩大；不同地区居民收入分配差别持续扩大；脑体劳动者收入分配差别持续扩大；不同所有制企业职工收入分配差别持续扩大；不同行业职工收入分配差别持续扩大；灰色和黑色收入造成的收入分配差别更为扩大。

其次，除了分配差别之外，城乡差别、区域差别、脑体差别、行业差别等社会差别也在拉大，明显体现在区域差别和城乡差别上。中央采取了一系列措施支持农村和落后地区发展，虽然取得了很大进展，但城乡发展、区域发展、经济社会发展不平衡的矛盾突出，缩小发展差距，促进城乡、区域和经济社会协调发展的任务艰巨。从1980年到2004年，东部地区在全国经济总量的比重由50%增加到58.5%。人均GDP，西部与东部由1∶1.92扩大到1∶2.59，中部与东部由1∶1.53扩大到1∶2.03。① 一位学者把我国分成四个世界来比喻区域差别，认为，第一世界是上海、北京，占总人口的2.175%，已经相当于世界高收入国家；第二世界是天津、浙江、广东、福建、江苏、辽宁，占总人口的21.8%，相当于世界上的中等收入国家；第三世界是山东等省份，占总人口的21.76%，相当于中下等收入国家；第四世界是中西部，占总人口的50.57%，相当于低收入国家水平。我国驻欧洲某国的一位大使形象地说，"中国一半像欧洲，一半像非洲，像欧洲一半是城市，像非洲一半是农村。"城乡差别不仅仅体现在城乡居民的收入差距持续拉大，还突出表现为城乡二元结构矛盾越发明显。如，城市规模急剧扩张，房地产快速开发，一些农民失去了赖以生存的生产资料，出现了强制性征地，

---

① 参见陆大道等著《中国区域发展报告（2000）》，商务印书馆2001年版，第6页。

克扣法定补偿和大批农民失地等一系列问题。农民在就业、社保、教育、卫生、文化、福利、环保等公共事业方面与城市居民差别拉大。农村有 3 亿人喝不上符合标准的饮用水，1.5 亿亩土地被污染，1.2 亿吨生活垃圾露天堆放，环保设施几乎等于零，多数农民无固定医疗保障、无固定最低收入保障，人均受教育年限比城市少 6 年，出现地力衰竭，生态退化，劳动力素质下降，财富和权力向城市集中，社会事业及其基础设施落后于城市等二元结构的突出现象。全面性社会差别逐渐扩大，社会鸿沟出现，社会公正失衡。正确解决好日趋扩大的社会差别，特别是收入分配、区域、城乡等差别，是正确处理人民内部矛盾的紧要问题。

2. 贫富差距和社会贫困问题

部分社会成员贫富差距趋于扩大，社会贫困问题凸显，既是各类人民内部矛盾趋于复杂与紧张的一个表现，又是各类人民内部矛盾趋于复杂与紧张的主要原因。

社会公平是社会进步与和谐的重要目标。分配合理是社会公正的重要内容，贫富悬殊是最大的不公。印度 1885 年成立的百年老党国大党执政 45 年，因经济发展缓慢，分配极端不公，两极分化严重，50% 的人口生活在贫困线以下，失业人口 7000 万，童工达 1 亿多，引起人民不满，为人民党所取代。人民党执政 8 年，GDP 年均增长 6%，IT 产业发展更快，领导发展经济的政绩比较明显。但是分配不公，贫富差距过大，南北差距 6∶1，城乡差距 60∶1，占人口 65% 的农民被忽略，80% 的民众未得到实惠，3.5 亿人仍生活在贫困线以下。国大党打出社会公正的旗号，提出"改善民生"和解决贫困的口号，展示出"面向穷人"的形象，获得穷人、农村选民的支持，用"泥块"打败"鼠标"，人民党丢失政权，国大党重掌政权。贫富差距保持在什么状况比较合理,对一个国家稳定和谐发展是至关重要的。贫富差距太大,导致两极分化,会带来一系列问题,社会会发生动荡,执政党会丧失人心,丧失政权。就一定历史发展阶段来说,没有一定的贫富差距,是不现实的。就一定的历史发展阶段来说,不能笼统地认为,一定的贫富差距是坏事,关键看贫富差距处在什么程度。衡量社会的贫富差距是否合理,有三个指标对比系统。

一是基尼系数。基尼系数是从 0—1 的一组数据,其数据越高表明贫富差距越大。0 意味着该社会绝对平等。有了人类社会以来,就从来没有过绝对平等。有人说原始共产主义社会绝对平等,这不符合历史事实,在第一线劳动的壮劳力所分得的食物,就比在家里的老人、孩子和妇女要多。趋向绝对平等的状况如果出现,干多干少一个样,干好干坏一个样,干和不干一个样,没有动力,社会就不能发展。1 意味着该社会绝对不平等。在人类历史上也没有过绝对不平等的社会。人类历史上最不平等的奴隶社会也不是绝对不平等。为了让奴隶保持生产和再生产的能力,奴隶主必须给奴隶以维持生命和维持养育小奴隶的最低生活费用。如果一个社会趋向于绝对不平等,两极分化,就要出现动荡。据国家统计局统计,我国的基尼系数已从 1988 年的 0.341 扩大到 2000 年的 0.417。据中国人民大学和中国社会科学院、清华大学的专家学者测算,我国的基尼系数 1979 年为 0.31,1988 年为 0.38,1994 年为 0.434,1997 年为 0.455,2003 年为 0.53 左右,大大超过了国际公认的 0.3—0.4 的警戒线。[①] 据世界银行测算,1978 年我

---

① 参见《中国人民大学中国经济发展研究报告(2004)》,中国人民大学出版社 2004 年版,第 61 页。

国城镇居民个人收入的基尼系数只有0.16,[①] 是当时世界最低的,说明当时我国基本处于平均主义状况。我国近15年来贫富差距拉大的速度是比较快的。

二是欧希玛指数,即五等分法。把一个国家的居民分成五等份,1/5的人最穷,1/5的人次穷,1/5的人中等,1/5的人次富,1/5的人最富,从这五等份人的收入在全国的总收入中所占的份额来看贫富差距。我国最贫穷的1/5人口的收入占全国总收入的4.27%,我国最富有的1/5人口的收入占全国总收入的50.13%。[②] 从欧希玛指数来看,我国的贫富差距向拉大方向移动。当然,目前我国的贫富差距低于南美、南亚、非洲的一些国家,这些国家最高收入的1/5人口收入占总收入的比例一般超过60%。

三是高收入层和低收入层对比数据。占户数10%的最高收入户和10%的最低收入户的差距,城镇1998年为3.9倍,2000年为5.02倍;农村1998年为4.8倍,2000年为6.5倍。占全国人口不到3%的高收入户的存款总额高达2932亿元,占全国城乡居民存款总额的28%。2002年,劳动和社会保障部一个课题组的研究结果显示,当前占社会人口大多数的不是中等收入人群,而是低收入和中等偏下收入人群。全国城镇居民低收入户占31.9%,中等偏下收入户占32.36%,合计为64.15%。

贫富差距拉开的直接结果:其一,社会贫困问题出现。农村有近3000万人没有解决温饱。城镇有2000多万人收入水

[①] 参见李爽主编《中国城镇居民收入差距研究》,中国计划出版社2002年版,第5页。

[②] 参见《中国青年报》2004年12月9日。

平低于最低生活保障线，处于相对贫困状态，平均年收入1059元，月收入比全国平均收入水平低54.7%。2004年，按人均纯收入低于668元标准，年末农村贫困人口为2610万。按人均纯收入924元标准，年末农村低收入人口为4977万。其二，社会公平问题凸显。由于社会分配关系尚未理顺，分配秩序不规范，社会保障制度不健全，分配不公现象出现。群众对劳动致富造成的收入差距，是理解的，有一定承受力，但对分配不公造成的差距，对违法、贪污、犯罪致富现象，对不正当收入、不合理的贫富差距，心理不平衡，十分不满，反响强烈。在多数人收入水平都有较大提高的同时，反映贫富差距的指标上升很快。中共中央党校调查组对学员问卷调查显示：在学员心目中，2004年最为严重的三个问题依次是"收入差距"（43.9%），"社会治安"（24.3%），"腐败"（8.4%）；对2005年的改革，72.9%的学员关注收入分配制度改革。必须从社会主义本质是发展生产力，共同富裕，消灭两极分化的高度来看待社会公平、公正问题。解决贫富差距和贫困问题，是正确处理人民内部矛盾的迫切问题。

3. 社会成员分化和流动问题

阶级、阶层和利益群体发生分化，一些新的阶层和利益群体产生了，社会成员流动性加大，社会成员构成结构发生重组，人民内部呈多元化利益格局，既是人民内部矛盾趋于复杂与紧张的一个表现，又是各类人民内部矛盾趋于复杂和紧张的深刻原因。

（1）工人阶级内部结构和组成发生了深刻的变化，领导阶级内部矛盾关系多样化。在公有制企业，领导者、管理者、经营者与生产者之间存在差别和矛盾，工人作为生产者产生主人翁失落感，相当部分工人感到领导地位虚化；在非公有制经济，特别是私营经济中，普通工人处于雇员地位，与企业主的差别、矛盾和对立明显存在，相当多的工人感到领导地位丧失；由于工人阶级的各个成员所处的所有制不同，分配方式不同，经济、政治、文化等社会待遇不同，不同地区、不同企业、不同行业、不同岗位的职工的流动不断加大，在收入方面拉开了差距，在各方面形成一定的差别，致使工人阶级内部发生分化，分为不同的工人阶层或群体；在同一工人群体中，又分为管理人员、技术人员和物质生产者群体；一部分职工因企业不景气、破产等原因收入很低或失业下岗，生活质量下降，难以再就业，处于贫困状态；一些企业的职工工资和医疗费被严重拖欠，患职业病和工伤比例较高，劳保制度和劳动合同制不落实，养老、医疗等保险无法正常交纳，职工权益受到侵害，甚至生命安全受到威胁；一部分形成拥有较多资产或财产的工人群体，与普通职工和贫困职工之间的贫富差距逐步拉大；工人中的脑力劳动者即知识分子的比重越来越大，收入也逐步提高，在生产中的地位和作用也越来越大，与体力劳动者的差别逐步拉开。

（2）农民阶级发生了新的分化、组合和变化，农村居民内部矛盾关系复杂化。现阶段农民阶级变化最快、分化最大。传统的集体所有制农业劳动者成为实行土地个人承包的农业劳动者；城乡出现了一个庞大的由农民工构成的新的工人群体，该工人群体处于城市生活的下层；一部分农民成为个体经营者和私营企业经营者；在农村集体企业、个体企业和私营企业中，形成了企业经营管理者群体；在乡、镇、村及其相应的党政机构和组织中形成了农村领导者、管理者群体；在农村学校、医院、农业技术推广站等还有一部分农民知识分子。

（3）非公有经济，特别是私营经济发展很快，形成拥有相当财富的高收入的非公有制和私营企业家阶层，非公有制、特别是私营企业家作为雇主和作为雇员的员工的矛盾关系，管理经营人员与职工的矛盾关系客观存在。一些非公有经济企业、私营企业存在劳动条件差，劳动保护措施不全，欠缺、克扣工资，随意加班，侮辱工友、雇用童工等现象，企业主阶层同普通工人之间关系紧张，劳资矛盾紧张。

（4）工人阶级、农民阶级和知识分子阶层之外，又出现了民营科技企业的创业人员和技术人员、受聘于外资企业的管理技术人员、中介组织的从业人员、自由职业人员等一批新的社会阶层和利益群体。他们通过诚实劳动和工作，通过合法经营，为发展社会主义生产力和其他事业作出了贡献，是中国特色社会主义事业的建设者。但是，作为新的社会阶层和利益群体，他们同普通工人、农民、知识分子、干部、解放军指战员也是有一定差别和矛盾的。

科学地分析我国当前社会成员构成结构，正确认识阶级、阶层和利益群体的新变化、新分化、新组合、新矛盾，分析他们的政治态度、立场、背景以及差别的变化，坚持工人阶级的领导地位，巩固工农联盟，团结一切可以团结的力量，正确处理各阶级、阶层和利益群体之间的关系，是正确处理人民内部矛盾的首要问题。

4. 社会就业问题

就业形势严峻，存在较大规模的失业队伍，既是各类人民内部矛盾趋于复杂和紧张的一个表现，又是各类人民内部矛盾趋于复杂和紧张的直接原因。

（1）就业压力增大。我国13亿人口，年龄15—64岁的劳动力是9.09亿，超过发达国家劳动力总数3个亿。"十一五"期间,每年新增劳动力1000万,下岗失业人员1300万,2300多万人需要就业。① 近年,复员退伍军人、大中专毕业生、残疾人等就业安置带来新的压力。劳动力供大于求的局面短期内难以改变,就业和再就业压力加大,社会矛盾也会积累起来。

(2)失业问题。国家统计局统计,城市登记失业率2003年为4.3%,2004年预计为4.7%,实际为4.2%,降低0.5%,2006年预计控制在4.6%。② 登记失业率和实际失业率有很大的差距。民政部《2001年社会保障白皮书》指出,城市实际失业率,1993年为5%,1998年上升到8%—9%,2000年接近10%。有的专家学者估计,目前已接近12%左右。城镇人口从业率1990年为56.44%,2002年下降为49.35%,13年下降7%。中国人民大学一位教授做了一个德尔菲失业风险调查,认为我国的失业警戒线是7.03%,9.73%标志社会发展进入社会矛盾极容易激化和爆发的风险时期。

(3)农村富余劳动力转移困难。我国农村劳动力4.9亿。土地只能容纳1亿左右的劳动力,乡镇企业可以安排1.33亿,到城市打工9900万,还有1.5亿富余劳动力需要转移,③ 这是一个重大隐患。农村耕地逐渐减少,1980年到2003年间耕

---

① 参见白和金主编《"十五"时期中国经济和社会发展的若干重大问题研究》,人民出版社2001年版,第210页。
② 参见国家统计局编《中国发展报告(2005)》,中国统计出版社2005年版,第70页。
③ 参见徐祥临著《三农问题干部学习读本》,中共中央党校出版社2004年版,第100页。

地面积减少1亿亩。① 3400多万农民失去土地，成为"种地无地、就业无岗、低保无份"的"三无"农民。2000年到2030年，中国计划占用耕地将超过5450万亩，意味着1.1亿多农民失去土地。② 个别农民讲，"过去是种地的农民，土地被征用成了无地的流民，到了城市变成没有职业的游民"。征用农村土地，"富人得票子，农民得条子，官员得帽子"。

失业率居高不下，加重社会贫困，社会矛盾极易激化。就业率是直接检验社会和谐与稳定的试金石。降低失业率，提高就业率，解决好就业问题，是正确处理人民内部矛盾的紧迫问题。

5. 群体性事件问题

群体性事件既是我国各类人民内部矛盾趋于复杂和紧张的一个表现，又是各类人民内部矛盾趋于复杂和紧张的明显原因。

保持和谐稳定的社会环境，是实现党在新时期新阶段宏伟目标的重要前提，也是全面建设小康社会，建设中国特色社会主义事业的必然要求。主要由人民内部矛盾引发的群体性事件已经成为影响社会稳定的突出问题。

（1）群众信访和上访大幅上升。全国信访上访总量逐年增加，其中群体上访的比例大幅上升。目前我国正处在信访上访的高发期，有人形象地比喻为"信访上访洪峰"期。信访上访增多警示社会矛盾日趋积累。信访上访升级也是一个特点。近几年，越级上访（省、中央）数量上升很快，县级

---

① 参见廖小军著《中国失地农民研究》，社会科学文献出版社2005年版，第34页。

② 参见崔砺金等《护佑浙江失地农民》，《半月谈》（内部版）2003年第9期。

反而下降，矛盾焦点向中央机关聚集。在北京重点地区聚集上访人员近年来逐年增多。

（2）群体性事件数量增多，规模扩大。群体性事件呈高发态势，数量不断上升，规模不断扩大。1994年至2003年10年间，群体性事件数量急剧上升，参与群体性事件的人数也大幅增长。近年来，有的城市有时同一天发生多起规模较大的群体性事件。群体性事件的规模从1998年起逐年扩大，百人以上的群体性事件由一千多起增加到几千起，聚集人数最多时达万人以上。

（3）参与主体趋于多元化，组织化倾向趋于提高，行为方式趋于激烈。参与人员趋于复杂广泛，扩大到多行业、多系统、多地区，城乡均有。有些群体性事件形成了自发组织，出现了幕后指挥和挑头人物，呈现跨区域串联和联动特点，组织化倾向越来越强。堵公路、卧轨、拦火车，阻塞交通的群体性事件不断增加。暴力抗法，武装械斗时有发生，人员伤亡时有发生，冲击党政机关事件逐年递增。

（4）参与群体性事件的绝大多数都是基本群众。参与群体性事件的大多数是普通人民群众，特别是其中有老工人、老教师、老战士、老干部参与。群体性事件的不断发生，使一部分基本群众在感情上与党和政府产生了隔阂，对改革开放政策的认同感降低，这是值得我们高度警觉和深思的。以2001年为例，在参与群体性事件的256.4万人中，第一位是工人，占37.7%（其中国有企业职工占1/3）；居第二位的是农民，占28.2%；第三位是城镇居民，占11.8%；第四位是离退休人员，占8.2%；第五位是个体摊贩，占3.9%，其他为教师、学生、国家公务人员等。

（5）引发、激化群体性事件的政治性因素增多。境内外敌对势力、敌对分子插手群体性事件，借机搞什么"工运"、"农运"，蓄意破坏我国国家安全和社会稳定，是引发、激化群体性事件的政治性因素。国际上的反华、反共、反社会主义势力同"民运"、"法轮功"、"东突"、"藏独"、"疆独"、"台独"等敌对势力进一步勾结合流，利用、策划、挑动群体性事件。

群体性事件，总体上属于人民内部矛盾性质，但一些群众要求的合理性又同反映形式的违法性交织在一起，同时还存在违法犯罪和敌对分子插入利用的问题，处置的政策性很强。这些群体性事件，总体上属于改革发展和前进中的问题，但往往又与历史遗留问题相交织。总的来说，人民内部矛盾的经济利益性突出，矛盾的群体性增强，矛盾的对抗性和危险性增加，矛盾解决的难度加大。如果处置不当，局部问题可能转化为全局问题，非对抗性矛盾就可能转成对抗性矛盾，人民内部矛盾可能转化成敌我矛盾。

总之，影响我国社会稳定的群体性事件在增加，势头在发展，一部分人的不满情绪在蔓延，可资境内外敌对势力、敌对分子利用的机会、舞台在增多，整个社会不稳定的危险性在加大。总的来说，群体事件近期不会酿成大患，但由于解决引发群体性事件的矛盾和问题需要有一个过程，如不努力减少矛盾、缓解矛盾、解决矛盾，群体性事件的数量还可能进一步攀升。目前我国已进入社会不稳定因素多发期，群体性事件已经成为影响社会稳定和谐的突出隐患，是人民内部矛盾的一个新动向。积极妥善处理群体性事件，是正确认识处理人民内部矛盾的紧迫问题。

6. 少数领导干部的腐败与官僚主义问题

少数领导干部的腐败和官僚主义问题，引起群众的强烈不满，既是各类人民内部矛盾趋于复杂和紧张的一个表现，又是各类人民内部矛盾趋于复杂和紧张的重要原因。

广大群众对少数领导干部的腐败、官僚主义作风深恶痛绝。一是少数领导干部在生活待遇、利益享受上严重脱离群众，贪图安逸、享乐成风，甚至贪污腐败、职务犯罪、以权谋私、权钱交易、知法犯法，从根本上损害了群众的利益。二是少数领导干部跑官要官，买官卖官，任人唯亲，拉帮结派，使一些地区出现严重的吏治腐败现象。三是有些领导干部严重脱离群众，事业心、责任心不强，思想作风不端正，官僚主义、形式主义、主观主义严重，决策失误，简单粗暴，不代表甚至违背群众利益。虽然反腐败斗争不断取得新的明显成效，腐败现象滋生蔓延的势头得到一定遏制，但反腐败斗争形势依然严峻，有些地方和部门还相当严重，反腐败斗争将是长期、艰巨和复杂的。要特别防止产生既得利益集团和特权阶层，苏联党的失败提供了深刻的教训。坚持反腐败斗争是正确处理人民内部矛盾的严重问题。

7. 市场经济运行中的问题

当前市场经济运行中一些矛盾和问题，引起了尖锐频繁的利益纠纷，既是各类人民内部矛盾趋于复杂和紧张的一个表现，也是各类人民内部矛盾趋于复杂和紧张的经济原因。

市场经济体制改革和市场经济的运行，使人民内部的经济利益关系和矛盾趋于复杂化，如中央和地方，政府和企业，不同所有制企业，同一所有制不同企业，企业与职工，不同所有制、不同行业、不同企业职工，同一企业内部职工之间的矛盾。市场经济运行中的生产、分配和流通领域的经济利益矛盾更突出，如生产者、销售者和消费者之间，生产者之间，销售者之间，消费者之间的矛盾，统一市场与地区分割的矛盾，合法经营与非法经营的矛盾，正当竞争和不正当竞争的矛盾等。我国是在国民经济高速运行中推进改革的，在新旧体制转换过程中要保持经济的高速增长，整个经济环境相对紧张，必然带来改革、发展与稳定的矛盾，需要与生产的矛盾，积累与消费的矛盾，加快发展与提高效益的矛盾，效率与公平的矛盾，区域矛盾，城乡矛盾，金融信用矛盾等。当前我国经济生活中存在的矛盾和问题十分突出，如粮食增产，农民增收难度很大；投资总规模仍然偏大，部分行业过度扩张开始反弹；煤电油气紧张十分突出；居民消费价格面临上涨的压力，特别是粮、肉、蛋等主、副食品价格涨幅较大，给低收入群体生活带来困难；积累和消费的矛盾比较突出，2005年我国投资率达到1978年以来的次高点42.3%，而消费率却创下了1978年以来的最低点55.5%。影响经济健康发展的深层次问题没有从根本上解决。经济领域深层次的结构矛盾依然存在，出现大起大落的危险依然存在。统筹经济利益关系，是正确处理人民内部矛盾的必要问题。

8. 关于政治思想文化冲突问题

不同的思想、文化、观念冲突，既是各类人民内部矛盾趋于复杂和紧张的一个表现，又是各类人民内部矛盾趋于复杂和紧张的意识形态原因。

人民内部矛盾不仅大量存在于经济生活领域，而且还存在于政治生活、文化生活和精神生活等更为广泛的社会领域。政治体制改革任重道远，政治生活的各种关系和矛盾多样化。经济、政治领域的矛盾必然要反映到意识形态和思想文化领域，表现为人民内部和敌我两种不同性质的思想文化矛盾。人民内部的思想文化矛盾一般来说是非对抗性的，是我国社会目前阶段意识形态领域和思想文化战线的主要矛盾。人民内部的思想文化矛盾同时表现为两种类型：一种是带有阶级斗争性质的思想文化冲突和矛盾；一种是不带有阶级斗争性质的思想文化冲突和矛盾，后者在我国意识形态领域和思想文化战线中居主导地位。人民内部思想文化矛盾的复杂性就在于，我们同境外敌对势力在意识形态领域的斗争，社会主义同资产阶级的、反马克思主义的以及旧社会剥削阶级残余的思想文化矛盾，渗透到人民内部的思想文化矛盾中，占有很大的比重。这就决定了思想文化领域内人民内部的是非问题，在许多方面还带有对抗的属性，带有阶级斗争的性质。如果处理不好，带有对抗属性、阶级斗争性质的是非矛盾，就会转化为思想文化领域内的敌我对抗性质的矛盾。人民内部的思想文化矛盾表现为正确与错误、新与旧、先进与落后、科学与迷信、革新与保守、先进文化同落后文化的矛盾；表现为集体主义、社会主义同利己主义、拜金主义思想、道德、价值观念的斗争，艰苦奋斗精神同享乐思想、腐朽落后思想的矛盾，传统文化同外来文化的冲突，不同学派、流派、学术观点的论争，等等。

　　意识形态领域、思想文化战线历来是敌对势力与我们争夺的阵地，敌对势力搞乱我们，往往从造舆论、抓思想文化入手，从意识形态领域打开缺口，同时往往又利用人民内部的思想文化冲突和矛盾，抓住一些社会敏感问题，大做文章，把水搅浑。原苏东党，长期以来思想僵化保守，在意识形态领域以阶级斗争为纲，对媒体管得过严、过死。而在新的历史条件下又走向另一个极端，搞"公开化"、"多元化"，放弃对媒体的领导和控制，丢失思想文化阵地，丧失政权。必须重视意识形态和思想文化工作，把坚持党管媒体的原则，处理好人民内部的思想文化矛盾，作为事关和谐稳定发展的大事抓好。正确处理思想文化矛盾，是正确处理人民内部矛盾的重大问题。

9. 关于民族宗教问题

不同民族、不同宗教之间的矛盾，既是各类人民内部矛盾趋于复杂和紧张的一个表现，又是各类人民内部矛盾趋于复杂和紧张的民族宗教原因。

不同民族的社会存在方式和宗教信仰差别，不同的民族、宗教文化冲突，必然反映为人民内部的民族、宗教矛盾。比如，汉民族和少数民族之间，各少数民族之间，同一地区不同民族之间，同一民族内部不同群众之间，各种宗教之间，同一宗教内部之间，不同信教群众之间，都存在矛盾。民族宗教问题处置的妥当与否，直接关系到社会和谐与稳定。苏共长期以来对民族问题的严重性、尖锐性和复杂性认识不足，奉行大俄罗斯主义，忽视民族感情和民族差异，随意改变民族地区区划、强迫一些少数民族进行大规模集体迁移，加剧了各民族的不满情绪和离心倾向。戈尔巴乔夫上台，又走到另一个极端，助长地方分离主义和民族分裂主义，致使民族宗教冲突和动乱持续爆发，长期潜伏的民族矛盾和问题迅速爆发，使苏联陷入前所未有的民族关系危机之中，这是直接导致苏联解体的一个重要原因。苏联解体前后，俄罗斯与车臣的民族矛盾全面激化，其中有民族问题处理不当的深刻原因。车臣面积15000平方公里，人口仅100余万。1944年，苏联政府以车臣人与德国侵略者合作为由，将38.7万多车臣人放逐到西伯利亚和中亚。1991年9月6日，车臣宣布独立。1994年俄罗斯出兵车臣，打了两年，死了10万人。1999年再次出兵10万，打响了第二次车臣战争。目前，车臣恐怖分子制造的恐怖袭击事件成为影响俄罗斯社会安全与稳定的心腹大患。波兰党先是简单粗暴地对待宗教信仰问题，严重伤害了民族的宗教感情，后又放松对教会的控制，教会势力最终发展成为推翻波兰党的主要力量。

一般来说，我国的民族、宗教问题属于人民内部矛盾。但是，西方和境外敌对势力勾结国际上极端民族主义和宗教势力利用民族宗教问题大做文章，加紧渗透、分裂、破坏、颠覆，与国内"法轮功"等邪教组织、民族分裂主义分子相互勾结，兴风作浪，进行反社会主义政治活动。有些地方对有些民族、宗教问题处理不当，致使一些地方民族宗教问题错综复杂，各类突发事件屡屡发生，影响民族聚居地区和边疆少数民族地区的稳定。处理好民族宗教问题，是正确处理人民内部矛盾的敏感问题。

二 正确处理人民内部矛盾，是构建社会主义和谐社会，建设中国特色社会主义的必然要求

正因为有矛盾，才要和谐，也正因为要和谐，才要协调矛盾。构建社会主义和谐社会，必须有效地协调各方利益关系，化解人民内部矛盾，让各个阶级、阶层和利益群体的关系融洽，人们的心情舒畅，充分发挥全体社会成员的积极性和创造性。和谐是与矛盾相对的概念。认识和谐，首先要认识矛盾，构建和谐社会，前提是协调矛盾。马克思主义辩证法告诉我们，矛盾无处不在，无时不有；矛盾是事物存在的普遍规律和根本法则，是一切事物发展的内在源泉和动力；要学会用对立统一的观点，即矛盾的观点来看待和处理我国现实存在的各类人民内部矛盾。矛盾不存在有没有的问题，

也不存在好与坏的问题，无所谓有矛盾无矛盾，也无所谓好矛盾和坏矛盾。矛盾不解决是坏事，矛盾解决了是好事。旧矛盾解决了，新矛盾又产生了，事物就是在不断解决矛盾中前进的。所谓和谐社会，不是否定矛盾，而是解决矛盾，强调社会在协调矛盾的过程中求得统一和谐。

妥善处理各类矛盾，构建和谐社会，在中外社会主义国家和其他国家的发展进程中，有经验教训值得记取。

第一，苏联斯大林时期的经验教训表明：正确区别和处理两类不同性质的矛盾，是构建社会主义和谐社会的前提。

承认不承认社会主义国家内部存在矛盾，存在什么性质的矛盾，怎样处理这些矛盾，这是一个极其重大的现实理论问题。苏联早在斯大林时期就长期存在两种根本对立的错误观点：一是根本不承认社会主义国家内部还有矛盾；二是虽然承认社会主义国家内部有矛盾，但却把矛盾扩大化，把一切矛盾都夸大为敌我矛盾，搞阶级斗争扩大化。斯大林领导下的苏联为此曾付出了沉重的代价。当宣布进入社会主义时，斯大林首先提出了苏联的"生产关系同生产力状况完全适合"；各族人民"道义上和政治上的一致"是社会主义的发展动力的论点。"完全适合论"和"一致动力论"是违反对立统一规律的形而上学的观点。理论上不承认苏联国内有矛盾，又怎样解释苏联国内大量的现实矛盾呢？斯大林在理论上不得不把苏联国内的各类矛盾统统说成是外部原因造成的敌我矛盾和阶级斗争，提出"左"的观点：社会主义进展越大，剥削阶级残余进行斗争越尖锐；阶级斗争一端在苏联，而另一端则在资产阶级国家。把国内的矛盾统统说成是阶级斗争性质的敌我矛盾，把产生矛盾的原因完全归结于外部原因，归结为资本主义的包围，归结为敌对阶级的作用。斯大林的错误观点给苏联发展带来极其有害的影响。由于否认人民内部存在矛盾，严重混淆两类不同性质的矛盾，把阶级斗争作为第一要务，进行了一系列大规模的清洗运动和镇压活动，忽视经济增长和社会与人的全面发展的主题。据历史学家统计，1936—1939年的大清洗运动中被捕和被处决的人数至少有数百万人，严重破坏了正常民主生活和法制建设，这是苏联社会发展缓慢、停滞，最终造成各类矛盾激化，直到解体的一个深层原因。

第二，我国的经验教训表明：正确认识和处理人民内部矛盾，是构建社会主义和谐社会的主题。

在我国，随着生产资料社会主义改造的基本完成，社会主义制度在全国范围内普遍建立起来，人民内部矛盾也就成为全社会范围内的突出问题了。特别是当时苏东发生的问题也促使我们党对人民内部矛盾的研究和思考。1956年苏共二十大批判斯大林以后，在国际共产主义运动中引起极大的思想混乱和激烈动荡，在波兰和匈牙利发生了全国性的动乱。1956年冬到1957年春，苏东动荡波及到我国，引起一些思想混乱。加之我国社会主义制度刚刚建立，新的社会矛盾不断产生，问题很多，如分配问题、生活待遇问题、住房问题、物价问题、学生升学问题、就业问题以及国家机关中的官僚主义问题等等，连续发生了一系列群体性事件，大约有一万多名工人罢工，一万多名学生罢课。国内外新情况引起党的高度重视，把总结经验、借鉴教训、正确处理人民内部矛盾问题，鲜明地提到全党面前。1957年2月，毛泽东同志发表了《关于正确处理人民内部矛盾的问题》，标志着我党关于正确处理人民内部矛盾理论完整形成。关于人民内部矛盾理论是创造性的马克思主义理论。但是，我们却没有完全按照这个理论办事。1957年的反右派斗争扩大化，1959年错误地开展的所谓"反右倾"斗争，60年代进行的社会主义教育运动，长期展开的意识形态领域的阶级斗争伤害了许多干部和知识分子，十年"文化大革命"严重混淆两类不同性质的矛盾，造成全国性内乱。十一届三中全会拨乱反正，以邓小平同志为核心的党中央果断地停止了以阶级斗争为纲的错误路线、恢复和发展了人民内部矛盾理论，走上了稳定、和谐、发展的中国特色社会主义新道路。

第三，处于社会发展风险期的一些国家的经验教训表明：高度重视协调各类社会矛盾，保持社会的相对和谐与稳定，至关重要。

从各国现代化发展史来看，当一个国家处于人均GDP 1000—3000美元时期，增长与问题、发展与矛盾交织在一起，是社会结构极度变动，社会矛盾最易激化的高风险阶段。发展必然带来利益格局的变化，一些人利益满足，一些人利益受损、矛盾加剧；经济高速增长，同时衍生一些社会问题，如果分配不公，贫富悬殊，矛盾激化，再遇到经济滑坡、金融风险等突发问题，会发生社会动乱，影响政局安危。被称之为"拉美陷阱"或"拉美病"的"拉美化"现象就是例证，其含义主要是指拉美国家在经济增长过程中因贫困化和两极分化导致社会动荡的状况。20世纪80年代起，拉美各国推行新自由主义改革，短期内在局部上取得了经济增长的一些成效，如阿根廷在1991年、1992年分别实现10.6%和9.6%的高增长。2001年巴西人均GDP 957美元，墨西哥6200多美元，委内瑞拉4877美元，阿根廷7416美元，因经济危机，2002年又降至2912美元。但拉美一些国家在强调增长时却有失公正。失业率持续攀升，2002年拉美各国失业率高达

10.6%。贫富悬殊、两极分化，2004年拉美贫困人口已达2.27亿，百万富翁增长率居全球之首。巴西收入最高的10%居民占有全国财富的40%，收入最低的10%居民占有全国财富不足3%。社会矛盾激化，动荡不安，群众抗争运动此起彼伏，如墨西哥帕塔农民起义，巴西无地农民运动，阿根廷拦路者运动、敲锅运动，秘鲁、危地马拉、玻利维亚等国反私有化运动等。20世纪80年代，执政的墨西哥革命制度党以"社会自由主义"代替传统的"革命民族主义"，在经济上全面推行私有化，开放国内市场。在社会政策上，削减教育、医疗和保险等公共开支，以便解决经济增长问题。但没有妥善处理好转轨过程中的社会矛盾，大批中小企业破产，许多工人失业，大批农民失地，普通民众生活水平下降，社会贫富分化严重，一方面积累亿万富翁，一方面积累贫困，全国贫困人口增加到4600万，约占总人口的45%，革命制度党执政基础严重动摇，2000年大选丧失长达71年的执政地位。

各国发展的经验教训一再告诉我们：

(1) 一定要高度重视正确认识和处理人民内部矛盾，对于构建社会主义和谐社会的极端重要性。我国社会主义建设的正反历史经验一再表明，什么时候分清敌我，坚持正确处理人民内部矛盾主题，社会主义事业就会蓬蓬勃勃地发展；什么时候没有分清敌我，离开了正确处理人民内部矛盾主题，社会主义事业就会遭受损失。目前在我国经济高速发展过程中，积累了不少矛盾和问题，带来了大量新生矛盾和问题，能否处理好人民内部矛盾，构建和谐社会，意义重大，是对党执政能力的重大考验。

(2) 一定要始终坚持把正确处理人民内部矛盾作为我国政治生活的主题，坚决抛弃以阶级斗争为纲的错误做法，始终把发展作为执政兴国的第一要务。由于复杂的国内、国际因素，复杂的经济、政治、思想、文化等原因，人民内部和敌我两种不同性质的社会矛盾在初级阶段将长期存在，敌我矛盾和阶级斗争在某些特定条件下还有可能激化，存在着两类不同性质的矛盾交叉在一起的错综复杂的政治局面。但是，突出地、大量地、经常地表现出来的仍然是人民内部矛盾，这是我国社会现阶段人际关系上的主要矛盾，正确处理人民内部矛盾问题是构建和谐社会的关键所在，是我国经济政治生活的主题，一定要紧紧抓住这个主题不放。

三 正确认识和处理人民内部矛盾的对抗和激化现象

从总体上看，人民内部矛盾是非对抗性的矛盾。但是人民内部矛盾有可能激化或转化，出现严重的对抗和激化现象，必须对可能的对抗和激化保持高度警惕，正确处理人民内部矛盾的对抗和激化问题。

1. 对抗性矛盾和矛盾的对抗现象

认识人民内部矛盾对抗和矛盾激化现象，必须首先搞清什么是对抗性矛盾，什么又是矛盾的对抗性现象。应当把矛盾的对抗性质和矛盾的对抗形式作必要的区别。矛盾的对抗性质，是指矛盾双方在本质上具有根本对立的对抗性质。矛盾的对抗形式，是指由矛盾所处的具体条件所决定的矛盾双方采取的外部冲突的解决形式。毛泽东同志指出："对抗只是矛盾斗争的一种形式，而不是它的一切形式。"[①] 对抗是矛盾

---

① 《毛泽东选集》第1卷，人民出版社1991年版，第336页。

双方采取外部冲突的方式来解决矛盾的一种斗争形式，是矛盾的解决形式。如果矛盾双方具有本质上根本对立的对抗关系，而又在最后不得不采取外部冲突的斗争形式，就是对抗性矛盾。矛盾双方仅仅产生某些外部冲突的形式，而矛盾双方在本质上并不具有根本对立的性质，就不是对抗性矛盾，只能说是矛盾双方采取的偶然的对抗现象。人民内部矛盾不是对抗性矛盾，并不等于人民内部矛盾就不可能出现对抗现象。

人民内部的矛盾对抗具有两种基本形式：一是直接性对抗。直接性对抗就是由直接的利益纠纷所引起来的情绪和行为的对峙。如果矛盾双方其中一方的利益被另一方利益所触及或侵犯，就会导致矛盾双方直接性的对抗，比如农村争夺土地、水源的纠纷，有可能会发生正面冲突，有时甚至会发展为恶性流血事件。二是间接性对抗。直接性对抗往往发端于经济领域，间接性对抗一般发生在政治思想领域，以思想形式和政治形式表现出来。间接性对抗是直接性对抗的扩大、深入和连锁反应。直接性对抗可能会激化上升为间接性对抗，会由经济领域内的对抗发展为思想政治领域内的对抗，由个别性对抗发展到局部性、地区性对抗，乃至全国性对抗。如果人民内部矛盾对抗同阶级斗争、敌我矛盾纠合在一起，处理失误，就有可能进一步激化，酿成社会动乱。必须对可能出现的对抗和激化现象保持高度的警惕性。

2. 人民内部矛盾发生对抗和激化的原因

第一，人民内部还存在某些对抗性的矛盾。由于在经济上、政治上、思想上还带有旧社会遗留下来的残余，外部还存在敌对势力的影响和破坏，不仅会使我国内部存在一定数量的敌我矛盾，而且还会使人民内部存在某些个别的对抗性矛盾。比如，领导同群众的矛盾是非对抗性的矛盾，但领导中的严重腐败现象同人民群众的矛盾，则是本质上具有对抗性质的矛盾。对抗性矛盾的存在是人民内部矛盾可能激化的必然原因。

第二，人民内部还存在一部分带有阶级斗争性质的矛盾。阶级斗争还在一定范围内存在，这不可能不影响和反映到人民内部，使人民内部存在一部分带有阶级斗争性质的矛盾。比如，人民内部的反对资产阶级思想腐蚀的斗争，显然带有阶级斗争性质，但其中相当部分属于人民内部矛盾。存在带有阶级斗争性质的矛盾，是人民内部矛盾可能激化的必要原因。

第三，人民内部的非对抗性矛盾有可能转化成对抗性矛盾，不带有阶级斗争性质的矛盾有可能转化为带有阶级斗争性质的矛盾，人民内部矛盾有可能转化成敌我矛盾。由于矛盾存在的主客观条件的变化，矛盾的性质有可能发生转化，矛盾转化是人民内部矛盾可能激化的重要原因。

第四，不同性质的矛盾错综复杂地交叉在一起，构成复杂的矛盾局面。一定范围内的阶级斗争同人民内部的非阶级斗争性质的矛盾；一定数量的敌我矛盾同大量表现出来的人民内部矛盾；不占主导地位的对抗性矛盾同占主导地位的非对抗性矛盾，往往交织在一起，难分难解，构成错综复杂的社会矛盾局面。例如，群众上街游行，一般来说，绝大部分群众主观上是爱国的，属于人民内部矛盾，但究其起因来讲却又十分复杂，有敌对势力从中破坏的原因，也有我们工作的失误和缺点引起群众不满的因素……其中隐蔽起来的、蓄意煽动破坏的极少数坏人则属于敌我矛盾。错综复杂的矛盾局面是人民内部矛盾可能激化的客观原因。

第五，面对复杂的社会矛盾状况，领导者在主观认识和实际处理方面的失误，有可能导致矛盾激化。面对复杂的国内外因素的综合作用，面对着交错复杂的社会矛盾局面，丧失警惕，混淆矛盾，政策不当，处置不妥，是矛盾可能激化的主观原因。

3. 正确认识和处理群体性事件和群众性动乱问题

人民内部的矛盾对抗与冲突发展到一定程度表现为群体性事件，乃至群众性动乱。首先要把群体性事件和群众性动乱区别开来。群体性事件是指主要由人民内部矛盾引发的，一定数量群众参与的小规模、小范围，没有明确政治目的的非法集会、游行、示威、静坐、上访请愿、聚众围堵、冲击、械斗、阻断交通，以及罢工、罢课、罢市等严重影响、干扰、乃至破坏社会正常秩序的事件。所谓群众性动乱是群体性事件的进一步升温、升级，是人民内部矛盾的进一步激化，乃至转化，有明确的政治要求和政治口号，有明显的组织，是一定规模的、（地区或全国）全局性的、一定范围的矛盾激烈对抗和冲突事件。群众性动乱往往伴随着暂时性的经济、政治困难和重大社会问题，严重的群众性动乱能够使社会矛盾敌对化，引起程度不同的社会动荡，直接威胁政权安危。群体性事件处理不好，可能会发展到群众性的动乱。群体性事件和群众性动乱同极少数人旨在反党反社会主义的阴谋政治活动是有区别的，同少数坏人搞打砸抢烧的违法破坏活动是有区别的，参与的大多数群众同少数浑水摸鱼、违法犯法的坏人是有区别的。如何正确区别和处理群体性事件与群众性动乱，是正确处理人民内部矛盾对抗和激化问题的重要方面。

社会主义国家几十年的发展历史严肃地告诉我们，不仅存在着各种人民内部矛盾，而且人民内部矛盾还有可能发生对抗和激化，发生群体性事件，甚至形成严重的群众性动乱。譬如，在赫鲁晓夫执政期间，苏联国内长期积累起来的矛盾逐步激化，1956年8月，格鲁吉亚第比利斯地区爆发大规模群众游行；1959年、1962年，都发生过较大规模的工人群众罢工示威游行事件，苏联当局出动了军队加以镇压，死伤多人。据南斯拉夫学者的不完全统计，从1958年到1969年8月，南斯拉夫共发生了1906次工人罢工事件。1953年夏，民主德国几万名工人上街，要求改善生活条件，实行重大政治改革。1956年夏，波兰波兹南地区发生了大规模的工人骚乱，工人群众同军队发生了冲突，造成了严重的流血事件，波兹南骚乱导致了同年秋季的政治危机，使波兰最高领导层发生了重大变化。1956年秋，匈牙利爆发了震动整个社会主义阵营的匈牙利事件。60年代末，波兰又发生了多次社会危机。1968年8月，波兰发生大学生罢课，国内发生了较大范围的骚乱；11年后，工业城市格丁尼亚和什切青又发生了大规模的工人骚乱，再次出现了流血事件，深刻的危机导致波兰党和政府最高领导易人。70年代中期，波兰发生了几次大的工人罢工。80年代初，波兰又爆发了波及全国的团结工会运动，致使整个波兰处于严重的动荡状态。1968年的捷克斯洛伐克"布拉格之春"事件，震惊了世界。在我国，史无前例的"文化大革命"使社会主义发展陷入了极度危机的境地。由于苏联和东欧各国内部矛盾的积累，又得不到解决，致使各类矛盾逐步激化，再加上国际因素的影响和作用，最终酿成了苏、东各国的剧变。

群体性事件，乃至群众性动乱发生的直接原因，往往是由于社会发展出现了比较严重的经济政治和社会问题，或某些政策和措施损害了人民的切身利益，造成人民生活水平相对下降，或群众的一些物质上的和其他方面的要求得不到满足。出现群体性事件乃至群众性动乱的一个值得注意的原因，是领导上的官僚主义和腐败行为、不正之风。由于领导上的官僚主义错误，使得本来应当解决的群众的合理要求长期得不到解决，或者由于对群众不合理的要求，采取官僚主义的态度，没有采取有效的措施及时地去做工作，使得本来可以解决的矛盾激化了。群体性事件乃至群众性动乱发生的另一个原因，是缺乏对落后群众的思想教育。有些群众往往注意当前的、局部的个人利益，提出不切实际的要求，而我们的思想政治工作又跟不上，使群众中的偏激情绪和错误思想占了上风，致使群众以过激的言词、过分的情绪、粗暴的手段、不适当的方式向党和政府发泄不满。当然对群众教育不够，仍在于领导。群体性事件，乃至群众性动乱发生还有一个原因，就是在群众产生不满情绪、酝酿出事过程中，有国际上反动势力和国内少数坏人插手进来，传播封建阶级和资产阶级的腐朽思想和政治主张，挑拨离间、散布谣言、制造事端。防止少数坏人破坏的关键，也在于领导的工作，在于是否能够把群众背后的少数坏人揭发出来。国内复杂的民族关系和宗教生活中的不安定因素，也是群体性事件，乃至群众性动乱发生的一个重要原因。由于复杂的历史、宗教、文化传统等社会原因，使得某些民族，某些信教群众在相互关系上或同政府关系上发生摩擦和冲突。群体性事件，乃至群众性动乱或多或少总是与经济政治体制上的弊端有关。在改革进程中，由于新旧体制交替，利益分配结构调整，会使社会矛盾相对集中地表现出来，如果出现方针政策措施上的错误和不当，也会导致矛盾激化，是造成群体性事件，乃至群众性动乱的体制和政策原因。群体性事件和群众性动乱，总体上属于人民内部矛盾性质，但一些群众要求的合理性又同反映形式的违法性交织在一起，现实问题又与历史遗留问题相交织，同时还存有违法犯罪和敌对分子插手利用的问题，处置的政策性很强，处置不当，是群体性事件和群众性动乱发生的主观原因。

毛泽东同志在《关于正确处理人民内部矛盾的问题》中，把群体性事件和群众性动乱，称之为少数人闹事，专门作了分析。毛泽东同志指出："在我们的社会中，群众闹事是坏事，是我们所不赞成的。但是这种事件发生以后，又可以促使我们接受教训，克服官僚主义，教育干部和群众。"① 坏事也可以变成好事。必须认真总结经验教训，坚决克服官僚主义，不能"草率收兵"；必须保持足够的冷静，绝不能掉以轻心，要分清两类不同性质的矛盾，分清群体性事件和群众性动乱，参加的群众都是我们的人民，只有极少数的个别人才是坏人。必须坚决反对两种错误倾向：一是不问青红皂白把一切错误归咎于群众，助长领导的官僚主义。一是看不到群众的错误倾向，对少数坏人失去警惕。加强思想政治工作，满足群众提出的可以解决的合理的利益要求，恰当地处理好各种矛盾；把闹事群众引导到正确的轨道上来；对少数触犯刑律的，给予必要的法律制裁；以闹事作为改善工作，教育干部和群众的特殊手段；采取各种措施从根本上消灭社会上的各种不安定原因和因素。

4. 当前我国群体性事件产生的原因及特点

由人民内部矛盾引发的群体性事件，是我国在经济社会发展进程中产生的前进中的问题，具有一定的不可避免性。

---

① 《毛泽东著作选读》下册，人民出版社1986年版，第793页。

群体性事件屡屡发生是当前我国社会处于深刻变革过程中各种矛盾、诸多问题的综合作用结果，是现阶段社会诸多矛盾和问题的集中表现形式，是构建社会主义和谐社会的隐患。其具体原因和特点为：

第一，群体性事件是在社会转型、社会结构发生重大变化的背景下出现的。经过20多年的改革开放，我国经济有了长足的发展，人均国内生产总值达到1700美元以上，这是一个了不起的成就。同时，也意味着我国经济社会发展进入了一个新的关键阶段。在这个阶段，经济结构变动深刻，引起广泛的社会结构的变化，引起城乡之间、区域之间、产业之间，以及占有资源不同的社会成员之间的收入差距逐渐扩大，利益结构激烈变化，利益矛盾十分复杂突出。在这个阶段，社会消费升级并且日益多样化，经济增长又是一个渐进过程，满足人们的需求也有一个过程，而人们对物质文化的需求日益提高，容易产生消极攀比的社会心理和利益纠纷冲突。与此同时，人们对社会政治生活的参与要求日益提高，新体制的完善和定型同样需要一个较长的过程，如果发展跟不上，新的体制、机制的衔接又不及时到位，就有可能产生无序的社会行为失范、失控等问题。也就是说，这个阶段是极易引发社会问题的一个"多事之秋"，这个阶段所产生的矛盾和问题十分复杂，往往是新体制不健全与旧体制弊端交织在一起；改革分配制度，合理拉开收入差距与事实上存在的分配不公、差距过大交织在一起；法制不健全与不依法行政、司法不公交织在一起；社会管理体制不健全、机制缺失与工作不尽责、不到位甚至与腐败现象交织在一起；一些群众诉求的合理性与反映形式的违法性交织在一起。对这个阶段发生的问题和矛盾，处理起来非常棘手，不像打击敌对分子和刑事犯罪分子那样，法律和政策界限比较清楚，出手比较容易。对于日益复杂的矛盾和问题，如果处置不当，容易引发社会不稳定事件出现，甚至还有可能出现经济停滞甚至社会动荡的状态发生。

目前，我国社会发展的关键阶段也正处于社会转型期，社会转型期也是各种社会问题和人民内部矛盾的多发期。随着改革开放的深入，越来越涉及更深层次的利益矛盾，因各种利益问题而引发的人民内部矛盾性质的群体性事件上升。例如，因拖欠工资福利待遇、征地拆迁、企业改组改制、执法人员违法、司法不公等问题引发的群体性事件增多，集体上访、进京上访问题突出，甚至出现在重要场所发生自焚、自残等极端行为，造成很不好的社会影响。

我们党坚持十一届三中全会以来的路线、方针、政策，坚持"抓住机遇，深化改革，扩大开放，促进发展，保持稳定"的方针，成功地应对国内外的各种挑战，保持了经济的快速发展和综合国力、人民生活水平的不断提高，保持了政治上的稳定与社会和谐。这充分表明，党解决社会稳定问题、构建和谐社会的能力在提高，党执政的社会基础是稳固的。在处理群体性事件，维护社会稳定方面，各级党委和政府一是积极地化解了许多矛盾，预防了许多群体性事件的发生；二是绝大多数的群体性事件都在当地解决，而且是在较短的时间内解决；三是群体性事件大都是局部发生的问题，并没有出现一呼而起、应者云集的情况，也没有出现政治、经济、社会问题此起彼伏、相互激荡的现象。但是由于正处于社会发展的风险期，许多矛盾和问题带有不可避免性，群体性事件的发生也带有不可避免性。

第二，绝大多数群体性事件是经济利益矛盾引起的。在经济利益问题中，居第一位的是生活待遇类问题，第二位的是社会管理中的问题，由腐败、官僚主义、民族、宗教、环境污染等问题引起的不到1%。以2001年数量最多的四类群体性事件为例，因工资、福利待遇问题引起的占28.1%；因企业改制改组兼并破产造成待遇下降问题引起的占9.5%；因征地搬迁问题引起的占13.5%；因民间纠纷问题引起的占4.5%。显然，这些问题都是与经济运行机制的改革、经济结构的变动、城市的发展、利益关系的调整和社会管理上的不完善有一定的联系，并不属于政治问题。

第三，利益诉求是引发群体性事件的主要原因。随着经济体制改革的深化和结构不断调整，在社会成员总体受益的情况下，确有一部分社会成员利益受损，形成了一些困难群体。比如，国有企业下岗职工、失业人员、农村失地农民、未脱贫农民、城镇的"低保"贫困人员等等。与此同时，还有一些值得特别关注的社会群体，如进城务工人员、企业军转干部、企业教师、民办教师和科研单位转制涉及人员、城市拆迁涉及人员、尚未找到工作的大专毕业生等等，这些群体中的一些人员极易成为群体性事件的参与者甚至组织者。

从近年来发生的群体性事件分析，尽管群体性事件参与者不同，诉求内容与方式各异，有历史遗留问题，有现实问题，有改革中正常的利益调整问题，也有政策措施不完善甚至有缺陷带来的问题，有工作不尽责、不到位发生的问题，也有司法不公甚至腐败造成的问题，但总的来说，还是属于人民内部矛盾，核心是群众的切身利益问题。这些诉求大多数是合理的，而且，只要各级主管党委政府切实负责，把相关政策落到实处，是基本可以得到解决的。

第四，群体性事件发生的直接原因还有以下几个方面。

一是部分改革措施不配套、政策不落实造成部分群众利益受损或生活水平下降。如下岗职工基本生活保障政策在许多地区没能落实，部分企业拖欠职工工资，拖欠离退休人员养老金的问题长期没有解决，旧的拖欠尚未还清，新的拖欠又已形成，导致矛盾十分尖锐。二是收入差距过大引发的社会不满情绪滋生。近年来，我国的地区收入差距、行业收入差距和城乡收入差距都出现扩大的趋势。对收入差距过大的不满已成为引发社会心态失衡的重要原因之一，特别是由于权力分配和非法手段致富的现象，更引起了广大群众的普遍不满。三是部分党政机关的官僚主义、腐败现象威胁着稳定大局。在党群关系、干群关系处理得比较好的地区和部门，发生群体性事件的比例较低，即使出现矛盾也比较容易解决。而在发生激烈的群体性事件的地区或部门，人们普遍认为，官僚主义和腐败现象客观上使党群之间、干群之间的关系更为紧张，甚至成为诱发群体性事件的主要因素。

尽管敌对势力、敌对分子插手，尽管群体性事件组织化程度在提高，但总的看，大多数群体性事件属于自发性的。我国没有公开的政治反对党，也没有成气候的地下政治组织。这同1989年前后苏联各种政治组织林立的情况是不同的，这就为我们解决各种社会矛盾，确保大局的稳定和社会的和谐提供了有利条件。

5. 积极预防群体性事件的发生，努力维护社会稳定和谐

高度重视正确处理人民内部矛盾问题，妥善处理和化解各类社会矛盾，积极预防由人民内部矛盾激化而引发的群体性事件的发生，努力构建社会主义和谐社会。

第一，用深化改革、加快发展的办法解决改革发展过程中出现的诸多矛盾和问题。发展才是硬道理。必须用发展的

办法来解决在发展过程中出现的各类矛盾和问题。要始终坚持以经济建设为中心，全力抓好执政兴国的第一要务。把蛋糕做大，给人民更多的实惠。而解决发展问题，必须改革影响发展的体制性、机制性障碍。用改革与发展解决改革与发展中存在的问题。比如，通过改革发展解决好"三农"问题；在改革与发展中扩大就业渠道；通过改革与发展，建立健全社会保障制度，对社会困难群体给予更多的关注和帮助，等等。

第二，坚持树立和落实正确的政绩观和科学发展观。一定要坚持立党为公、执政为民的宗旨，树立正确的政绩观，全面落实科学发展观。要正确处理改革发展稳定的关系，正确处理经济发展与社会发展的关系，正确处理改革力度、发展速度和社会各方面承受程度的关系，正确处理人民群众长远利益、根本利益和眼前利益、具体利益的关系。要特别注意维护群众的直接利益，从根本上减少矛盾，化解矛盾，减少群体性事件发生的"因缘"。

第三，综合治理，形成正确处理人民内部矛盾的体制环境。特别着力解决分配不公、差距过大的问题，进一步健全社会保障体系。要积极、审慎地推进民主政治建设，形成充分调动人民群众积极性的民主法制体制，确保国家长治久安。要从制度上克服腐败、官僚主义和行政效率低、成本高、有失公平与公正的问题。要适应公民权力意识和政治参与增强的实际情况，最大限度地减少因社会管理问题引发的不安定因素。

第四，深入研究社会主义市场经济条件下人民内部矛盾的新特点和规律性，努力探索在新形势下正确处理人民内部矛盾的新思路、新方法，积极有效地防范、应对、化解群体性事件。

第五，把解决群众利益的工作纳入制度化、法制化轨道。这是正确处理人民内部矛盾的根本途径，也是妥善处理群体性事件的治本之策。当前，应在四个方面下工夫：

一是针对当前企业改制、城市拆迁、农村征地、司法不公等突出问题，抓紧建立健全相关法律法规。比如对城市拆迁问题，要制定统一、严格、明确、透明的规则，既保证必要的城市建设拆迁工作的健康有序进行，又保护群众的合法权益，坚决制止侵害群众利益的现象发生。

二是健全《行政诉讼法》等相关法律和制度。从长远看，有必要修改完善《行政诉讼法》、《治安管理处罚条例》等相关法律法规，使处置群体性事件的工作走上法制化轨道，既保障群众的合理诉求能合法解决，又能对极少数别有用心的挑动、煽动者以严厉的法律惩戒。同时，还要加强人民调解制度，扩大民调领域，转移民调重心，注重民调效力，完善民调组织，把一部分可能因民间纠纷而引发的群体性事件尽量解决在萌芽状态。

三是建立健全社会协商对话制度。这是解决社会成员切身利益问题，减少、缓解以至化解社会矛盾的有效途径和方法。推广一些地方已经开展的"变上访为下访，由被动对话到主动对话"的做法和经验，逐步形成分层协商对话制度。目前业已建立的政府、企业组织和工会组织的三方协调制度、集体协商制度、集体谈判制度、劳动纠纷调解制度、劳动争议仲裁制度等，已被实践证明是减少矛盾、化解矛盾的有效办法，应该加大法律、政策支持，进一步加以完善，充分发挥其作用。要注重平时的经常性的对话工作，避免把问题都集中到所谓的敏感日、节假日、重大纪念日、重大政治活动期。

四是加强立法，制定一部有关处置群体性事件的专门法律或法规。明确界定群体性事件的法律内涵及构成要件、客观标准等，明确规定各部门的责任。加强法制教育，大力宣传与人民群众日常生活密切相关的法律、法规，引导群众依法信访，通过正常的行政和法律程序解决矛盾纠纷。

第六，解决好当前一些事关群众切实利益的突出问题。

一是把扩大就业、减少失业放在落实"十一五"规划更突出的位置上。各级政府部门要对就业问题的实际状况心中有数。在经济结构调整中，要摆正和处理好发展各种产业的关系，在努力搞好国有大中型企业，发展高新技术企业的同时，特别要注意发掘新的市场需求，扶持和发展有利于扩大就业的劳动密集型企业；大力发展中小型企业；大力发展以社区服务业为主的第三产业和鼓励发展非公有制经济。对鼓励下岗职工自谋职业、从事个体经营的各项优惠政策要狠抓落实，具体指导。

二是加大投入，加快完善社会保障体系。要进一步扩大社会保障资金的筹措渠道，明确并逐步提高社会保障资金在财政支出中的比例。在依法扩大社会保险的覆盖范围，提高收缴率的基础上，各级财政要拿出一部分钱来，确保下岗职工基本生活费按时足额发放。各级政府要按照"吃饭第一"的原则，适当压缩非生产性的工程项目，以保证财政逐步提高社会保障支出。

三是加快分配体制改革，调整分配格局。调整分配格局的重点，在于提高低收入人口和贫困人口的收入水平。政府及有关部门要遏制铺张浪费现象，把关心贫困群体，扶持贫困人口、贫困地区和农村发展放在第一位。要切实发挥税收的调节作用，对高收入者和高消费行为，提高征税率，并将其中的部分收入用于社会保障。

四是解决好"三农"问题,切实使农业增产,农民增收。精简县乡级政府机构和干部,是减轻农民负担的重要环节。要根据中央和省级机构改革的经验,结合农村工作的实际,坚持把县乡级干部人数减下来。要增加国家对农村基础设施的投入力度,增加农民的就业机会,取消对农民在城市务工的各种歧视性限制。落实中央减轻农民负担的措施,对违反减轻农民负担规定的行为要有切实的惩处措施。

第七,各级党委和政府领导要切实改进工作作风,强化监督制约机制。中央和各级决策部门在重大改革措施出台前,应加强调查研究,广泛听取意见。在政策贯彻执行中,注意收集各种反馈意见,对不符合实际情况的措施进行修订。各级党政领导干部必须深入实际,关心群众疾苦,倾听群众意见,加强矛盾纠纷排查工作,如实反映基层情况和矛盾,以便为中央正确决策提供可靠依据。对"只报喜不报忧"的,甚至对已经发生的问题既不及时解决又阻挠有关部门上报的,要有具体的制约机制和惩罚措施。

第八,尽快建立一套反应灵敏、指挥得力、协调有序、运转高效的应对突发性事件的工作机制。首先,要进一步强化妥善处理群体性事件的统一指挥和综合协调职能。其次,强化基层建设和责任。地方党委和政府要把维护一方稳定作为自己最基本的责任,坚决贯彻落实中央的有关部署、政策和要求。要结合当地实际,深入研究群体性事件发生的特点和规律,不断总结实践经验,不断完善处置机制和方法。所在地区、部门和单位的领导干部要亲临一线,具体组织领导,面对面地做好群众工作。还有,完善信访体制和机制,更好地发挥信访渠道的作用。信访部门是党和政府联系群众、了解社情民意的独特渠道与方式，发挥着不可替代的作用。应把信访工作纳入法制化的轨道，创新信访机制，建立申诉专员制度，完善司法救济，进一步拓展解决各种矛盾纠纷的渠道，加强对人民权益的保护，特别是对困难群体的利益保护。

总之，要建立健全有效的处理群体性事件的体制和机制，积极预防、全力遏制群体性事件数量的攀升、规模的扩大。密切关注、努力化解各种社会矛盾的聚合、升级，高度警惕并防止经济问题向政治问题转化，防止经济问题与政治问题互动。从整体上更准确地把握社会不稳定状况，及时掌握可能引发事端的各种具体问题，及时地作出反应，把问题解决在萌芽状态和初始阶段。

四　正确处理人民内部矛盾的基本原则和主要方法

毛泽东同志认为，正确处理人民内部矛盾"是一门科学，值得好好研究"。一定要采取正确的原则和方法，妥善协调各方利益关系，正确处理人民内部矛盾。

第一，正确区分两类不同性质的矛盾，用不同质的方法解决不同质的矛盾，是正确处理人民内部矛盾的基本原则。

正确区分两类不同性质的矛盾，是正确处理人民内部矛盾的前提。敌我矛盾是根本对立的对抗性矛盾，一般采取对抗的斗争形式，即用专政的办法来解决，在社会主义制度下，主要运用法制的力量，通过法律程序来解决。"不同质的矛盾，只有用不同质的方法才能解决。"[1] 从总体上说，人民内

---

[1]《毛泽东选集》第1卷，人民出版社1991年版，第311页。

部矛盾是根本利益一致的非对抗性矛盾,坚决防止用处理敌我矛盾的办法来处理人民内部矛盾。

(1) 主要用经济的方法解决人民内部的得失矛盾。利益矛盾就是得失矛盾。毛泽东同志提出用经济方法处理人民内部得失矛盾的原则。邓小平同志提出按照统筹兼顾的原则调节人民内部得失矛盾的思想。运用经济方法,"统筹兼顾、全面安排"是解决人民内部得失矛盾的主要方法。

(2) 主要用民主的方法解决人民内部是非矛盾。人民内部在思想政治上的矛盾就是是非矛盾。毛泽东同志认为,凡属于思想性质的问题,凡属于人民内部争论的问题,只能用民主的、讨论的、批评的、说服教育的方法来解决,而不能用强制的、压服的方法来解决。他把民主的方法概括为"团结——批评——团结"公式。邓小平同志指出,在党内和人民内部政治生活中,只能采取民主的手段,不能采取强迫命令、压制打击的手段。民主的方法主要包括:一是民主法制的方法;二是思想教育的方法。

(3) 采取综合的方法解决人民内部各类矛盾。解决人民内部矛盾,必须根据具体情况,采取综合性的、多种多样的方法,没有一成不变的公式,也没有包治百病的处方。各级领导机关、领导干部要针对矛盾的具体实际,动员各方力量,注意工作方法,采用综合方法,立足于协调关系、理顺情绪、增进理解,调动积极因素,通过综合协调、统筹兼顾、说服教育,建立人民内部矛盾经常化、制度化的调处机制,调解好各类矛盾,尽可能地把矛盾和隐患化解在基层。

(4) 根本的方法是深化改革,发展生产力,健全社会主义民主和法制。建设社会主义物质文明,发展先进生产力,为解决人民内部矛盾奠定坚实的物质基础；建设社会主义精神文明，发展先进文化，为解决人民内部矛盾奠定共同的思想道德基础；建设社会主义政治文明，发展社会主义民主政治，为解决人民内部矛盾奠定民主和法制的制度基础。

第二，把人民的根本利益作为党和国家机关一切言行的出发点和落脚点，是正确处理人民内部矛盾的总的方针。

正确处理人民内部矛盾，党和国家机关必须始终保持同群众的血肉联系，坚持群众路线，把人民的利益作为制定路线、政策，采取各种措施的根本出发点和最终落脚点。重视和维护人民群众最现实、最关心、最直接的利益，正确反映不同方面群众的利益要求，坚决纠正各种损害群众利益的行为。

第三，正确处理效率与公平的关系，注意维护和实现社会公平，是目前正确处理人民内部矛盾的突出任务。

邓小平同志极为重视解决贫富差距过大和分配不公问题。他在1993年指出："少部分人获得那么多财富，大多数人没有，这样发展下去总有一天会出问题。分配不公，会导致两极分化，到一定时候问题就会出来。这个问题要解决。过去我们讲先发展起来。现在看，发展起来以后的问题不比不发展时少。"① "要利用各种手段、各种方法、各种方案来解决这些问题。"② "什么时候突出地提出和解决这个问题，在什么基础上提出和解决这个问题，要研究。可以设想，在本世纪末达到小康水平的时候，就要突出地提出和解决这个问题。"③

---

① 《邓小平年谱》，中央文献出版社2004年版，第1364页。
② 同上。
③ 《邓小平文选》第3卷，人民出版社1993年版，第374页。

现在是突出地提出和解决这个问题的时候了。

关于效率与公平的关系，资本主义在发展市场经济的长期过程中积累了许多经验教训，值得我们记取。当然，资本主义制度本身决定了不可能从根本上解决好效率与公平的关系，即使一段时期内能够处理好，但也不能从根本上克服资本主义的内在矛盾，资本主义必然灭亡是由于它自身不可克服的内在矛盾所决定的。市场经济有两面性，是一把双刃剑：积极的一面，能较大限度地调动人的积极性，较大限度地优化资源配置，较大限度地实现效率。消极的一面，能带来拜金主义、个人主义和消极的东西，造成分配不公，导致两极分化。资本主义在发展市场经济进程中，既尝到了市场经济的甜头，又吃尽了市场经济的苦头。资本主义搞了几百年市场经济，产生了美国这样的超级大国和一系列发达的资本主义国家，推动了世界全球化的发展。但又充分尝到了由两极分化、矛盾激化引起社会动荡的苦头，较大的有四次。第一次是资本主义自由竞争时期。资本主义重视效率，重视经济增长，但忽视了公平分配，导致工人阶级和资产阶级两极分化，工人工资下降，绝对贫困，阶级矛盾和斗争愈演愈烈，造成从1825年开始，每隔10年爆发一次经济危机。1873年爆发了资本主义空前激烈的世界性危机，持续了五年。危机往往伴随着革命，爆发了1871年的巴黎公社革命和风起云涌的工人运动。第二次是帝国主义时期。资本主义通过第一次世界大战，通过帝国主义国与国之间的战争转移国内矛盾。资本主义用垄断的办法来克服自由竞争资本主义的内在矛盾，发展到了垄断资本主义，即帝国主义。垄断进一步加剧了资本主义的两极分化和阶级矛盾，爆发了俄国十月革命。第三次是1929—1933年的资本主义世界性的总经济危机。这次危机对资本主义造成致命打击，阶级对立和矛盾相当激化，国内矛盾转移到国外，爆发了第二次世界大战，结果出现了一系列社会主义国家。第四次是二战以后的资本主义的国家垄断时期。资本主义内在矛盾进一步激化，两极急剧分化，陷入了空前的社会危机。资本主义一些有远见的政治家，着手对资本主义内在矛盾进行调和，对资本主义制度进行改良，关注公平，用高额利润的一部分，采取高额累进税、遗产继承税等措施进行再次分配，建立健全社会保障和社会福利体制，缓和阶级矛盾，形成庞大的中等收入阶层，构成"橄榄型"社会结构，资本主义进入相对稳定的发展阶段。可以看出，资本主义在发展历程中，推进了经济的迅速增长，但前期过分偏重效率，忽视公平，两极分化，矛盾激化，社会激烈震荡，初期的工人运动，第一次世界大战、第二次世界大战，以及战后的工人运动，几乎颠覆资本主义制度。二战以后，特别是20世纪六七十年代，在注重效率的同时突出解决公平问题，矛盾缓和。当然目前又出现了"高福利"问题，又把效率突出出来了。

效率与公平是历史的、具体的、相对的。在不同的历史条件下，在不同的国家，效率与公平的具体内容是不同的。在这个国家是公平的，到另一个国家就可能不公平，这个时期公平，到另一个时期就不公平。每一个阶段都有一方面的突出问题。老问题解决了，新问题又出现了。

效率与公平也存在矛盾，在一定条件下又可以统一。在社会主义条件下，效率与公平的矛盾是可以协调的，追求效率与公平的统一，是社会主义的内在要求。注重效率，努力争取用较少的投入最大限度地发展生产力，是社会主义的本质要求，符合人民的根本利益和长远利益，是实现公平的前提和基础。有了效率，经济持续稳定增长，才能实现真正意义上的高水平的公平。当然也只有实现公平，才有利于争取更大的效率。没有效率就没有高水平的公平，不公平也制约和影响效率的提高。效率与公平的矛盾又是不可避免的。一定的收入差别是追求效率的必要代价，有时为了追求效率不得不牺牲一些公平，但到一定程度，不回过头来解决公平，又会影响效率。

效率与公平，要讲两方面，讲辩证法。一方面市场经济带来效率，另一方面又把公平问题提到突出的地位。既要反对强调绝对公平，不切实际地把平均主义当作公平，忽视效率，又要反对两极分化，把效率当作唯一的社会目标，过分不公终将损害效率。坚持效率优先并不是说公平不重要，更不能以牺牲公平为代价来换取效率。因此，既要注重效率，又要兼顾公平；市场注重效率，主要考虑如何把蛋糕做大；政府注重公平，主要考虑将蛋糕分公；初次分配注重效率，再次分配注重公平；原则是"效率优先，兼顾公平"。

"效率优先，兼顾公平"这是一个一般原则。在不同时期，对这个原则的理解和运用，要从实际出发，目标是要追求效率与公平的优化结合。在我国改革开放之初，首要的问题是解决效率，把蛋糕做大，当然也不能忽视公平。发展到一定阶段，公平问题就突出出来了。平均主义是一种不公平，差距过大也是一种不公平，当前平均主义与差距过大同时存在，但差距过大是突出问题。现在部分群众存在仇富、仇官心态，一点小事可能酿成大问题，说到底是一些社会成员的利益得不到公平的满足。社会公平是社会主义的本质要求，是衡量社会全面进步的重要尺度。维护和实现社会公平，构建和谐社会，涉及最广大人民的根本利益，是我们党立党为公、执政为民的本质要求。发展是硬道理，是执政兴国的第一要务，发展需要效率，但发展又不能不讲公平，为了保持健康持续发展，必须在实现效率、推进经济增长的前提下，实现承认差距的相对公平。实现和维护公平，不仅仅是财富分配等经济问题，还涉及公民权利、社会地位、民主施政、自由平等、公共服务、司法公正等政治、社会问题。要从经济、政治全方位出发长远地来考虑公平问题，从法律上、政策上、制度上营造公平的社会环境。讲公平必然涉及到分配，这就要在坚持效率的前提下，高度重视市场经济的负面作用，高度重视分配公平对推进社会全面进步的基础性作用。

分配从内涵方面讲，可分为生产资料分配和生活资料分配，即生产条件分配和生产成果分配。在市场经济条件下，生产成果分配主要是收入分配；从分配顺序讲，可分为初次分配和再次分配；从分配类型讲，可分为激励性收入分配、效率性收入分配、保障性收入分配；从分配原则讲，可分为按需分配、按劳分配和按要素分配；从分配性质讲，可分为劳动收入和非劳动收入、直接劳动收入和经营管理劳动收入、合理收入和不合理收入、合法收入和非法收入。

当前收入分配上的主要问题是非正常收入突出，部分社会成员收入差距拉大，后果日益明显，成为影响社会和谐稳定的重大问题。解决的出路是，在坚持效率优先，放手让一切劳动、知识、技术、管理和资本的活力竞相迸发的同时，逐步加重公平的分量，努力兼顾公平，理顺分配关系，规范分配秩序，着重解决初次分配非正常收入造成的差距，着重解决再分配问题，建立公平的收入分配体制。

首先，保证社会成员机会平等，解决好初次分配合理。初次分配拉开收入差距，一般来说是正常的，总的来说有利于效率的提高。问题在于目前尚存在由于不合理的因素、不平等的竞争条件和机会，如市场垄断、贪污腐败、制假售假、走私贩私、偷税漏税等造成大量的非正常收入，使得初次分配的收入差距拉大。这就需要由政府出面，解决好初次分配领域机会条件不平等所带来的分配不公问题。只有坚持公有制为主体的经济制度，保证生产条件和经济关系的平等，逐步建立良好的市场经济秩序，保证市场竞争的平等，才能保证初次分配的条件和机会公平。在初次分配中，激励性收入分配方式贯彻按劳分配原则，效率性收入分配方式贯彻按要素分配原则，二者皆以效率为前提。建立健全的市场机制，辅以必要的政府手段，贯彻按劳分配和按要素分配原则，堵塞初次分配不合理的漏洞，规范不合理收入，控制垄断性收入，取缔非法收入，才能实现合理的初次分配。

其次，保证保障性收入分配合理，解决好再次分配公平。初次分配通过市场机制实现效率，会带来一定程度的收入差距，这就需要政府通过再次分配加以调整。目前我国再次分配体制不健全，保障性收入分配不到位，低收入层与高收入层的差距日益拉大，这是一个突出问题。再分配通过政府运作，以公平为原则，保证保障性收入分配到位。这就需要加大政府调控力度，通过经济立法、经济政策，运用税收、金融、行政等调节干预手段，合理调整国民收入分配格局，采取切实措施解决区域之间和部分成员之间收入差距拉大的问题，逐步实现共同富裕。如，进行税负改革，加大对各类收入的税收调节；加大转移支付力度，增加公共开支，工业反哺农业，城市支持农村，支持落后地区和农村发展；着力解决城乡居民贫困层的生活困难，严格执行最低工资制度，采取提高低收入层、扩大中等收入层的办法解决贫富差距问题。

再次，建立健全的社会保障制度，解决好分配公正问题。运用政府力量，建立健全的社会保障体系，向低收入倾斜，确保低收入层的最低生活保障，是保障性收入分配的基本措施，是对初次分配的补救措施，是分配公正的基本保证。社会保障制度主要包括社会保险、社会救济和社会福利。社会保险是由政府充当组织者，以立法方式强制实行，给予居民以基本生活保障的社保制度。社会保险基金一般由企业或雇主缴付、政府补助。政府遵循横向公平原则，以税收的方式集中社保基金，集中解决失业、疾病、养老等问题，突出失业保障、医疗保障和养老保障。社会救助是政府向完全无收入，或低于最低生活线，或遇重大灾害、变故的社会成员提供必要救济。社会福利是指政府在保障居民的基本生活需要或提高居民的物质生活水平方面，在教育、卫生等公共事业方面的无偿投入。

第四，形成相对均衡的利益分配格局，合理的社会成员构成结构，构建有利于社会和谐稳定发展的经济—政治体制，是正确处理人民内部矛盾的长效保证。

和谐社会要具有三个层次合理的社会结构：一是相对均衡的利益分配结构。有两种利益格局不利于社会稳定和谐发展。一种是平均主义的利益格局，一种是贫富悬殊的利益格局。要构建既有一定差别，又保持一定公平的相对均衡的利益分配结构。首先，要保证社会成员利益竞争的条件和机会平等。既要注意公平的结果，也要关注公平的起点、环境和条件。群众对合理合法地通过真诚经营和劳动致富是可以接受的，但对机会不均等造成的差距和不公，特别是对灰色收入、黑色收入乃至腐败收入深恶痛绝。要建立良好的市场经济秩序和分配秩序，保证教育机会均等，彻底解决义务教育问题，为各个社会成员提供一个平等的竞争起跑线和公正的利益竞争环境。其次，要保证社会成员利益分配相对均衡。要建立与市场经济体制相适应，以按劳分配为主、多种分配方式并存，激励性、效率性、保障性分配有机结合，具有健全的社会保障制度的利益分配格局，保证社会成员利益相对均衡。二是形成与利益分配结构相一致的，合理的社会成员构成结构。两极分化的"葫芦型"的社会成员构成结构是不利于社会和谐的。提高低收入者收入水平，扩大中等收入者比重，形成以共同富裕为目标，中等收入层为大多数的"两头小，中间大"的相对和谐的社会成员构成结构，把社会分化、社会差别控制在适度的范围。和谐社会结构的各阶级、阶层和利益群体之间应互惠互利，即处于较高位置的成员的利益增进不损害较低成员的利益，较高成员利益增进时较低成员利益也有同步改善；协同共进，即各成员虽然有一定差别，但积极性都可以调动起来，都有利益增进；相互开放，即各成员群体平等进出；共享成果，即各个成员都应享受到发展的成果。三是与合理的利益结构和社会结构相一致，构建有利于协调各方利益关系，有利于调动不同社会成员积极性，有利于社会和谐稳定发展的社会主义初级阶段的经济—政治体制。在初级阶段市场经济条件下，一定要构建兼顾好个人、集体和国家的利益，兼顾好不同社会成员、不同阶级、阶层和利益群体的利益，兼顾人民内部各种利益关系的经济—政治体制，形成兼顾各方利益关系，调动各方积极性，促进各方协同共进的制度保障。

第五，提高领导干部处理人民内部矛盾、构建和谐社会、实现社会稳定的能力，是正确处理人民内部矛盾的关键环节。

各级领导机关、领导干部要加强调查研究，深入探索人民内部矛盾的规律与特点，努力探索处理人民内部矛盾的新思路、新方法，为防范、应对、化解各类矛盾提供理论和对策支持。科学分析各阶级、阶层、利益群体的发展变化，充分掌握各阶级、阶层和利益群体分化与组合的条件、原因以及他们的利益要求和利益关系，以便制定协调各类矛盾的有效对策；学会在市场经济条件下进行社会管理，建立健全社会协商对话制度，完善信访体制和机制，建立一套反应灵敏、指挥得力、协调有序、运转高效的应对突发事件的预警机制、处理预案和工作机制；观察形势、分析问题，要有前瞻性、预见性、见微知著，善于发现潜在的问题，把矛盾解决在萌芽状态；积极研究和把握新时期群众工作的规律特点，把解决群众关心的热点和难点问题作为群众工作的重点，认真负责，满腔热情地解决群众的实际问题，善于处理与群众利益密切相关的复杂棘手问题，建立灵活有效的利益协调机制；综合运用思想、道德的力量，加强教育，做好思想政治工作，引导群众以合理的形式表达利益诉求，维护和取得合理利益，增加群众的主人翁意识和社会责任感。

附:

国际金融危机和社会主义、马克思主义的历史命运

(2010年9月20日)

2007年由美国次贷危机所引发的世界金融危机,进而诱使资本主义世界发生的全面危机,已经持续两年多了,尽管人们采取了种种救市措施,但它仍在顽强地发挥着负面影响,强烈地冲击整个世界经济并改变着世界格局。以此为时间节点,以世界性危机现象为反光镜,往前追溯到19世纪中叶,马克思恩格斯创立科学社会主义至今一个半世纪以来,社会主义与资本主义两大力量、两种历史走势生死博弈的风风雨雨,充分印证了马克思主义经典作家关于资本主义必然灭亡、社会主义必然胜利的历史发展大趋势的科学论断是颠扑不灭的真理,雄辩地证明了社会主义、马克思主义的旺盛生命,昭示了社会主义与马克思主义的历史命运。

附 国际金融危机和社会主义、马克思主义的历史命运

一 纵观一个半世纪世界历史进程，雄辩证明社会主义的必然性和马克思主义的真理性

辩证法告诉我们：任何事物的发展都不是直线上升式发展，而是波浪式地前进、螺旋式地上升、曲折式地发展，社会历史发展也是如此。世界历史进程就是这一历史辩证法的铁定案例。社会主义运动正是遵循这一历史辩证法的逻辑在曲折中前进，虽有挫折与失败，但总体上是循时前行的，这一历史进程恰恰从实践角度检验了马克思主义颠扑不灭的真理性。

对社会历史规律的观察，历时越久、跨度越大，也就越看得明白，其判断也就越经得起实践检验。世界历史进入资本主义社会形态的发展阶段，即伴随着工人阶级与资产阶级、社会主义与资本主义两个阶级、两种社会制度、两大历史前途的博弈，其历史较量的线索、特点、规律与趋势，随着历史的发展、空间的变换、时间的推移，越发清晰，人们也看得越发清楚，其历史必然性越发显现，越发显示马克思主义的科学性。

进入21世纪以来，回眸一观，可以清楚地看到，世界历史进程已经发生了四次重大转折，社会主义呈由低到高、到低、再从低起步之势，标志着社会主义在斗争中、在逆境中顽强地生长。这一历史进程尽管曲折，有高潮，也有低潮；有前进，也有倒退；有成功，也有失败，但在总体上印证了马克思主义关于社会主义必然胜利的历史发展总趋势的判断是正确的，同时也说明社会主义战胜资本主义的历史进程不会是一帆风顺的，也绝不可能在短时间内实现，必须经过一

个相当长的历史跨度、经过几十代甚至上百代人千辛万苦、甚至抛头颅洒热血的献身奋斗才能到来。既要看到历史发展的总趋势，坚信社会主义必然要取代资本主义，这是一个不可抗拒的、也不可改变的历史趋势；同时又要看到，社会主义代替资本主义是一个漫长的历史进程，充满曲折，充满斗争，甚至有可能出现暂时的倒退与挫折。既要反对社会主义"渺茫论"，又要反对社会主义"速胜论"。不能因为挫折和失败，对实现社会主义丧失信念和信心，也不能因为顺利和成功，对实现社会主义心存侥幸和性急。

四次世界性历史转折可以分前两次和后两次。前两次转折是发生在20世纪中叶，即第二次世界大战结束前后。社会主义运动从兴起到发展，资本主义则由资本主义革命兴起的上升期，经过19世纪矛盾四起的自由竞争资本主义时期和垄断资本主义时期，经过一系列经济危机和两次世界大战的折腾，逐步走向下降期。

第一次世界性历史转折发生在20世纪初叶，其标志是1917年爆发的十月社会主义革命。19世纪中叶，马克思主义经典作家创建科学社会主义，替代了空想社会主义，工人运动从此有了正确的指南，开创了世界工人运动和社会主义运动的新篇章。进入20世纪初叶，科学社会主义理论指导的社会主义运动由轰轰烈烈的工人运动实践变成了社会主义制度实践。列宁成功地领导了十月社会主义革命，建立了第一个社会主义制度国家，这是20世纪初叶最重大的世界性事件，从此开启了人类历史的新纪元，社会主义运动开始走向阶段性高潮。

第二次世界性历史转折发生在20世纪中叶，其标志是1945年第二次世界大战之后一系列国家社会主义革命成功，形成了一个社会主义阵营。矛盾激化引发危机，危机造成革命机遇。20世纪初叶爆发的第一次世界大战、20世纪中叶爆发的第二次世界大战，都是资本主义不可克服的内在矛盾激化的结果。自由竞争资本主义由于其不可克服的内在矛盾而导致垄断，垄断资本主义代替自由竞争资本主义，不仅没有克服自由竞争资本主义愈演愈烈的固有矛盾，反而加剧了矛盾。早在自由竞争资本主义阶段，其固有矛盾不断激化，导致从1825年开始，每隔10年爆发一次经济危机，危机的累加演变成1873年的资本主义空前激烈的世界总危机，这次总危机及之后不断叠加的危机，如1900年、1903年、1907年的经济危机，最终导致第一次世界大战的爆发。战争只能恶治危机、加重危机，第一次世界大战之后旋即爆发了1929—1933年资本主义世界大危机，资本主义步入严重的衰退期。面对这场空前的资本主义世界危机，世人惊呼"末日来临"、"资本主义已经走到尽头"。危机的结果又要依靠战争来解决问题。战争是缓解资本主义内在矛盾、转嫁危机的外部冲突解决方式，但不能从根本上克服资本主义内在矛盾。垄断资本主义内在矛盾的进一步激化导致第二次世界大战爆发。二战仍然是在帝国主义国家之间的争斗中始发的，西方资本主义制度是无法遏制战争的。当时只有苏联靠社会主义制度的优越性动员全体人民、联合世界上一切反法西斯的力量，战胜德国法西斯，赢得了战争。两次大战，标志着资本主义逐步走向衰落，资本主义败象显见。危机与战争给革命带来前所未有的机遇，一战期间，俄国率先从资本主义统治的薄弱环节突破，建立了社会主义制度。二战前后，中国等一系列落后国家革命成功，从东方站立起来了，建立了一系列社会主义国家，形成了社会主义阵营。相反，战后，资本主义社会矛盾和总危机进一步加深，美国1948年、1953年、1957年、1960年、1969年、1973年……连续爆发危机，并波及北美、日本和西欧主要国家，成为世界性危机。资本主义整体实力下降，遭受重大打击。当然，在西欧资本主义国家衰落时期，优越的国际环境和国内条件，致使美国这一后发资本主义国家抓住了战争机遇迅速兴起，代替了老牌资本主义国家。二战后的一段时间，资本主义发展处于低迷状态，而社会主义发展却处于上升状态，社会主义运动出现阶段性高潮。

从国际走势来看，20世纪八九十年代至今的20余年中，又接连发生了后两次重大的世界性历史转折。社会主义运动由高潮到低潮，但是以中国特色社会主义为重要标志的世界社会主义却开始走出低谷。资本主义由低迷困境进入高速发展时期，美国金融危机却诱使现代资本主义濒入险境，呈进一步衰退之势。

第三次世界性历史转折发生在20世纪末叶，其标志是20世纪80年代末90年代初的苏东剧变、社会主义阵营解体。社会主义进入低谷，这使世界形势发生了自二战以来最为重大的变化与转折。二战之后，20世纪上半叶，社会主义走上坡，资本主义走下坡。但世界进入20世纪下半叶，社会主义诸国却放慢了发展速度，甚至出现了停滞和负增长，导致社会主义诸国经济社会发展受挫，特别是苏东蜕变，社会主义面临举步维艰的境遇。现代资本主义吸取资本主义发展进程中的经验教训，同时也吸取社会主义国家发展的经验教训，展开资本主义改良，现代资本主义进入相对缓和发展时期。当然在资本主义相对缓和发展时期，危机并没有中断，1980—1990年美国就多次爆发波及世界的危机。这次转折表明，社会主义处于发展的低潮，现代资本主义处于相对缓和稳定的发展期。伴随着这个历史性转折，我国及国际上出现了一系列新情况、新问题，这对中国20世纪末叶至21世纪以来很长一段时间的社会主义发展进程产生着深远影响。中国艰难起步，坚定不移地推进1978年启动的改革开放，成功地开辟了中国特色社会主义发展道路。

第四次世界性历史转折发生在21世纪初叶，其标志是2008年爆发的世界金融危机。这对世界发展格局和中国特色社会主义建设将产生的影响仍无法估量。有句俗话"三十年河东，三十年河西"，短短二三十年时间，中国特色社会主义的成功使世界社会主义运动呈低潮中起步之势。而美国金融危机却使美国以及其他西方发达资本主义国家陷入危险困境，美国独霸势态逆转下滑，资本主义整体实力呈下降态势。二三十年前的世界性历史事件爆发是此消彼长，社会主义力量暂时下降，资本主义力量暂时上升；二三十年后的今天，又是此长彼消，社会主义力量始升，资本主义力量始降。金融危机的爆发使世界力量对比发生戏剧性变化。

美国金融危机是资本主义制度性危机，具体的救市措施只能使危机得到暂时的缓解，但最终是无法克服的。当今资本主义金融危机与中国特色社会主义成功并存。社会主义市场经济与资本主义市场经济的本质区别是生产资料占有方式的不同。资本主义生产资料私有制决定了商品经济二重矛盾引发的危机最终是无法避免的。社会主义市场经济决定了商品二重性矛盾可能会产生危机，而为主体的社会主义生产资料公有制又决定了危机是可以规避和防范的，一旦发生是可以治理和化解的。社会主义市场经济具有市场经济的特性，在社会主义制度条件下，商品内在矛盾是不可改变的，但可改变的只是它的不可克服性。市场经济与社会主义制度相结合，使中国特色社会主义规避和战胜世界性金融危机成为可能。

中国人民在中国共产党的正确领导下，成功地顶住了金融风暴的冲击，不仅实现了预定的稳定发展的目标，而且取得了显著成绩，这既要归功于党的正确的领导和果断决策，更根本的是彰显了社会主义制度的政治优势，越加证明了社会主义的生命力、中国特色社会主义的生命力、马克思主义的生命力。

二 中国特色社会主义道路的成功开创，中国改革开放对国际金融风险的有效抵御，彰显了社会主义的顽强生命力

马克思主义经典作家创立了科学社会主义，开创了工人运动和社会主义运动的新格局。当时，他们把注意力和着眼点主要放在西方发达资本主义国家，根据当时的实际，曾设想社会主义革命将首先在生产力比较发达、工人阶级人数占多的资本主义国家发生，至少是几个主要发达资本主义国家同时发生才能胜利。而后的实践发展却超出了他们的具体判断，新的实践促使科学社会主义创始人开始注意并研究东方国家走社会主义道路的不同情况。19世纪末到20世纪初，当东方落后国家出现了社会主义革命的主客观条件时，马克思恩格斯及时研究了东方社会主义革命的可能性问题，提出非资本主义国家走社会主义道路的可能性问题。他们认为，东方非资本主义国家走向社会主义，在特定条件下，能够不通过资本主义制度的"卡夫丁峡谷"，而吸收资本主义制度所创造的一切积极成果，实现社会形态的跨越式发展。他们认为，

社会主义力量有可能抓住这一历史性的机遇，走出一条"非资本主义"的发展道路。他们的设想为落后国家进行社会主义革命、走社会主义道路提供了理论依据。

马克思恩格斯最初关于社会主义革命在西方诸国同时胜利的结论，是建立在对社会历史一般发展规律的判断上。就一般发展规律来说，社会主义革命应当在资本主义生产力高度成熟，资本主义生产关系再也不能容纳其生产力发展的条件下爆发，也就是说，走社会主义道路的国家，先要经过资本主义的成熟发展，然后经过社会主义革命，再进入社会主义。而现实是，社会主义革命的成功、社会主义制度的建立，不是在西方发达资本主义国家，而是在资本主义尚不成熟，但具备一定历史条件的东方落后国家。马克思恩格斯经过科学研究，分析了社会历史发展的特殊性，提出社会主义发展的非资本主义道路问题。列宁分析了帝国主义历史阶段经济政治发展不平衡的规律，提出社会主义革命可以率先在资本主义统治的薄弱环节突破的科学论断，成功地发动了俄国社会主义十月革命。俄国革命的成功也从实践上证明了马克思主义经典作家关于非资本主义道路的设想是科学的。然而，继列宁之后，斯大林建立的社会主义制度的苏联模式，所走的社会主义建设的苏联道路，尽管取得了伟大的成就，却忽略了苏联相对于西方诸发达资本主义国家落后的生产力，忽略了市场经济的必经性，超越国情，逐渐形成了高度僵化、高度集中的经济政治体制，束缚了生产力的发展，束缚了人民积极性的发挥，束缚了社会主义制度优越性的发挥。一系列革命成功的社会主义国家在社会主义建设实践中，在某种程度上忽略了更为落后的本国生产力实际，犯了照抄照搬别国模式的错误。在几十年的发展中，社会主义制度的优越性逐渐地被僵化的、不适当的经济政治体制所消耗，加之客观原因和主观错误，致使社会主义诸国陷入了发展困局，中国的"文化大革命"和东欧剧变就是这一历史演变的结果。20世纪90年代苏东剧变，既有资本主义西化、分化社会主义国家的外因，同时又有社会主义模式僵化、脱离本国实际、主观上犯错误致使生产力发展上不去的内因。

社会主义革命成功之后，落后的国家到底怎样建设社会主义，必须从实践和理论上给予回答，中国特色社会主义道路的成功开创，破解了这一重大课题，走出了一条社会主义建设的成功道路。

按照马克思主义经典作家的"非资本主义"道路的理论设想，落后国家可以不经过资本主义充分发展而跳跃式地推进社会主义革命，建立社会主义制度。但是资本主义已历经的市场经济发展、生产力高度成熟的自然历史过程却是不可逾越的。中国共产党人总结了社会主义诸国家建设的成功经验和失败的教训，将社会主义制度与市场经济相结合，改革开放，建立与中国社会主义现阶段生产力状况相适应的、与发展市场经济相协调的经济—政治体制，回答了"在落后的国家，什么是社会主义，怎样建设社会主义"的问题，一切从实际出发，不照抄照搬别国模式，走自己的道路，成功地开创了中国特色社会主义建设道路。在国际金融风暴的冲击下，西方资本主义一片混乱，前景黯淡，至今尚未走出困境，而中国特色社会主义在中国共产党的领导下，同仇敌忾，顶住了金融风险，再次显示了社会主义制度的强大动员力和战斗力。历史发展的现实辩证法再次证明了社会主义的必然趋势，可以有曲折、有低潮、有失败、有逆转，但总的历史趋势是不以人的主观意志所改变的。

三 中国特色社会主义理论体系的创新,给马克思主义注入了新鲜的内容,显示了马克思主义的强劲创造力

中国共产党人在中国特色社会主义伟大实践中创新了马克思主义,赋予马克思主义以新的生命。

当今世界正在发生全面而深刻的变化,当代中国也在发生广泛而深远的变革。国际上,美国次贷危机引发的全球性经济危机,既是一场严重的金融危机,又是一场深度的资本主义经济危机、意识形态危机、政治危机和全面社会危机,已经并正在给全世界发展带来严重和持续的影响。在国内,中国特色社会主义取得了伟大成就,中国发展道路与中国发展经验,已然成为当今世界的时代性标志,为人类文明的进步开辟了新的发展路径。一方面,当代资本主义面临重大挫折,给当代社会主义、马克思主义的发展提供了难得的机遇;另一方面,当代社会主义、马克思主义又面临着前所未有的挑战,面临着严峻的局面。机遇与挑战并存,机遇大于挑战。

世界局势乃至格局发生重大变化,世界发展进程和历史也会发生重大转折。当前世界正处于前所未有的巨大变动之中,资本主义和社会主义两种历史趋势、两大力量、两种意识形态的较量出现了新的变数,激烈社会变动给当代社会主义、马克思主义意识形态提供了新的发展时空,提供了新的需求动力。回顾20世纪八九十年代第三次世界性历史转折,社会主义处于前所未有的低谷,而资本主义处于暂时的优势,反社会主义、反共产党执政的思潮甚嚣尘上,鼓噪一时,不可一世,新自由主义应运而生,西方资本主义到处推销新自

由主义。20年过去了，这场金融危机，一方面使资本主义受到前所未有的打击，新自由主义破产，资本主义意识形态再次受到严厉质疑；另一方面，中国特色社会主义通过改革开放取得成功并顶住了金融风险，社会主义从低谷中走出，批评资本主义、批评新自由主义的声音不绝于耳，为当代社会主义、马克思主义意识形态发展，为我们党加强意识形态工作提供了极为有利的条件。当然，这种局势的变幻，也使西方资本主义更加运用两手策略，一方面在经济上利用我们、捧杀我们；另一方面在军事上包围我们，在意识形态领域加紧进攻，使我们面对更加严峻的考验。国际风云变幻，透过世界金融危机和世界各种力量交锋的纷繁复杂的现象，我们可以认清，金融资本不过是资本的当代形态，我们所处的时代仍然没有超出马克思主义的理论视野，社会主义具有后发的生命力，当代资本主义无论采取何种形态，仍然逃脱不了马克思主义科学预见的命运。能否抓住机遇，克服困难，有所作为，有所发明，有所创新，有所发展，这一重大历史使命就摆在中国共产党面前。

马克思主义是不是过时了，马克思主义是不是没有生命力了？不是的，马克思主义是科学，是具有旺盛生命力的。马克思主义之所以永不枯竭，永远具有蓬勃的生命力，根本在于它的实践性。实践是理论的源泉，是理论正确与否的检验标准，是推动理论不断发展的动力。马克思主义始终与不断发展的实践相结合，才永葆蓬勃的生机和活力。马克思主义同中国实际相结合，实现中国化，产生两次历史性飞跃，形成了马克思主义中国化的两大理论成果。第一次飞跃的理论成果是被实践证明了的关于中国革命的正确的理论原则和经验总结，当然也包括关于中国社会主义建设道路探索的正确的理论成果，即毛泽东思想。第二次飞跃的理论成果是中国特色社会主义理论体系。中国特色社会主义理论体系在新的历史条件下回答了新的课题，开拓了马克思主义新境界。中国特色社会主义理论体系集中回答中国特色社会主义这个主题。在回答该主题的历史进程中，在改革开放三十年过程中，我们党始终面临并依次科学地回答了三个大问题——"什么是社会主义，怎样建设社会主义"、"建设一个什么样的党，怎样建设党"、"实现什么样的发展，怎样发展"。最后归结为回答一个总题目，"什么是马克思主义，怎样坚持和发展马克思主义"，从而深化了对"三大规律"，即社会主义建设规律、执政党执政规律、人类社会发展规律的认识，赋予马克思主义以崭新的内容和旺盛的生命力。